项目资助

本书获得中国社会科学院重点学科"中国周边外交"项目支持

大变局时代
东北亚区域安全理论探析

王俊生 著

中国社会科学出版社

图书在版编目(CIP)数据

大变局时代东北亚区域安全理论探析/王俊生著.—北京:中国社会科学
出版社,2021.8
ISBN 978 - 7 - 5203 - 8905 - 1

Ⅰ.①大… Ⅱ.①王… Ⅲ.①国家安全—国际合作—研究—东亚
Ⅳ.①D731.035

中国版本图书馆 CIP 数据核字(2021)第 158980 号

出 版 人　赵剑英
责任编辑　赵　丽
责任校对　赵雪姣
责任印制　王　超

出　　　版　中国社会科学出版社
社　　　址　北京鼓楼西大街甲 158 号
邮　　　编　100720
网　　　址　http://www.csspw.cn
发 行 部　010 - 84083685
门 市 部　010 - 84029450
经　　　销　新华书店及其他书店

印　　　刷　北京明恒达印务有限公司
装　　　订　廊坊市广阳区广增装订厂
版　　　次　2021 年 8 月第 1 版
印　　　次　2021 年 8 月第 1 次印刷

开　　　本　710×1000　1/16
印　　　张　15.75
字　　　数　216 千字
定　　　价　79.00 元

序言 "百年未有之大变局"
与东北亚安全

　　"百年未有之大变局"是党的十九大以来中国领导人的最新提法。2017 年 10 月 18 日党的十九大召开，12 月 28 日习近平主席在参加驻外使节工作会议时强调，"做好新时代外交工作，首先要正确认识当今时代潮流和国际大势。放眼世界，我们面对的是百年未有之大变局"①。此后"百年未有之大变局"的论断屡屡被中国领导人提起。2018 年 6 月 22—23 日召开的中央外事工作会议是党的十九大后中国外交谋篇布局的重要会议。习近平主席在这次会议上指出："所谓正确历史观，就是不仅要看现在国际形势什么样，而且要端起历史望远镜回顾过去、总结历史规律，展望未来、把握历史前进大势"，"放眼世界，我们面对的是百年未有之大变局。"② 9 月 3 日，习近平主席在中非合作论坛上再次指出"当今世界正在经历百年未有之大变局"③。12 月 16 日，习近平主席向第三届"读懂中国"国际会议致信指出，"当今世界面临百年未有之大变局，和平与发展仍然是时代主题，同时人类面临许多共同挑战"④。

---

　　① 《习近平：放眼世界，我们面对的是百年未有之大变局》，2017 年 12 月 29 日，中国新闻网（http：//www. chinanews. com/gn/2017/12－29/8412268. shtml）。

　　② 《习近平用这"三观"把握国际形势》，2018 年 6 月 27 日，中央人民广播电台（http：//news. cnr. cn/native/gd/20180627/t20180627_ 524283537. shtml）。

　　③ 《中非合作论坛北京峰会》，2018 年 9 月 3 日，新华网（http：//www. xinhuanet. com/world/focacsummit2018/fhkms/wzsl. htm）。

　　④ 《习近平向第三届"读懂中国"国际会议致贺信》，2018 年 12 月 17 日，人民网（http：//cpc. people. com. cn/n1/2018/1217/c64094－30469890. html）。

习近平主席在 2019 年元旦贺词中指出 "放眼全球，我们正面临百年未有之大变局"①。1 月 4 日，习近平主席在中央军委军事工作会议上再次强调 "当今世界正面临百年未有之大变局，我国发展仍处于重要战略机遇期，同时各种可以预料和难以预料的风险挑战增多"②。3 月 5 日，李克强总理在两会上作政府工作报告时指出 "当今世界面临百年未有之大变局"③。3 月 8 日，外交部部长王毅在两会记者招待会上表示 "当今世界正处于百年未有之大变局。中国外交正站在新的历史起点"④。

关于 "大变局" 的提法，此前广为流传的是 1874 年清朝直隶总督李鸿章在给同治皇帝的奏折上提到 "数千年未有之大变局"。当时写这篇奏折的主要背景是因日本多次恐吓威胁清王朝并试图进攻台湾，国际环境复杂，因此李鸿章希望清政府加强在军事上的投入，尤其是海军。李鸿章同时在海防大筹议中上奏时系统提出以订购铁甲舰，组建北、东、南三洋舰队的设想，并辅以沿海陆防，形成了中国近代海防战略⑤。可见，李鸿章的 "数千年未有之大变局" 主要着眼于中国面临的安全威胁，目的在于争取军费，尤其是海军军费。这和新时代提出 "百年未有之大变局" 指涉的含义不同。

"百年未有之大变局" 是中国新一届领导人对 "世情" 和 "国情" 的深刻把握，是做好新时代东北亚安全问题研究的重要依据。不同学者尽管对 "百年未有之大变局" 的认识不同，但普遍认为百年来世界所发生的最重要变化是新兴国家群体性崛起。2018 年 7 月 25 日习近平主席在南非出席金砖国家论坛时也指出："未来 10 年，将是国际格局和力

---

① 《国家主席习近平发表二〇一九年新年贺词》，2018 年 12 月 31 日，新华网（http：//news. ifeng. com/a/20181231/60220158_ 0. shtml）。

② 《习近平：在新的起点上做好军事斗争准备工作 坚决完成党和人民赋予的使命任务》，2019 年 1 月 4 日，新华网（http：//news. cctv. com/2019/01/04/ARTI73pvagynZBQxVnxzhZrg190104. shtml）。

③ 《李克强作政府工作报告》，2019 年 3 月 5 日，新华网（http：//www. gov. cn/xinwen/2019 – 03/05/content_ 5371035. htm#1）。

④ 《王毅国务委员兼外长 2019 年两会记者会》，2019 年 3 月 9 日，中国日报网（ht-tp：//language. chinadaily. com. cn/a/201903/09/WS5c833a35a3106c65c34edad6. html）。

⑤ 在其推动下，1885 年清政府成立海军衙门，醇亲王总理海军事务，李鸿章为会办，北洋水师建设成军。

量对比加速演变的 10 年。新兴市场国家和发展中国家对世界经济增长的贡献率已达到 80%。按汇率法计算，这些国家的经济总量占世界的比重接近 40%。保持现在的发展速度，10 年后将接近世界总量一半。"① 如果对比百年前的新兴经济体国家，仅以发展较快的"金砖国家"为例，今天的发展可谓天翻地覆。1918 年中国尽管已经推翻了封建帝制，但是当时不仅仍属于半殖民地半封建国家，而且国内军阀混战，四分五裂。苏联于 1917 年刚发生了"十月革命"，建立了苏维埃政权。南非当时还是英国的自治领地，直到 1961 年 5 月 31 日退出英联邦才成立南非共和国。当时的印度也是英国的自治领地，国内矛盾突出，1919 年 4 月 13 日发生英军屠杀印度群众的阿姆利则惨案，直到 1947 年 8 月 15 日才实现独立建国。

学界也普遍认为"百年未有之大变局"中最大变化是中国崛起。2018 年中国的经济总量（13.46 万亿美元）比印度（2.69 万亿美元）、巴西（1.91 万亿美元）、南非（1.66 万亿美元）、俄罗斯（1.58 万亿美元）的总和还要多，相当于它们总和的 1.72 倍。以改革开放后中国与周边其他前四大经济体的实力对比为例更为直观。1978 年中国改革开放之初国内生产总值（GDP）为 1495.4 亿美元，日本同期则为 10136.1 亿美元，是中国的近 7 倍。印度和中国差不多，为 1373 亿美元，韩国为 517 亿美元②。1990 年冷战刚结束时中国与日本的数字分别为 3608.6 亿美元和 31328.2 亿美元，日本为中国的近 9 倍。俄罗斯为 5168.1 亿美元，远超中国。印度和中国仍然相差不大，为 3209.8 亿美元。韩国为 2793.5 亿美元，在经历了 80 年代"汉江奇迹"后有赶上中国的态势。2010 年中国 GDP 首次超过日本，分别为 60871.6 亿美元和 57001 亿美元。这时中国已远超印度（16756.2 亿美元）、俄罗斯

---

① 《5 个数读懂习近平在金砖国家工商论坛上的讲话》，2018 年 7 月 27 日，央视网（ht-tp：//news.cctv.com/2018/07/27/ARTIuXjzqE6LBbthBttiUgVK180727.shtml）。

② 此时苏联还未解体，作为仅次于美国的第二大超级大国，实力远超于中国、印度、日本、韩国，不具备可比性。

（15249.2 亿美元）、韩国（10945 亿美元）。而到 2018 年，中国经济总量（136081.5 亿美元）则超过日本（49709.2 亿美元）、印度（27263.2 亿美元）、俄罗斯（16575.5 亿美元）、韩国（16194.2 亿美元）的总和，是它们总和的 1.2 倍。① 实际上，中国与周边国家在科技、文化、军事等领域的实力对比上均呈现类似态势。

目前，中国已成为 120 多个国家的最大贸易伙伴，还是世界上增长最快的主要出口市场、最被看好的主要投资目的地，以及能源资源产品的主要进口国。预计未来五年中国进口额将超过美国，从而成为世界上最大的进口市场，世界终端消费市场正在发生前所未有的转移。

同时，中国在新一轮科技革命上有可能迎头赶上。"相关研究表明，从现在到 2040 年前后，将是新科技革命孕育发展的关键时期，正在带来世界发展格局的深刻变化。谁能真正把握住新科技革命的趋势、特征和战略先机，谁就有可能在未来发展中获得领先优势。"② 新科技革命正在以人工智能、物联网、能源互联网、生命创制等为核心快速孕育发展。2017 年 6 月 22 日，国务院总理李克强主持国务院党组学习时指出，当前新一轮世界科技革命和产业变革孕育兴起，它具有极大冲击力。这其中既蕴含着重大机遇，但也存在巨大的不确定性，未知远大于已知，会带来多方面挑战。③ 2017 年 11 月，习近平主席在出席越南岘港举行的亚太经合组织峰会发表演讲时三次提及科技革命和科技创新，强调我们正迎来新一轮科技和产业革命，增长动能将被科技深刻改变。④ 习近平总书记在党的十九大报告中明确提出，到 2035 年基本实现社会主义现代化，到 2050 年前后基本建成社会主义现代化强国，这也是基于我国科技创新、经济社会发展趋势上形成的科学研判，对更主

---

① 相关数据参见世界银行网站（https://www.worldbank.org/）。

② 李万：《新科技革命改变世界发展格局》，《学习时报》2017 年 12 月 13 日。

③ 《李克强：准确把握世界科技革命产业变革新趋势》，2017 年 6 月 25 日，新华网（http://www.xinhuanet.com/politics/2017－06/25/c_1121206210.htm）。

④ 《习近平主席在亚太经合组织工商领导人峰会上的主旨演讲（全文）》，2017 年 11 月 10 日，新华网（http://www.xinhuanet.com/politics/leaders/2017－11/10/c_1121938333.htm）。

动把握新科技革命带来的重大战略机遇提出了新的更高要求。

在 18 世纪蒸汽机和机械革命以及 19 世纪电力和运输革命中，中国并未参与。在 20 世纪的电子和信息革命中，中国主要也是使用者。在目前正酝酿的这次科技革命中，尽管中国无论是基础科学还是前沿技术，总体上还处于"追赶"状态，但这次中国有可能实现"弯道超车"。中国的优势在于举国体制支持（中国政府对创新产业的长期支持）、中国蓬勃发展的创业公司、科技普及到生活层面（人类需求是历次科技革命的根本驱动力）等。"中国是数据的最大生产和拥有者；中国拥有最强的超算能力；中国政府最有可能强力推动数据信息资源共享与利用；中国拥有完整的工业体系全链条，拥有产业配套完备和个性化定制能力极强的城市，正在吸引汇聚全球科技创新节点资源；中国对科技创新的投入与重视前所未有。"[1] 正因为如此，李克强总理 2017 年 6 月 22 日要求中国"在突破核心技术、拿出原创性成果上下功夫，在更多领域实现由'跟跑'变为'并跑'，有的甚至可争取'领跑'"[2]。

基于上述背景，2012 年 11 月 29 日习近平总书记在国家博物馆参观《复兴之路》展览时指出："实现中华民族伟大复兴，就是中华民族近代以来最伟大的梦想。改革开放以来，我们总结历史经验，不断艰辛探索，终于找到了实现中华民族伟大复兴的正确道路。这条道路就是中国特色社会主义。现在，我们比历史上任何时期都更接近中华民族伟大复兴的目标，比历史上任何时期都更有信心、有能力实现这个目标。"[3] 2013 年 1 月 5 日习近平总书记在贯彻党的十八大精神研讨班上讲话指出，只要我们坚持独立自主走自己的路，毫不动摇坚持和发展中国特色社会主义，我们就一定能在中国共产党成立一百年时全面建成小康社会，就一定能在中华人民共和国成立一百年时建成为富强民主文明和谐的社会主义现

---

① 《中科院副院长张杰：中国最有希望成为新科技革命策源地》，2018 年 1 月 31 日，科学网（http：//news. sciencenet. cn/htmlnews/2018/1/401819. shtm）。

② 《李克强：准确把握世界科技革命产业变革新趋势》，2017 年 6 月 25 日，新华网（http：//www. xinhuanet. com/politics/2017 - 06/25/c_ 1121206210. htm）。

③ 《改革开放四十年大事记》，《人民日报》2018 年 12 月 17 日。

代化国家。这实际上也标志着中国外交由"发展型"进入"崛起型"阶段。

《新华词典》对"崛起"从两方面诠释：（1）突起，比如说平地上崛起一座青翠的山峰。（2）兴起，比如太平军崛起于广西桂平金田村。① 前者是状态，后者指方位。大国崛起是在前一意义上的使用，是相互比较而得出的概念。山峰是相对于平地而言才称得上崛起，大国崛起是相对于其他大国而言异军突起；阎学通教授还指出，"崛起"意指与他国差距的缩小。② 这里的他国显然指霸权国。如果说崛起仅仅是比同一层次的国家发展更快，还不足以解释为什么守成国对崛起国这么敏感，因为它会进一步接近守成国实力；与此同时，崛起国外交上往往更为积极进取，否则守成国不会常常焦虑到甚至以战争方式遏制。因此，崛起起点要满足三个条件：在二流国家中异军突起，众多指标成为世界第二，同时与霸权国差距在迅速缩小，外交也更为积极进取。对中国而言，2010年在已成为世界政治大国的前提下成为第二大经济体，被国际社会广泛视为世界第二大国。③ 但真正崛起的起点应在2013年党的十八大之后。这不仅体现在中国实力的持续迅速增长与更广泛的国际认知上，也体现在中国外交的积极主动进取上。这包括倡议推进"一带一路"和亚洲基础设施投资银行、以航母下水为标志强调强大海军建设，并明确提出到2049年要实现中华民族伟大复兴。至此大致可认为，中国外交定位已由此前发展性战略转向崛起性战略。中国崛起所设定的时间为36年。④

从大国崛起的历史经验教训看，每个大国在崛起时都意识到战略方针上有地区战略与世界战略"两个重心"，也都遵循"先地区、后世

---

① 中国社会科学院语言研究所词典编辑室编：《现代汉语词典》（第6版），商务印书馆2012年版，第711页。

② 阎学通：《"和平崛起"的分歧、意义及策略》，《中国社会科学》2004年第5期。

③ 阎学通：《权力中心转移与国际体系转变》，《当代亚太》2012年第6期。

④ 中国官方从未表达过要与美国争霸的观点，中国学界主流观点也不支持与美国争霸。但中美作为综合实力世界第一和第二的两个大国，由于政治制度、发展模式等差异，其存在的竞争性是客观的，中国希望追赶美国也是客观的。这里讨论中国崛起并非支持中国与美国争霸，而是对这种客观竞争性的学术探讨。

界"的原则。但对这两个重心不同的处理方式，崛起的命运却截然不同。英国、美国，以及俾斯麦时期的德国都是在牢固确立与巩固地区大国地位的前提下才走向世界，而且即使在走向世界时仍始终奉行"双重心"战略。后俾斯麦时期的德国与日本，则是在没处理好与周边国家关系和没有建立起稳定地区大国地位——即没有处理好地区战略背景下，就仓促走向世界，崛起失败。历史经验最宝贵的是要在牢固确立地区大国前提下再放手走向世界，且在走向世界任何时候都应牢固确立地区大国地位。这再次证明了党的十八后中国外交从"大国外交"一个重心向"大国外交"与"周边外交"双重心转向的战略意义与历史自觉。历史经验也表明中国在未来民族复兴道路上应坚持"双重心"[①]，也即从现在起相当长时间内，中国应持之以恒重视周边战略，海外利益拓展应首先服务于确立与巩固地区大国地位。

纵观中国周边次区域，相对于东南亚、南亚、中亚，东北亚地区对中国周边安全利益维护极为重要，对中国崛起最具有战略意义。（1）大国林立。该地区美国、日本、俄罗斯深度介入。有三个安理会常任理事国，有三个核大国，还有一个已经具备了一定核能力的朝鲜。亚洲前五大经济体（中、日、印、俄、韩）除印度外均集中在该地区。（2）该地区朝鲜半岛局势走向牵一发而动全身，对于国际格局演变具有战略意义。尽管2018年以来各方对半岛问题政治解决与对话解决具有强烈共识，并史无前例地举行了两次朝美峰会，但2019年以来朝美两国对话与半岛局势缓和再次陷入停滞，局势逆转甚至失控的可能性依然不能排除。此外，该地区还存在钓鱼岛问题以及广泛的冷战思维与冷战格局问题。"后冷战时代的东北亚安全问题是国际关系中最复杂、最敏感，也是最有全球性战略意义的政治领域。[②]（3）该地区毗邻中国政治、经济，以及人口中

---

① 由于中国走向世界的主要竞争对手是美国，也即如何处理与美国的关系，因此这里的"大国战略"（对美战略）与"世界战略"是在同一个意义上使用的。

② 杨鲁慧：《东北亚大国关系中第三方因素及地区安全共同治理》，《东北亚论坛》2012年第4期。

心。该地区安全局势波动，中国很容易受到波及。

此外，截至 2018 年年底，中国、日本、韩国、朝鲜、蒙古国、俄罗斯的 GDP 总量为 21.91 万亿美元，占世界 GDP 总量的 25.5%。其人口总数超过 17.5 亿，占世界总人口的 23.11%。[①] 可以说，该地区对于中国整体利益维护至关重要，而安全利益与经济利益、政治利益等密切联系和互相作用。正因为如此，东北亚地区对于世界格局与中国的至关重要性得到普遍认知。"东北亚已成为最充满活力、战略价值最大的地区。"[②] "东北亚地区对中国有着特别重要的地缘、经济、政治与安全意义。"[③] 张蕴岭教授甚至对此指出"东北亚地区是中国对外关系的首要中的首要"[④]。

研究东北亚安全，首先需要厘清该地区是否属于独立研究领域。比如国际关系著名理论流派英国学派的代表人物布赞主张"东北亚地区其实并非一个独立研究领域，因为它只是亚洲四个次区域中的一个，其安全不具备独立性，必然会受到亚洲其他区域影响"[⑤]。本书认为东北亚地区作为独立研究领域客观存在。其原因包括该地区"资源分布、地理、历史、政治关系等因素的作用，各国又普遍更关注（区域内）安全互动与安全议题"[⑥]。学界对此也有诸多论述，比如著名的建构主义理论代表人物温特明确指出次区域安全作为独立研究对象客观存在。而对冷战后美国外交政策具有重要影响的进攻性现实主义

---

① 笔者根据中国外交部网站的相关数据进行的统计，这里缺少朝鲜的 GDP 数字。参见《中华人民共和国外交部网站》（http：//www. fmprc. gov. cn/mfa_ chn/）。

② Gregory J. Moore， "Constructing Cooperation in Northeast Asia：Historical Northeast Asian Dyadic Culturesand the Potential for Greater Regional Cooperation"， *Journal of Contemporary China*，Vol. 22，2013，p. 888.

③ 张蕴岭：《在理想与现实之间——我对东亚合作的研究、参与和思考》，中国社会科学出版社 2015 年版，第 198 页。

④ 张蕴岭：《东北亚和平构建：中国如何发挥引领作用》，《东北亚学刊》2018 年第 2 期。

⑤ Buzan，Barry，*People，States and Fear：An Agenda for International Security Studies in the Post-Cold War Era*，New York：Harvester Wheatsheaf Press，2008.

⑥ Sørensen，Camilla T. N.，"Security Multilateral-ism in Northeast Asia：A Lost Game or the only Way to Stability"，*Journal of China and International Relations*，Vol. 1，No. 1，2013，p. 3.

理论代表人物米尔斯海默在其案例研究中更是把东北亚作为一个独立区域进行研究。① 本书的研究也能再次表明东北亚安全尽管深受其他区域的影响,但是其本身确实具有相对的独立性。

最早在东北亚地区提出带有区域概念的是日本学者,20世纪60年代末先后提出了"日本海经济圈""环日本海经济圈",后来随着韩国经济与中国经济的发展,一些韩国和中国专家提出了"环黄渤海经济圈"概念。② 中国在外交上将东北亚地区作为整体进行战略统筹是进入21世纪后的事情。这其中有两个突出标志:推动六方会谈机制诞生与启动中日韩合作机制(均开启于2003年)。正如张蕴岭教授指出的那样,"引人注目的是,对于构建中日韩自贸区,基于发展水平的差异,中国本来是在谈判中面临困难最多的一方,然而中国却表现出比日韩更积极的态度"③。这实际上体现出了中国对东北亚区域重要性的认知,并因此进一步将其作为整体进行战略运筹。2015年9月,中国外交部机构设置上取消了处理对日关系的"日本处",成立"东北亚处",再次体现出中国将东北亚地区统一运筹的战略考量。

究竟哪些国家属于东北亚地区也是研究时需明确界定的问题。从中国外交部的"国家(地区)"分类上看,俄罗斯属于欧洲,不属于亚洲,更遑论东北亚地区?"俄罗斯尽管自我定义上是欧亚国家,但现实中更多视自己为欧洲国家,而非亚洲国家"④。美国在地理上更是远离东北亚万里之遥,属于北美洲,是否属于东北亚国家?同时,"日本在政治体制和经济体制上也更多视自己为西方国家"⑤。韩国在

① Alexander Wendt, *Social Theory of International Politics*, Cambridge: Cambridge University Press, 1999, p. 272; John Mearsheimer, *The Tragedy of Great Power Politics*, New York: W. W. Norton, 2001, pp. 40, 138.

② 张蕴岭:《在理想与现实之间——我对东亚合作的研究、参与和思考》,中国社会科学出版社2015年版,第165页。

③ 张蕴岭:《在理想与现实之间——我对东亚合作的研究、参与和思考》,第247页。

④ Brendan Howe, "Three Futures: Global Geopolynomic Transition and the Implications for Regional Security in Northeast Asia", *Modern Asian Studies* 39, 4, 2005, p. 777.

⑤ Brendan Howe, "Three Futures: Global Geopolynomic Transition and the Implications for Regional Security in Northeast Asia", *Modern Asian Studies* 39, 4, 2005, p. 777.

政治体制上也属于西方国家，日、韩两国国内又有大量美军驻扎，因此媒体和研究成果中常称其为"西方国家"。尽管如此，本书仍主张从地缘政治角度，东北亚地区应包括中国、美国、俄罗斯、日本、朝鲜、韩国、蒙古国七个国家。

对于俄罗斯，正如季志业教授指出的那样，"俄罗斯在东北亚的政策越来越积极、越来越主动、越来越全面。俄罗斯完成了由旁观者向参与者的转变，正在由普通参与者向核心参与者转变"。"俄罗斯东北亚政策确是其亚太政策中最为直接和最为重要的部分。"① 日本和韩国虽然在政治体制等方面追随西方，与美国存在紧密同盟关系，但不仅两国地缘上处于东北亚地区，而且无论是历史还是当前对地区事务的参与热忱上，都表明其是东北亚安全事务的活跃参与者。对于域外的美国，由于其作为全球性大国的影响力无处不在，而且其通过在日本和韩国的驻军事实上分享了两国的主权，因此"国内外学者的共识是东北亚地区安全事务应将美国涵盖进去"②。

习近平总书记指出的"当今世界处于百年未有之大变局"在东北亚地区也表现得尤为明显。③ 这包括中美权力转移体现出结构性变化特点、朝鲜半岛局势演变处于临界点、中日权力转移发生结构性变化与日本安全战略正走向新方向、俄罗斯战略走向也体现出新特点等。还有学者指出了特朗普上台后对东北亚局势的影响，"特朗普执政以来已经为世界政治舞台带来了诸多变化。但在我看来，受其政策影响最大的是东北亚地区"④。"东北亚的'变'，可能是世界变局中最剧烈、最有影响的，是和中国的利益关系最密切的变化。"⑤ 由此可见，在中国确立民

---

① 季志业：《俄罗斯的东北亚政策》，《东北亚论坛》2013 年第 1 期。

② 国外学者的观点见：Brendan Howe，"Three Futures：Global Geopolynomic Transition and the Implications for Regional Security in Northeast Asia"，*Modern Asian Studies* 39，4 ，2005，p. 762。

③ 本书最后两章会对此进行详细讨论。

④ 金星焕：《建立东北亚地区安全架构的可能性》，《国际战略研究简报》2019 年第 87 期（北京大学国际战略研究院主办）。

⑤ 张蕴岭：《东北亚和平构建：中国如何发挥引领作用》，《东北亚学刊》2018 年第 2 期。

族复兴目标的背景下,东北亚区域安全不仅从方位上来说非常重要,而且该地区相关变量正在发生的大变局对于中国所处的国情世情影响也具有全局性,加强对该地区研究极为重要。

整体上看,学术界有关东北亚区域安全的讨论还非常少,相关讨论基本上都是在东亚安全的讨论下进行的。[①] 这种讨论对于加强对东北亚安全的理解有一定意义,但却远远不够。主要由于"东亚"包含的范围过大,地区内部的多样性使得概念的可操作化非常困难。东亚狭义上包括东北亚和东南亚,稍微宽泛一点的甚至包括某些南亚和大洋洲国家,即印度、澳大利亚、新西兰、巴布亚新几内亚等。[②] 这说明学术界急需从东北亚区域本身进行研究,特别是要研究在"百年未有之大变局"背景下东北亚区域安全走向以及其中的"中国方案"。

笔者长期关注东北亚安全问题研究。在读博士阶段主要是做中国外交的理论研究,案例选择的是朝鲜半岛核问题,东北亚安全研究在这两者中间承上启下,自然也成为笔者研究的重点。具体而言,本书由四部分组成。讨论东北亚安全,首先要分析该地区安全环境,本书第一部分主要从东北亚地区双边安全关系视角(第一章),以及最大的外部因素——美国因素视角(第二章)对此进行了考察。这样的研究视角实际上把影响东北亚安全环境的相关因素都纳入了进来。在此基础上界定了中国在该地区利益的轻重缓急(第三章),这也是分析中国与东北亚安全关系的起点。

如上所述,东北亚地区存在朝鲜半岛核问题、冷战格局问题、钓鱼岛问题等,"安全困境"可以说是该地区安全议题的最突出特点。因此在第二部分,本书首先讨论了东北亚地区安全困境的形成原因及如何缓解(第四章),然后分析了中国近年来外交上提出的最恢宏倡议——"一带一路"在其中所扮演的角色(第五章)。在此基础上,本书详细

---

① 门洪华:《四大力量博弈与东亚秩序》,《国际政治研究》2015 年第 5 期。

② [日]中村哲:《东亚近代史理论的再探讨》,陈应年译,商务印书馆 2002 年版,第 32 页;[韩]白永瑞:《思想东亚》,《读书》2009 年第 11 期。

分析了如何在该地区建立信任合作关系（第六章）。

相比于中国周边其他三个次区域，东北亚区域建设上最滞后的地方是多边安全机制匮乏，这不仅是导致该地区安全困境难以缓解的重要根源，也是该地区推进信任建设和实质性合作上举步维艰的主要原因。从战略视角看，在东北亚地区进行多边机制建设不是要不要做的问题，而是不得不做和必须要做，关键是何时做以及如何做。因此第三部分首先讨论了东北亚多边安全机制为什么迄今仍没有建立起来（第七章），以及如何在当前背景下做好基础工作和实现突破（第八章）。

本书在最后部分讨论了东北亚地区领导权问题。面对该地区大国林立，东北亚地区事务上的领导权竞争是该地区相关问题难以解决和区域合作举步维艰的重要原因。"二战"结束后在该地区形成了"旧金山体制"，其最大特点是美国通过与日本和韩国建立同盟关系从而左右东北亚安全局势走向。当前中美实力对比发生变化以及各国对"旧金山体制"越来越不满，新的领导秩序正处于酝酿过程中。本书指出"双领导体制"既符合中美两国利益，也符合该地区其他国家利益，理应成为新领导体制推进方向。在具体论述上，本书首先从"应然"角度指出在东北亚地区推动构建"双领导体制"的必要性（第九章），然后从"实然"角度分析了构建基础与可能路径（第十章）。

目　　录

第一章　从双边关系看东北亚安全环境变化

对安全环境的考察是分析东北亚区域安全问题的前提。对此可以有多种切入点，这里将其分为双边关系影响和区域安全合作影响两个层面。在区域安全合作上，本地区主要就是美国的军事同盟，这将在下一章进行详细考察，本章主要从区域内相关国家双边互动的角度考察东北亚地区安全环境的变化。

第一节　东北亚安全环境的演变

从双边互动的角度看，东北亚地区的安全环境近年来正在发生深刻变化。2011年8月，美国副总统67年来首次访问蒙古国，蒙古国公开将美国称为"第三邻国"。奥巴马政府上台后，美国开始以所谓的"亚洲再平衡战略"为抓手，进一步加大了对亚洲地区的投入，对该地区的安全环境产生了重大影响。特朗普政府上台后，2019年8月7日，美国国防部长马克·埃斯珀（Mark Esper）到访蒙古国，继续为加强与蒙古国的战略关系开展外交攻势。这也是美国国防部长5年后再次访问蒙古国。美国还强化了与日韩盟友的关系。日本开始公开与美国展开以"夺岛（钓鱼岛）"为目的的军演，2011年美日韩三国举行有史以来首次联合军演，地点含中国近海黄海海域，美国航母也参与军演。美韩联合军演的战略意图和走向已明显超出朝鲜半岛范围。而且由于黄海是近代中日甲午海战的爆发地，美韩此举也一度引起中国民众的强烈反感。更为严重的是，2016—2017 年韩国不顾中国反对，执意把美国"萨德反导系统"部署在韩国星州基地，一度使得中韩关系陷入建交以来的最低点。

在中日领土争执上，美国无视 2012 年日本政府单方面宣布所谓钓鱼岛"国有化"是当时中日矛盾的根源，非但不与中国联手管控局势与解决问题，还反复表态钓鱼岛适用于《美日安保条约》，纵容与鼓励了日本右翼势力。中日钓鱼岛纠纷一度愈演愈烈。在朝鲜多次核试验后，尽管 2018 年以来其将战略重心转移到经济建设上，并主动做出暂停核武器和导弹发射的承诺，但是由于和美国的分歧严重，打破国际孤立仍然任重道远。

该地区非传统安全因素也继续发酵。仅以中国与该地区相关国家之间近几年所发生的渔业纠纷为例，典型案例如：2010 年 9 月，日本以中国渔船"闽晋渔 5179 号"在相关海域进行"非法作业"为名逮捕该船只船长；2013 年 5 月，一艘载有 16 名中国渔民、编号为"辽普渔25222"的辽宁渔船被朝鲜军方扣押；2014 年 10 月 10 日，韩国海警对中国"鲁荣渔 50987 号"渔船执法时，向中国渔民开枪，导致船长死亡。这些渔业纠纷已不再单纯局限于非传统安全领域，与相关国家的民族主义互为推波助澜，卷入了政治与安全关系。除渔业纠纷外，该地区非法入境、人口走私等跨国犯罪也开始抬头。

2019 年年底在中国迅速暴发的新冠肺炎疫情，也迅速在韩、日两国蔓延，地区公共卫生安全也在影响东北亚地区的环境。一方面，面对新冠肺炎疫情，中日韩三国命运与共，表现出了命运共同体意识，促进了三国关系发展。2020 年 2 月 20 日韩国总统文在寅专门给习近平主席打电话表达慰问支持，明确表示"中国的困难就是我们的困难"。实际上，疫情发生后韩国驻华大使馆就挂出写有这句话的标语。2 月 20 日韩国新任驻武汉总领事姜承锡"逆行"抵达武汉履新。"山川异域，风月同天"，日本的举动也让无数中国人感动。1 月 27 日王毅外长与日本外相茂木敏通电话时，后者表示遇到困难时倾力相助的朋友才是真朋友。2月10日日本自民党在干部会议上决定，将从自民党每位国会议员3月份经费中扣除5000日元捐给中国抗疫。尤其令人感动的是，日本许多普通民众通过各种方式支持中国抗疫。日韩两国疫情暴发后，中方感同身受，表示诚挚慰问，并投桃报李，在抗击本国疫情的同时，向韩日提供力所能及的帮助，同包括韩日在内的国际社会分享信息和经验，加强合作，共克时艰。但与此同时，另一方面，韩国国内反对党再三以韩国的疫情暴发是由于"文在寅政府当初没有全面禁止中国人入韩"为借口批评文在寅政府，将韩国暴发疫情的责任归咎于中国。受到蛊惑的民众在青瓦台留言要弹劾文在寅的人数短短四天就超过100万人。

另一个影响该地区安全环境的当属历史因素。2012年12月，安倍晋三再次就任日本首相后，在历史问题上急剧右转，2013年12月26日，公然参拜靖国神社。在这种历史认知下，其修改宪法和解禁集体自卫权的做法引起了包括中韩在内的国际社会的巨大关注。安倍政府错误历史观使得中日两国民意更为对立。尽管近两年中日关系有所缓和，但是在历史问题上，两国的潜在矛盾仍然没有得到解决。2019年7月以来，日韩关系严重倒退表面看是经贸摩擦，实际上问题的症结在于"二战"时期日本强征韩国劳工问题，也属于历史问题。尽管日韩两国政府均希望维护两国间的合作，但在历史问题上日韩两国国内民意严重对峙，妥协的空间并不大，日韩关系改善任重道远。

与上述安全环境同等重要的是，该地区内有关国家之间开始加强或调整彼此安全关系。这既与上述安全环境之间的相互作用有一定联系，这种安全网络的形成本身也成为东北亚安全环境的重要影响变量。对此，国内研究多集中于对个别双边安全关系的分析，缺乏从地区安全整体的视角进行的分析。有鉴于此，本章以东北亚安全环境为考察对象，以东北亚各国之间安全网络的形成切入点，具体分析时从高层军事官员访问、双边安全协议、联合军事行动和联合军演、军售、军事教育项目等几个层次展开。旨在分析东北亚区域内以双边安全关系为基础形成的安全网络的特点与动因，以及中国的战略应对。为了强调在中美没有参与的情况下，更好地理解该安全网络的发展趋势以及对中国的影响，本章将中国（和美国一起）作为一个独立的变量。除了在分析该地区整体情况以及中国的战略应对时将其纳入分析范围外，仅仅分析该地区其他五国之间安全网络的形成。

第二节　以双边安全关系为基础的 东北亚安全网络

如果把中美两国也考虑在内，早在 2012 年世界军费开支前 15 位的国家东北亚占到五个，这包括美国（第 1 位，6820 亿美元）、中国（第 2 位，1660 亿美元）、俄罗斯（第 3 位，907 亿美元）、日本（第 5 位，593 亿美元）、韩国（第 12 位，317 亿美元）。① 也就是说，该地区除蒙古国与朝鲜外，其他所有国家的军费开支都名列世界前茅。东北亚各国的军费开支总额占到全球军费开支的 58.7%。就占 GDP 的比例而言，全球平均比例为 2.5%，美、俄、韩均高于这一数字，美国为 4.4%、俄罗斯为 4.4%、韩国为 2.7%。2018 年的排名中上述相关数据略微调整，俄罗斯成为第四名，日本为第八名，韩国为第十名。巨额军费开支反映了东北亚已成为全球安全的重心地带，也使得该地区各国有基础发展包括彼此安全网络。

该地区军事高层访问频繁。2009 年 4 月韩国时任国防部长李相喜访问日本。此次访问，双方就美日韩三国在朝鲜核及导弹问题上加强合作达成共识，还确认了在交换海岛信息等方面展开合作。2011 年 1 月，

---

① 参见斯德哥尔摩国际和平研究所的相关资料（http：//www.sipri.org/googlemaps/milex_top_15_exp_map.html）。

日本时任防卫相北泽俊美抵达首尔访问，并访问了象征朝鲜战争遗留状态的板门店。两国防长决定今后每年轮流主办国防部长级和副部长级会谈，还在情报共享方面磋商了两个协定：《物资劳务相互提供协定》和《军事情报保护协定》。前者以日本自卫队与韩国军队互相提供军需物资和劳务为主要内容，后者则以双方在军事安全防卫领域的情报互换及保密为主要内容，均带有浓厚的军事合作色彩。2015 年 10 月 20 日，日本防卫大臣中谷元访问韩国，与韩国时任国防部长韩民求就共享朝鲜核与导弹等有关朝鲜半岛局势信息，以及两国军事交流和合作方案进行会谈。

表 1 - 1　　2012—2018 年东北亚各国军费开支（单位：百万美元）

年份	2012	2013	2014	2015	2016	2017	2018
美国	684780.0	639704.0	609914.0	596104.6	600106.4	605802.9	648798.3
中国	157390.4	179880.5	200772.2	214093.1	216031.3	227829.4	249996.9
俄罗斯	81469.4	88352.9	84696.5	66418.7	69245.3	66527.3	61387.5
日本	60011.5	49023.9	46881.2	42106.1	46471.3	45387.0	46618.0
韩国	31951.8	34311.2	37552.3	36570.8	36885.3	39170.7	43070.0
蒙古国	113.6	103.5	105.1	101.7	96.4	82.8	96.1

数据来源：斯德哥尔摩国际和平研究所，参见 https：//www.sipri.org/databases/milex。

日蒙军事互访也发展迅速。2012 年 1 月，日本国防大臣一川保夫访问蒙古国，双方签署军事交流合作备忘录，宣布两国将开展副部长级磋商并加强两军交流等防卫合作。这是继澳大利亚、越南、俄罗斯等国之后，日本与第 7 个国家签署军事备忘录。2013 年 1 月日蒙两国在东京的外务省和防卫省内举行有关日本与蒙古国防卫合作的外务、防卫部门工作级别磋商的首次会议。在会上，日本强调与蒙古国在安全问题上共享问题意识，构筑合作关系，以此来强化日本的安全保障。

俄韩高层互访也比较频繁。2004 年 2 月，俄罗斯时任太平洋舰队司令奥多罗夫率一舰队分遣队访问韩国仁川港，以纪念日俄太平洋海战100周年。迄今为止，韩国海军已对位于符拉迪沃斯托克的俄罗斯太平洋舰队主基地进行了十余次访问，而俄罗斯太平洋舰队的舰只也多次访问了韩国的港口。2005年4月，韩国时任国防部长尹光雄访问俄罗斯，双方重点商讨了加强双边军事交流以及国防技术合作的方案。2008年12月，韩国时任参谋长联席会议主席金泰荣大将访问俄罗斯。2009年7月，韩国时任国防部长李相熹对俄罗斯进行访问，双方达成协议，在俄第11空防集团军与韩国空军指挥中心之间建立直接通信线路，沟通朝鲜半岛方面的空情信息。2012年3月，韩国时任国防部政策室室长林官彬和俄罗斯时任国防部国际合作次官阿纳托利·安托诺夫在俄罗斯进行了两国间首次国防战略对话，标志着双方军事关系已开始向更深层次的加强地区安全合作、构建地区安全机制等方面发展。

在双边安全协议方面，日韩两位防长2011年1月正式商讨签署《物资劳务相互提供协定》和《军事情报保护协定》就是这一努力的具体表现。对于这两个协定，日本媒体在报道时首先强调这将是日本自1945年结束对朝鲜半岛殖民统治以来，日韩两国之间第一次签署双边军事协定。因此将其解读为日本期待的"日韩军事同盟"的正式起步。当时尽管最后情报协定没有如愿签署，但却反映了两国对军事合作制度化的期待。在双方努力下，日本和韩国政府于2016年11月23日在东京签署《军事情报保护协定》。《军事情报保护协定》是特定国家间为共享军事机密而签署的协定，此次协定涉及提供机密的方法、保护原则、销毁方法及丢失对策等共21项条款。2019年7月以来由于日韩两国在经贸和历史问题上矛盾爆发，两国关系降到最低点，8月22日韩国青瓦台表示韩政府决定作废韩日《军事情报保护协定》（GSOMIA）。但是11月22日在《军事情报保护协定》失效前仅六小时，韩国通知日本政府不终止《日韩军事情报保护协定》，协定效力将继续维持。这也再次反映出韩日具有加强安全合作制度化的巨大动力。

作为反映相关国家信任建设的联合军演，该地区也蓬勃发展。2010

年 7 月，日本自卫队首次派出四名军官全程观摩了美韩联合军事演习。同年 10 月两艘日本军舰还受邀参与了在韩国釜山举行的假想朝鲜核材料外运的防扩散安全倡议（PSI）海上拦截演练。韩国军队也首次派遣观察员参加了 2010 年 12 月举行的美日联合军事演。2012 年 6 月 21—22 日，美日韩三国举办了堪称"破冰式"的联合军演，令人猜测美日韩正日趋形成"亚洲版小北约"。

2003 年 8 月，韩国海军派遣一艘驱逐舰参加了俄海军在远东及太平洋地区举行的大规模军演。2006 年 9 月，俄罗斯和韩国军舰在邻近俄罗斯远东城市符拉迪沃斯托克的日本海海域举行了联合军演。韩国海军的两艘军舰和俄罗斯太平洋舰队的一艘反潜艇舰参加了演习。2010 年 7 月，俄韩两国海军共五艘军舰在韩国墨湖港附近海域举行了联合边境战术演习。2015 年 9 月，俄韩边防军举行联合军演。2018 年 11 月 9 日，俄罗斯和韩国举行联合海上演习。除了双边联合演习外，近年来俄韩两国在多边框架下也进行过类似合作。2010 年 8 月，中国、俄罗斯以及韩国在日本海海域的彼得大帝湾附近举行了为期一周的国际边防联合反海盗和反恐怖演习。

2008 年 11 月蒙古国和俄罗斯联合维和军事演习是苏联解体以来两国首次联合军演，这次联合军演是俄蒙军事关系提升的重要标志。此后，两国开始定期举行这种联合军演。2012 年 9 月，"色楞格河—2012"联合军演在俄布里亚特共和国的"布尔杜内"靶场举行。蒙古国武装力量的机械化步兵、坦克分队、防空导弹旅和迫击炮旅参加演习。2019 年 8 月，蒙古国和俄罗斯举行了"色楞格河—2019"联合军事演习，演习在蒙古国东部一处训练场内进行。

在军售方面，表 1-2 从 2014—2018 年该地区军售情况来看，显示该地区国家的军售来源主要来自美国和俄罗斯。中国向该地区军售情况为零。2014 年以来受制于联合国安理会的制裁，没有显示俄罗斯向朝鲜出口武器，但是如果再往前推几年，比如 2008—2012 年，俄罗斯向朝鲜出口武器金额达到 1000 多万美元。由此可见，中国、朝鲜、蒙古国的军购主要来自俄罗斯，韩国和日本主要来自美国。值得关注的是，出于"以武器还债"模式来解决俄韩两国历史遗留的债务问题，俄罗斯也向韩国提供了大量军备。特别是自 2007 年以来，俄罗斯先后向韩国转让了常规潜艇电池、飞机发动机、机载雷达等多项先进军事技术，其中包括俄最新型"宝石"超音速反舰导弹技术。俄韩两国在联合武器开发等合作项目上也进行了一些尝试。2011 年 12 月 15 日，由俄韩两国共同参与的新型 KM-SAM 防空导弹系统完成研制工作。该防空导弹系统配备了在俄制 S-400 短程型 9M96E 导弹基础上改进而来的新型防空导弹，以及两国联合研制的 MFR 多用途搜索雷达。该型防空导弹系统已经进行了测试工作，并于 2013 年正式装备韩国军队①。

表 1-2   2014—2018 年俄罗斯与美国向该
地区军售情况（单位：百万美元）

	2014 年	2015 年	2016 年	2017 年	2018 年	总计
俄罗斯—中国	705	742	636	909	1304	4296
俄罗斯—蒙古国	—	74	—	—	—	74
俄罗斯—朝鲜	5	5	1	—	—	11
美国—日本	272	304	307	432	675	1990
美国—韩国	346	188	599	529	612	2274

　　参见斯德哥尔摩国际和平研究所的相关资料，其中"俄罗斯—朝鲜"为 2008—2012 年数据。网络资源见：http：//www. sipri. org/googlemaps/milex_ top_ 15_ exp_ map. html。

　　在军事训练方面，2008 年 5 月俄罗斯国防部长谢尔久科夫访问蒙古国，双方就两国《2008 年至 2012 年蒙俄军事技术合作中期计划》进行商谈。② 2010 年 12 月，俄罗斯时任国防部长谢尔久科夫在莫斯科与来访的蒙古国时任国防部长包勒德举行会谈，谢尔久科夫宣布，俄方将

---

　　① 王多一：《冷战后俄韩军事关系》，《国际研究参考》2013 年第 1 期。
　　② 范丽君：《新世纪俄蒙关系与东北亚区域合作》，《东北亚论坛》2012 年第 4 期。

在蒙古国军队改革和人才培养问题上提供协助。2018 年 8 月 22 日，俄罗斯国防部副部长亚历山大·福明与蒙古国国防部副部长托戈奥奇·杜拉姆道尔吉会谈时表示，俄罗斯和蒙古国有发展军事和军事技术合作的重大计划。

第三节 东北亚安全网络的特点和动力

通过简单的梳理可见，以双边安全关系为基础形成的东北亚安全网络呈现出以下特点。第一，俄罗斯和美国仍然处于该地区军事安全网络的上游，这不仅体现在该地区国家在军事交流上主要以美俄为主，而且在军售的来源上也主要以美俄为主。军售又带动军事训练和教育项目，美韩、美日，以及俄蒙联合军事训练及联合军演因此也比较频繁。考察背后动因，美国作为地理上的非东北亚国家，其在该地区主要通过地区内国家发挥作用，这主要体现在与日韩两国的同盟关系上（下一章将对此进行详细讨论），而密切军事方面的关系是加强同盟关系的核心着力点。近年来中国的崛起与美国实力的相对下降也是美国加强与其盟友关系的另一个动力。

对于俄罗斯而言，与朝鲜和蒙古国在冷战期间就保持着紧密的军事合作关系。新时期密切与朝鲜的关系，不但会加强俄罗斯在朝鲜半岛事务上的发言权和影响力，还会加大与美国在全球战略角逐上讨价还价的筹码。加大与蒙古国的关系也是如此。俄罗斯积极加强与蒙古国的军事关系在很大程度上是为了遏制北约东扩和以美国为首的"第三邻国"军事力量对蒙古国的介入。事实上，自从普京 2000 年首次就任俄罗斯总统以来，俄罗斯就把加强与蒙古国的政治与安全合作当作恢复俄蒙关系的首要任务。2014 年 9 月 3 日，俄罗斯总统普京对蒙古国进行了工作访问。2019 年 9 月 2—3 日，普京对蒙古国进行了正式访问。

第二，日本与该地区的军事合作比较活跃，有较强的积极布局东北亚的意图，这典型反映在与韩国和蒙古国的军事交流上。由于历史和领土问题，韩国对于和日本的军事合作长期保持警惕态度，不太积极。但是两国军事合作近十多年来还是取得了较大进展。从韩国的角度，即使在韩日关系陷入低谷的情况下，也愿意保持和加强与日本的军事合作，主要归因于朝鲜半岛局势的紧张，特别是延坪岛事件和天安号事件。《关于相互提供战斗支援的协定》和《关于保护军事机密的协定》都是在这之后开始逐步浮出水面的。同时也归因于 2008 年上台的韩国李明博政府对外政策的调整。李明博政府奉行"亲美、近日、拒华、反朝"的执政理念，"把日韩安保作用放在了仅次于美韩关系的第二位，不断在其安全合作中补充新的内容，并试图把双方的军事安全关系趋于制度化"①。其"拒华、反朝"的对外政策必然导致半岛局势的恶化，不安全感的加剧在客观上也会促进"保守派"的李明博政府进一步加强与美日的军事安全关系。在朴槿惠政府上台后，又因"萨德"入韩问题（THAAD，末段高空区域防御系统）导致和中国的关系紧张，这给美国居中撮合韩日合作提供了机遇，是促成 2016 年年底和日本签订《日韩军事情报保护协定》的动因之一。2016 年以来朝鲜核武器和导弹技术的快速推进也坚定了日本与韩国之间开展安全合作的决心。2019 年 7 月由于日韩两国在经贸和历史问题上的摩擦，8 月 22 日韩国青瓦台表示韩国政府决定作废韩日《军事情报保护协定》（GSOMIA）。此后面对美国的斡旋和日本的呼吁，韩国态度坚决。但是 2019 年 11 月 22 日韩国突然通知日本政府不终止《日韩军事情报保护协定》，据此协定效力将继续维持，原因就在于此。

积极推动与蒙古国的安全合作，日本主要是看重蒙古国特定的地理位置、丰富的自然资源和地缘战略优势，以期通过组织和机制上的保障为获得资源铺平道路。日本希望通过加深与蒙古国的合作以牵制中国。蒙古国也是东北亚地区唯一一个与日本没有表现出利益冲突的国家，日本也想通过加强与蒙古国的安全关系来改变因历史与领土纠纷在该地区

① 方秀玉、李华:《当代韩日关系刍论》,《辽东学院学报》（社会科学版）2011 年第 4 期。

被孤立的尴尬局面，提高在该地区的话语权。在手段上，日本不仅积极推动与蒙古国的军事合作，也积极拉拢蒙古国加入美日等国的联合军演。同时，在经济援助上也长期布局，日本目前是蒙古国最大的援助国。日本的努力得到了回报，蒙古国是东北亚地区唯一一个正式表态支持日本成为联合国安理会常任理事国的国家。

第三，韩国在该地区的军事交往上比较活跃，在军售上是唯一一个既从美国获得大量援助与支持，又在军工发展上得到了俄罗斯大力支持的国家。如果考虑到美俄的军售和军事交流对象主要分属其冷战时期前盟友的话，这一点更为醒目。韩国在与日本的军事交流上也大大迈进了一步。这其中的一个重要原因就在于如上所述，所谓的应对"朝鲜威胁"的需要。加强与美国的军事同盟，被视为维护韩国安全的基石。通过与俄罗斯联合军演和包括联合开发武器在内的军事交流，不仅可以"挖朝鲜的墙脚"，此举对于提升相比于朝鲜的军事优势也有积极意义。

很大程度上源于韩国态度的改变，美国积极推动的美日韩三边军事机制已取得重大进展。如上所述，早在2012年6月21—22日，被称作是"破冰式"的美日韩三国联合军演在朝鲜半岛水域拉开帷幕。不仅美国乔治·华盛顿号核动力航母首度参加在该地区的联合军演，以及日本宙斯盾舰深度参与到联合军演实质上已经突破"和平宪法"，而且此次军演实质上表明三国安全机制正在实现相互对接。美日韩三边安全机制的形成，以及韩国成功以应对朝鲜威胁为目标构建起的地区安全网络，也是造成朝鲜在该地区孤立的重要原因之一。

第四，中国对该地区安全网络的布局仍然处于初级阶段。考虑到日本受制于"和平宪法"无法向国外出口军备，以及美俄中是2014—2018年排名前五位的武器出口国，分别排到第一名、第二名、第五名，出口额分别是524.8亿美元、300.6亿美元、76.3亿美元①，那么作为

---

① 第三名与第四名分别是法国和德国，参见斯德哥尔摩国际和平研究所的相关资料（http：//armstrade. sipri. org/armstrade/page/toplist. php）。

军事出口大国的中国对该地区的"零军售"更为醒目。没有相互间的军售，也就限制了彼此在军事教育与军事训练等方面的合作。事实上，中国在该地区尽管与俄罗斯和蒙古国举行了联合军演，但是象征性意味更浓，主要集中于非传统安全领域，其中以维和与海上搜救为主。

相关国家间军事安全关系的加强也有明显针对中国的意图。比如对于日韩间签订的《军事情报保护协定》，"之所以准备发表旨在强化两国安保领域合作的新联合宣言，是希望通过加强美日韩三国联合来制衡反复进行挑衅的北朝鲜和在东海、南海提高军事影响力的中国"①。从韩国角度更多是应对朝鲜威胁，而从美国和日本角度显然主要是针对中国。

第四节　结语

面对该地区蓬勃发展的双边军事安全关系，一方面中国应乐见其成。尽管所考察的每个国家所面临的情况并不一样，但也有一些共同的原因促使它们加强彼此间的安全联系。比如每个国家都致力于提升自己的影响力。由于传统的两极格局瓦解，新时期的中俄朝三边合作和美日韩三边合作也没有那么紧密，导致了地区安全的碎片化，这使得各国均致力于发展各种安全网络提升自身安全。同时，该地区人员流动的加强刺激了非传统安全威胁的增加，比如海盗、跨国犯罪等也使得各国积极寻求互相加强安全关系。从客观上看，该地区错综复杂的安全网络也使得地区安全的韧性进一步加强，相关国家间爆发战争的可能性进一步缩小。这典型地反映在韩国与俄罗斯加强安全关系，使得传统上中俄朝对美日韩的冷战对峙格局大大降低。韩日安全关系的加强也客观上使得两国在领土与历史问题方面的争议逐渐成为孤立于安全关系之外的议题，

① 方秀玉、李华：《当代韩日关系刍论》，《辽东学院学报》（社会科学版）2011 年第4 期。

擦枪走火的可能性进一步降低。

但另一方面中国也应有紧迫感。该地区不仅美日同盟与美韩同盟有明显针对中国的意图（下一章将详细论述），相关国家与蒙古国军事关系的加强也有明显针对中国的意图。即便某些对华一贯友好的大国面临中国持续发展的态势，对华防范的声音也开始出现。比如早在2009年9月日本对外文化协会主办的会议上，俄罗斯副外长库纳泽就公开强调日俄应该联手抗衡中国。近年来中俄不和谐的声音也时常能听到。从根本上讲，军事安全关系反映了一个国家对其他国家在安全层面的战略判断。尽管东北亚地区各国在经济上与中国高度相互依赖，某些国家对中国经济依赖更大，比如朝韩蒙三国，但是如果我们不在安全层面消除这些国家对中国崛起后发展方向的疑虑，也难以消除这些国家在安全上"抱团取暖"、进一步围绕中国加强彼此安全关系的可能性。这就需要在政治外交等安全层面加大努力，切实落实习近平主席2013年以来的周边外交工作座谈会上的精神。

上述分析可见，中国在该地区安全网络上已经处于较为不利的位置，这其中不仅俄罗斯与日本已经捷足先登，而且美国也在积极利用与该地区国家的安全关系来遏制中国。因此，中国也应在该地区安全层面上加大布局。安全层面的疑虑不仅仅来自政治外交层面的判断，也来自安全层面的沟通缺失。对此，中国就不能仅仅停留在高层军事访问上，还应将相关军事交流落实到协议上并逐步将其制度化，可以考虑建立与有关国家较为稳定的军事对话机制。就此而言，2019年10月第五届韩中国防战略对话在北京召开具有积极意义。从2011年开始的中韩国防战略对话定期举行到2014年，此后因受到驻韩美军部署萨德导弹防御系统之影响，两国关系冰冻而中断。当然如果从中韩双边关系的角度来看，由于中韩关系受到"萨德入韩"的影响和美国因素等，当然有许多理由暂缓与韩国的安全对话。但是如果从提升在东北亚安全网络中的地位乃至周边外交的角度来看，很容易理解加强安全对话的重要性。

实际上，截至2019年中国参与的亚洲十三个区域机制，除了上海合作组织和东盟地区论坛外，基本都倾向于经济合作。东盟地区论坛虽然主要讨论安全问题，但由于过于松散、约束力不强，对国家间信任关系建立的作用十分有限。不把安全关系推向一个新的台阶，中国与周边国家关系发展的瓶颈就很突出，合作关系依然比较脆弱，这在近年来中国与韩国、菲律宾等国的关系上均能看出来。因此，要加大安全领域的对话与合作并逐步将其机制化。实际上，面对该地区安全合作"赤字"，中国作为该地区最大国家，不能期待其他国家来填补。中国如果能成功推进与周边国家在安全领域的对话与合作，不仅该地区可持续的和平稳定与各国的共同发展能得以实现，而且这也将大大推进中华民族伟大复兴的进程。

因此，中国不仅应积极推动与有关国家的军事安全对话，而且可以积极应邀参加与有关国家的联合军演，也可以作为东道国邀请相关国家进行联合军演，甚至可以举行多国参与的联合军演。中国还可以考虑每年举办地区安全问题研讨班，邀请相关国家参与。这些都可以加强与有关国家的信任度。在军售方面，中国也应该灵活处理，与该地区相关国家积极探讨合作共赢的方式。

本章通过考察东北亚地区各国的双边安全关系，认为在该地区俄罗斯和美国仍然处于该地区军事安全网络的上游，日本在安全上积极布局东北亚成效显著，韩国在军售上是唯一一个既从美国获得大量援助又在军工发展上得到了俄罗斯大力支持的国家，而中国对该地区安全网络的布局仍然处于初级阶段。由此可见，中国应有紧迫感，不仅应在非安全领域切实落实 2013 年召开的周边外交工作会议精神，也应在安全领域积极布局。

第二章　美国在东北亚地区军事同盟的逻辑与未来

　　美国目前在世界 40 多个国家拥有近 800 个军事基地。[①] 其中美国在韩国与日本的驻军是其盟友体系的重要组成部分，也是影响东北亚区域安全环境的最大因素之一。近年来，美国战略界和政府部门不时发出从东北亚地区撤军观点。2016 年特朗普在总统竞选演说中多次提到"考虑从韩国撤军"。2017 年 8 月作为特朗普总统战略顾问的班农也曾明确提出"如果能够让朝鲜进行可验证的核冻结，美国可考虑撤军"。此前基辛格也曾建议以从东北亚撤军作为与中国进行战略利益交换的条件。[②] 近年来美日同盟矛盾不断。两国关于冲绳普天间基地"噪音扰民"问题矛盾已持续多年。2019 年 11 月，美国媒体透露美国欲要求日本支付 80 亿美元左右的军费，为此前的 4 倍。2019 年年底，随着美韩两国就驻韩美军军费分担分歧严重，美国不时传出若韩国不能如美国政府所期望般分摊军费，美国将考虑撤走一个旅的驻韩美军。这遭到日韩两国强烈不满，两国越来越质疑美国的安全保护诚意。[③] 实际上，美国

---

　　① David Vine, "Where in the World Is the U. S. Military?", *Politico Magazine*, July/August 2015, https://www.politico.com/magazine/story/2015/06/us-military-bases-around-the-world-119321.

　　② 毕颖达：《调整中的美韩同盟：发展历程、强化动因及其挑战》，《美国研究》2018 年第 1 期。

　　③ 《美媒：美方将要求日本负担约 80 亿美元的军费》，2019 年 11 月 16 日，中国新闻网（https://baijiahao.baidu.com/s? id = 1650342298009170118&wfr = spider&for = pc）；［韩］姜仁仙（朝鲜日报驻华盛顿特派记者）：《美，驻韩美军讨论撤走一个旅》，2019 年 11 月 21 日，《朝鲜日报》（http://news.chosun.com/site/data/html_dir/2019/11/21/2019112100251.html）。

在日本和韩国驻军功能不仅局限于东北亚，也投射到其他地区，比如以中东为主要防区的第5舰队潜艇部队也驻扎在日本横须贺。美国在该地区驻军走向不仅对东北亚安全局势有深远影响，对相关地区局势也有重要影响。有鉴于此，本章主要通过考察美国在东北亚地区建立军事同盟的逻辑来分析其未来趋势，并从共同利益角度出发提出"弱军事化"的建议。

第一节　美日和美韩军事同盟的建立与发展

（一）美日军事同盟

1945年8月15日日本宣布无条件投降后，开始在美军单独占领下实行民主化改革，并制定和平宪法。这时美国对日本战略定位还不太清晰。随着冷战开启和中国革命胜利，美国将日本明确定位为在东亚主要盟友和合作伙伴。"1950年1月中旬，美国国务卿艾奇逊在讲话中明确将日本纳入美国在东亚的战略安全体系。""美国国家安全委员会制定的第48/2号文件确定美国对日政策主要目标是：军事上使其成为美国东亚太平洋战略防线中重要一环。"①

1951年9月8日，美国在旧金山主导签订了《旧金山对日和约》，从此确立了日本半独立、半被占领的"旧金山体制"。《旧金山对日和约》签订5小时后，日本首相吉田茂和美国国务卿艾奇逊签订了《日本国与美利坚合众国安全保障条约》（即"旧安保条约"）。两者同时签订表明美日同盟在美国的亚洲战略中扮演重要角色。《日本国与美利坚合众国安全保障条约》要点是："日本赋予美国海陆空三军进驻日本权利，用于防范国内骚乱和外敌入侵，但美国在行使该权利时须征得日本'事前同意'。另外，当联合国或其他因素具有了为维持日本以及国际和平与安全的充分措施或其他有效个体与集体安全保障措施并得到日美两国政府同

---

① 赵学功：《冷战时期美日关系嬗变的主要轨迹》，《人民论坛·学术前沿》2018年第18期。

意，该条约可随时被解除。"① 就此可见，美国获得了几乎没有时间限制的在日本驻军权，两国正式结盟。1952 年 2 月美日双方又签订了《日美行政协定》，进一步确定美国可以在日本各地无限制地设置军事基地，驻日美军优先使用日本铁路、船舶、通信、电力和公共设施。

1960 年 1 月 19 日，新修订的《日本国与美利坚合众国相互合作及安全保障条约》（即"新安保条约"）签署。条约规定："两国确认拥有联合国宪章规定的个体以及集体自卫固有权利，两国认为在远东具有维持国际和平及安全共同关切。""新安保条约'自主性'和'双向性'增强了。旧安保条约'内乱条款'被取消，确认了美国保护日本的义务，引入了'事前协商'机制"②，使日美关系向真正军事同盟方向发展。

进入 20 世纪 70 年代，美日同盟得以迅速发展。"仅首脑会谈就有 12 次，超过此前 20 年总和。"③ 一方面，这个时期苏联开始利用美苏关系缓和在全球范围内扩张，美国需要加强与日本军事合作遏制苏联攻势④；另一方面，尼克松政府执政后开始实施从亚洲战略收缩的"尼克松主义"，更加倚重日本，视日本为美国亚洲政策"基石"。1972 年 2 月初，尼克松发表外交咨文称"日本是美国在亚洲最重要盟国"⑤。虽然随后尼克松因"水门事件"辞职，但接任的福特总统依然将加强美日关系作为外交政策重心。1974 年 11 月福特访问日本，这不仅是福特接任总统后首次出访，也是 100 多年来美国在任总统首次访日。1975 年 9 月日本天皇进行了有史以来首次访美。1975 年 8 月美日就两国军

---

① 王屏：《集体自卫权——"日美军事同盟"的本质性特征》，《亚非纵横》2014 年第 4 期。
② 王屏：《集体自卫权——"日美军事同盟"的本质性特征》，《亚非纵横》2014 年第 4 期。
③ 赵学功：《冷战时期美日关系嬗变的主要轨迹》，《人民论坛·学术前沿》2018 年第 18 期。
④ 赵学功：《冷战时期美日关系嬗变的主要轨迹》，《人民论坛·学术前沿》2018 年第 18 期。
⑤ 赵学功：《冷战时期美日关系嬗变的主要轨迹》，《人民论坛·学术前沿》2018 年第 18 期。

方领导人每年定期磋商达成一致。1976 年 7 月"日美防卫合作小组委员会"成立，主要任务是就包括军费在内的日美合作前景进行协商。

随着日本经济腾飞与战略地位提升，美日同盟越来越向平等方向发展，而不再是美国单方面对日本保护与支持。"1981 年 5 月美日首脑会晤后发表了联合声明，首次明确提出双方是同盟关系。"① 1983 年 1 月日本首相中曾根康弘访美时公开承认美日同盟具有军事性质，"表示在对苏战略上日本与美国处于一个'同心圆'中，美国是进攻的矛，日本是防守的盾。日本将成为阻止苏联轰炸机南下的'不沉航空母舰'，并且在战时负责封锁苏联潜艇和军舰必须经过的津轻、对马和宗谷等海峡"②。1983 年 11 月美日成立了"军事技术联合委员会"。1985 年年底双方签署了有关日本向美国提供武器技术细则。

1991 年苏联解体后美日同盟非但没有因为共同目标消失而消失，反而更加稳固。从日本角度，不少人认为"二战"以来日本成功正是得益于和美国同盟关系。"他们大谈日本作为'海洋国家'，必然与中、苏（俄）等大陆国家发生对抗。错误地认为海洋国家依靠海上贸易通道有共同利益，受到大陆国家威胁，日本成功在于同海洋国家结盟，而失败在于和陆地国家结盟。例如与英国、美国结盟时，日本或取得日俄战争胜利，或赢得冷战，而同德国结盟或向大陆扩张，则归于失败。其结论是，日本今后只能跟着美国走。"③

从美国角度，开始将美日同盟进一步扩展。1992 年年初布什总统访日时美日发表"东京宣言"，将美日同盟定位为"全球性伙伴关系"。通过 1996 年两国发表《日美共同宣言》和 1997 年签订《日美防卫合作新指针》，日美关系更具有"同盟"内涵，更加平等。尤其是 1997

---

① 赵学功：《冷战时期美日关系嬗变的主要轨迹》，《人民论坛·学术前沿》2018 年第 18 期。

② 赵学功：《冷战时期美日关系嬗变的主要轨迹》，《人民论坛·学术前沿》2018 年第 18 期。

③ 刘江永：《地缘政治思想对中美日关系的影响》，《日本学刊》2015 年第 3 期。

年第一次修订明确了应对"周边事态"拟采取的合作内容，允许日本自卫队在亚太地区发生冲突时配合美军作战，标志着美日同盟由防御侵略"内向型"转变为介入地区冲突"外向型"①。

2000 年 2 月美日两国决定建立两军联合司令部，以便进一步协调两军联合作战行动②。2012 年 12 月安倍晋三再次当选日本首相后，开始着手修宪。"实际上，安倍修宪目的只有一个，那就是改变日本'和平宪法'中不能拥有军队和交战权现行规定。"③ 2015 年 4 月奥巴马完成了对美日关系"历史性贡献"，与访美的日本首相安倍晋三共同确认了《美日防卫合作指针》时隔 18 年的再次修订，实现了两国军事同盟由区域级别向全球级别提升。特朗普入主白宫后非常重视美日同盟，对于日本发展独立军事力量也给以明确支持。特朗普在 2017 年 11 月访日时再次确认："日本是美国极其重要同盟国。"④ 在美国国会 2019 年 1 月 29 日听证会上，美国国防部负责战略规划官员明确指出，"在中国持续重视加强军事建设背景下，日本更加重视军事安全对于印太战略成功意义重大"⑤，明确支持日本增强军事能力。

当前，美国在日本驻军中陆海空和海军陆战队四大军种都有，但明显以海军与空军为主，海军有超过 2 万人，海军陆战队近 2 万人，空军 1.3 万人左右，而陆军目前编制总兵力仅为 2600 人左右。⑥ 其中，日本

---

①　张毅君：《中美日关系的回顾与前瞻》，《国际问题研究》2001 年第 1 期。

②　张春燕：《美日安全关系的变化及走势》，《现代国际关系》2002 年第 9 期。

③　王屏：《集体自卫权——"日美军事同盟"的本质性特征》，《亚非纵横》2014 年第 4 期。

④　"Remarks by President Trump to Service Members at Yokota Air Base," November 5, 2017, https：//www.whitehouse.gov/briefings-statements/remarks-president-trump-servicemembers-yokota-airbase/.

⑤　"Testimony before the Senate Armed Services Committee Hearing on Addressing China and Russia's Emergence As Great Power Competitors and the Implementation of the National Defense Strategy by Elbridge A. Colby," January 29, 2019, https：//s3.amazonaws.com/files.cnas.org/documents/Colby-SASC-Testimony-1.29.19_ open.pdf? mtime = 20190128171132.

⑥　"Number of Military and DoD Appropriated Fund (APF) Civilian Personnel Permanently Assigned By Duty Location and Service/Component (as of September 30, 2019)," Defense Manpower Data Center, November 8, 2019.

横须贺基地是美国海军在西太平洋最大基地，也是西太平洋唯一可修理航母的大型维修基地。日本佐世保海军基地是美国在海外唯一可常年部署两栖舰艇部队的基地。厚木海军航空基地则是美国在西太平洋最大海军航空基地。冲绳基地群驻扎美军最多，有 2.5 万名，几乎占驻日美军数量一半。冲绳嘉手纳基地是美国在远东地区最大空军基地，面积近 20 平方公里。美国在日本基地的海军包括航母、潜艇、导弹巡洋舰、导弹驱逐舰、两栖攻击舰、两栖船坞登陆舰、坦克登陆舰等大型海军装备。空军则装备有 C-130 型运输机、战斗机、预警机，以及空中加油机等。

（二）美韩军事同盟

1945 年 8 月 15 日日本宣布无条件投降后，9 月 8 日美国占领朝鲜南部地区并实施了 3 年军政统治，直至在美国支持下 1948 年 8 月 15 日"大韩民国"成立后美军才移交行政权。8 月底，韩美签署《韩美军事安全临时协定》，美军继续留驻韩国。同时在苏联支持下，1948 年 9 月 9 日朝鲜半岛北部成立朝鲜民主主义人民共和国。

"二战"后美国主要战略目标是遏制苏联。美国认为欧洲将是苏联扩张首要目标，因此把军事安全重心放在欧洲，在亚洲奉行最低防御态势。日本投降后第一时间进入韩国是防止朝鲜半岛南部被苏联占领，并非想长期在这里驻军。相反，随着半岛局势稳定，美国准备离开韩国。"1949 年 12 月美国在安全委员会第 48 号（NSC48）文件中系统阐述了亚洲战略。一方面，美国军队避免介入亚洲大陆，要利用那些可以利用的力量为美国谋取利益；另一方面，必须保持在亚洲沿海岛屿连线上军事存在作为美国第一道'防御线'，这条防线包括日本、琉球群岛和菲律宾"①，韩国并不在美国防御线上。1949 年 6 月 29 日美国撤走了在韩国的最后一批美军。

---

① 周建明、王成至：《美国国家安全战略解密文献选编（1945—1972）》（第二册），社会科学文献出版社 2010 年版，第 751 页。

　　1950 年 6 月 25 日朝鲜战争爆发后，美国立刻改变了此前战略规划，立即派海军和空军援助韩国，韩国又被纳入美国防御范围。美国之所以这么强烈反应，主要认为这可能是苏联发起第三次世界大战前奏。[①] 美国在朝鲜战争中投入了巨大资源，"1953 年 7 月 27 日联合国军在韩国数量达到最顶点时，美军人数是 302483 人"[②]。

　　朝鲜战争后期随着美国急迫需要和中国签订停战协定，韩国李承晚政府也迫切想得到美国"不再将其抛弃"承诺，施压美国签订共同防御条约。韩国认为"正由于美国没有将韩国划入其所谓'环状防御圈'内，才招致这场战争"[③]。而且 1951 年美日签订了"安保条约"，韩国也不甘落后。李承晚政府与美国协商的同时，阻挠美国与中国签订停战协定，动不动就威胁单独行动，其目的就是要和美国签订安全保障文件。[④] 面对这种情况，美国认为"由于存在各种可能危险和困难，最重要任务是做出各种努力防止韩国采取这种行动"[⑤]。

　　同时，"朝鲜战争也使韩国在美国以遏制新中国为中心任务的远东战略中重要性大大提高，决定全面扶植李承晚政权"[⑥]。于是美国和李承晚政府达成默契，李承晚不再阻挠停战协定签订和执行，美国则与韩国签订双边安全条约。1953 年 7 月 27 日朝鲜停战协定达成。8 月 8 日美韩在汉城草签《美韩共同防御条约》。条约规定，"大韩民国给予美利坚合众国共同商定的大韩民国领土以内及其周围部署美国陆军、空军、海军部

---

　　① 张文超：《从冷战背景看朝鲜战争时期的美国军事战略》，《军事历史研究》2011 年第 3 期。

　　② "The Website of United States Forces Korea"，https://www.usfk.mil/About/United-Nations-Command/.

　　③ 顾洁：《"美韩共同防御条约"与五六十年代韩美互动关系》，《韩国研究论丛》2002 年第 00 期。

　　④ 比如 1953 年 6 月 18 日凌晨，李承晚在美国人毫不知情的情况下擅自释放了 27000 多名战俘。

　　⑤ B. C. Koh，Donald Stone Macdonald，"U. S-Korea Relations from Liberation to Self-Reliance"，*Journal of Asian Studies*，1994，p. 18.

　　⑥ 顾洁：《"美韩共同防御条约"与五六十年代韩美互动关系》，《韩国研究论丛》2002 年第 00 期。

队权利，同时美利坚合众国接受这项权利"等。1953 年 10 月 1 日韩美两国在华盛顿正式签署这一条约。1954 年签订《韩美合意议事录》进一步规定，韩国军队的作战指挥权由美国控制的联合国军司令部掌握。

1953—1961 年，美国向韩国提供军事援助达 15.607 亿美元。[①] 但随着韩国自身力量发展，美国对韩国军事援助至 1964 年降到了最低点，即每年 1.5 亿美元。韩国对越南战争的积极态度扭转了这一趋势。1965 年 9 月韩国正式向越南派遣作战部队协助美国作战，"共派出 47872 名兵力，是除美国外向越南派兵最多的国家"[②]。这强化了美国保护韩国的承诺。美国时任总统约翰逊向韩国承诺："一旦韩国处于威胁之中或因派兵援越而受到阻碍时，美国将全力保卫大韩民国国防和经济发展。"[③] 1966—1970 年间韩国从美国平均每年得到高达 3.36 亿美元军援，同时暂缓了美国试图削减驻韩军事力量水平的进程。[④]

美国保护使韩国受益匪浅。"截至 60 年代末，美国共向韩国提供了40 多亿美元的直接援助，占韩国财政收入的三分之一。驻韩美军兵力也一度达到 22 万人之多。"[⑤] 自朴正熙上台后，由于不用担心国防安全，韩国致力于经济发展，这是当时韩国经济腾飞的重要保障。与此同时，强化与美国关系也有利于韩国获取西方国家外交承认。"至 1971 年共有 83 个国家同韩国建立了外交关系，而同期与朝鲜建立外交关系的国家只有 37 个。"[⑥]

美韩同盟并非一帆风顺。伴随着"尼克松主义"出台，由于担心被美国"抛弃"，韩国开始寻求"自主国防"，1976—1986 年先后执行

---

① 李敦球：《韩国对外政策的特征》，《当代亚太》1998 年第 6 期。

② 伊拉克战争期间，韩国是多国部队中驻军第三多的国家。阿富汗战争，韩国也为美国提供了许多军事支持。参见韩献栋《韩国的外交困境：一个概括性框架的解读》，《东北亚论坛》2012 年第 3 期。

③ ［美］玄雄：《朴正熙》，潘屹译，红旗出版社 1993 年版，第 86 页。

④ Tae-Hwan Kwak ed., *U.S.-Korean Relations*, 1882-1982, Kyungnam University Press, 1982, p. 227.

⑤ 宋莹莹：《美韩同盟关系的演变和前景》，《当代世界》2011 年第 1 期。

⑥ 韩献栋：《韩国的外交困境：一个概括性框架的解读》，《东北亚论坛》2012 年第 3 期。

了两个自主国防五年计划，甚至一度尝试发展核武器。[①] 1977 年 1 月卡特政府上台后，为阻止韩国发展核武器，并在人权问题上对韩国军政府施压，美国于 1978 年终止对韩国直接军事援助，美韩关系降温。[②] 进入 20 世纪 80 年代，随着美苏争夺白热化，里根政府又转而寻求强化美韩同盟。尽管当时里根政府在全球积极输出"民主"，但却接受了通过军事政变上台的全斗焕政府，并停止了卡特政府推进的从韩国撤军计划，再次确认对韩国防卫义务，巩固了美韩同盟。

随着 20 世纪 80 年代韩国经济腾飞以及主体意识增强，同时美国经济出现衰退，韩国开始推动美韩同盟向联合防卫方向发展。1990 年韩国开始分担驻韩美军费用。1994 年韩军从美军手中收回平时作战指挥权。这种趋势随着金大中和卢武铉两届进步政府上台得到进一步发展。2006 年韩国与美国正式启动收回战时作战指挥权谈判，并达成削减驻韩美军协议。"美国一度计划把兵力由 3.7 万人减至 2.45 万人。"[③]

韩国保守党代表李明博政府上台，以及延坪岛与天安号事件爆发导致韩国民众对应对所谓"朝鲜安全威胁"失去信心，受到影响的美韩同盟得以恢复与加强。2009 年 6 月李明博访美期间与奥巴马总统签署《美韩同盟未来展望》，决定将构筑双边、地区乃至全球范围内"全面战略同盟"，美国并在元首层面上以书面形式向韩国提供包括核保护伞在内的"延伸威慑"。2010 年 6 月美韩两国总统达成协议，把战时作战指挥权移交给韩国时间由原定 2012 年 4 月 17 日推迟至 2015 年 12 月 1 日。韩国朴槿惠政府随后又将这一时间推迟到 2020 年前后。

当前，美国陆海空和海军陆战队四大军种在韩国均有驻军，其中陆军是主体，空军也比较强大。海军主要驻扎在韩国东南部镇海海军基地，人员仅为 255 人左右。美驻韩陆军主要驻扎在龙山、大邱、汉弗莱

---

① 毕颖达：《调整中的美韩同盟：发展历程、强化动因及其挑战》，《美国研究》2018 年第 1 期。
② 宋莹莹：《美韩同盟关系的演变和前景》，《当代世界》2011 年第 1 期。
③ 宋莹莹：《美韩同盟关系的演变和前景》，《当代世界》2011 年第 1 期。

斯兵营等基地，近 1.8 万人。其中龙山是驻韩美军司令部和第 8 集团军司令部所在地，驻有 4500 名美军。第 8 集团军 1944 年开始在亚太地区执行任务，是朝鲜战争时期美军主力部队，战争结束后美军仍将该部队部署在朝鲜，用于投入可能发生的"第二次朝鲜战争"，这也是美国驻西太平洋戒备程度最高部队之一。陆军主要装备有 M1A1 艾布拉姆斯坦克、布雷德利战车、AH-64 型阿帕奇直升机，并配备爱国者和其他型号导弹等先进武器。空军主要驻扎在乌山和群山基地，约 8000 人，装备有 F-16 战斗机、A-10 攻击机和 U-2 侦察机等。[①]

第二节　美日同盟和美韩同盟演进逻辑与发展趋势

（一）演进逻辑

综上可见，美国与日本和韩国同盟关系的建立既有偶然性因素推动，也有必然性因素使然。偶然性在于美国占领和改造日本和韩国之初并没有完全设想到要建立牢固的盟友关系，而是随着此后相关国际与地区事件爆发，逐渐走向同盟关系。冷战爆发和中苏结盟成为美日同盟建立的直接诱因，朝鲜战争则直接使得美国终止了从韩国撤军，转向建立紧密美韩同盟。所谓必然性使然表现在美日同盟与美韩同盟均是在冷战背景下建立的，美国主要意图是为了与苏联争夺霸权和所谓"遏制社会主义制度蔓延"。

日本与韩国在美国同盟体系中的重要性不同，其中日本是最重要盟友，韩国则是重要地区盟友。"现在美政府将它海外军事基地分为四类，其中，日本是一级'战力基地'，而韩国是二级'战力基地'。"[②]相比于美日同盟的地区与全球意义，美韩同盟从表面上看更侧重于朝鲜

---

① "Number of Military and DoD Appropriated Fund (APF) Civilian Personnel Permanently Assigned By Duty Location and Service/Component (as of September 30, 2019)", Defense Manpower Data Center, November 8, 2019.

② 夏立平：《中美日战略关系：争取共赢和避免安全困境》，《世界经济与政治》2007 年第 9 期。

半岛，但实际并非如此。其一，如上所述，美韩同盟关系也是美国在全球与地区格局发生重大变化背景下建立的，从一开始就具有地区意义。其二，美国在韩国的驻军以陆军为主，与在日本以海军和空军为主的驻军形成优势互补，成为美国构筑的地区军事同盟的两翼。在美国主导下，驻日和驻韩军队经常相互配合。比如，2010 年 3 月 "天安舰" 事件后，美军就多次调动驻日航母战斗群进入韩国附近海域进行军事演习，演习规模之大、频度之高、作战武器之先进以及参与人员之多都超过历史水平。美军 "华盛顿" 号航母还一度进入黄海进行军事演习，对中国京津地区构成巨大威胁①；2020 年 1 月 31 日，美国空军 RC-135S "眼镜蛇球" 侦察机到朝鲜半岛东部海域上空执行任务，而侦察机是从驻日美军冲绳嘉手纳基地出动起飞的。②

其三，近年来美韩强化军事同盟有明显施压中国的意图。一方面，美韩联合军演规模越来越大和演习武器越来越先进，已经明显超出应对朝鲜的范畴。以特朗普政府上台后 2017 年 3 月 1 日起美韩 "鹞鹰" 联合军演为例，此次联合军事演习持续两个月，有 1 万多名美国军人和 29 万多名韩国军人参加。美国海军核动力航母 "卡尔·文森" 号也加入了军演。在军演中出现的美军装备还有：能够攻击核武器的战略武器以及精确打击武器和导弹防御系统；B-1B、B-2、B-52H 等美国空军 "轰炸机三剑客"；美海军陆战队的 F-35 最尖端隐形战机中可垂直起降的机型；等等③。考虑到朝美两国巨大军事差距，美国如此大动干戈除了对朝威慑外，显然也在威慑朝鲜周边其他国家。另一方面，2010 年 11 月 28 日，韩国和美国首次开始在中国近海黄海举行联合军事演习，此后逐渐常态化，此举被普遍认为也在施压中国。正因为如此，中国对

---

①　岳西宽：《存在与遏制：解构战后美国主要军事同盟》，《经济研究导刊》2013 年第 6 期。

②　《美军侦察机接连在韩国上空巡航》，2020 年 2 月 2 日，［韩］韩联社（中文网）（https：//cn. yna. co. kr/view/ACK20200202000600881？ section = politics/index）。

③　《韩美 "鹞鹰" 演习进入第六天　规模持平历史之最》，2017 年 3 月 6 日，新华网（http：//www. xinhuanet. com/mil/2017-03/06/c_ 129502035. htm）。

此表达强烈不满。仅仅针对韩美首次在黄海举行的联合军演，中国外交部就曾在一个月内五次表示反对。[①]

同时，部分由于顾忌中国反对，此前韩国政府在部署美国"萨德"导弹防御系统问题上一直采取模糊立场。但在朝鲜2016年1月6日进行第四次核试验背景下，2月16日韩国总统朴槿惠公开表示要研究部署美国"萨德"系统。7月8日，美韩两国正式宣布将在韩国部署"萨德"系统。9月29日，两国宣布了最终部署地点。2017年2月27日，乐天集团董事局决定为部署萨德系统供地。3月7日，韩国国防部证实，萨德系统的部分装备已经通过军用运输机运抵驻韩美军乌山空军基地。2017年4月26日，萨德反导系统的2辆发射车、X波段雷达开始在韩国投入运行。2017年7月29日，韩国总统文在寅下令，立刻着手部署剩余4辆萨德发射车。考虑到朝韩边界距离韩国首都首尔不足50公里距离韩国最南端的济州岛仅有400公里左右，一旦战争爆发，朝鲜对于韩国进行致命打击的武器很可能是近程导弹和大炮等，而非中程导弹，那么作为拦截中程导弹的"萨德"导弹防御系统其真实目标显然并不是所谓朝鲜"威胁"。因此"萨德入韩"遭到中国强烈反对，也一度使得中韩关系跌入建交以来最低点。

究其根本，随着韩国经济实力与文化软实力增长，2008年入主青瓦台的李明博政府首次提出"全球韩国"（Global Korea）的概念[②]，希望借助美韩同盟推动韩国从东北亚大国走向在世界上有影响力的大国。2013年入主青瓦台的朴槿惠政府继承了李明博政府的政策。围绕美国2016年大选中出现的"孤立主义"倾向，让韩国极为担心。为了留住美国，朴槿惠政府一方面不得不答应美国让韩国部署"萨德"的要求，另一方面朴槿惠政府也希望能将美国最先进的军事装备部署在韩国，这

---

① 《中方表态反对美韩黄海军演　美韩将举行34年来最大规模军演》，《世界知识》2010年第15期。

② 《李明博新政府提出"全球韩国"（Global Korea）外交》，2008年2月22日，韩联社（https：//www.yna.co.kr/view/AKR20080222050300043）。

样美国撤出的成本无疑就更高。由此可见，从部署"萨德"的动机上看，朴槿惠政府不完全是被动行为，也有相当高的主动心理。

不同于小布什政府以国家安全重心为重点反恐的政策，自 2009 年开始入主白宫的奥巴马政府已经明确视中国与俄罗斯为美国最重要对手，特别是开始视中国为最主要对手。2010 年 1 月，奥巴马在发表《国情咨文》时明确指出："我不接受美国成为世界第二"，他两次把中国作为正面例子给予引证，凸显对华防范①。2011 年 1 月的国情咨文中，奥巴马四次提到中国，指出美国面临严峻形势的同时表示："就在不久之前，中国已拥有世界上最大的私营太阳能研究设施，世界上运行速度最快的计算机，中国正在建造更快的火车和更新的机场。"② 为此奥巴马政府推出亚太再平衡政策，其核心是军事力量重返亚太，军事力量的核心是导弹防御系统③。比如当时美国驻韩国大使李柏特（Mark Lippert）曾任美国国防部助理部长，是导弹专家，他来韩国当大使的主要使命很可能就是要让韩国部署导弹防御系统，奥巴马政府借此希望实现推进美国构建亚太反导系统的关键一步。

综上所述，尽管这一进程中一定程度上保护了日本和韩国的安全利益，但美国的全球和地区战略利益始终发挥了决定性作用，主要服务于大国竞争需要，保护日本和韩国是美国次要考虑。

（二）发展趋势

要分析美日同盟与美韩同盟发展趋势，不仅要从历史上其联盟体系的建立与演进中寻找启示，也需要探究美国进行联盟维护的规律，后者主要取决于共同利益与联盟管理（alliance management）。摩根索指出：

---

① "Remarks by the President in State of the Union Address," January 27, 2010, https://obamawhitehouse. archives. gov/the-press-office/remarks-president-state-union-address.

② "Remarks of President Barack Obama in State of the Union Address," January 25, 2011, https://obamawhitehouse. archives. gov/the-press-office/2011/01/25/remarks-president-state-union-address.

③ Hillary Rodham Clinton, "America's Engagement in the Asia-Pacific," October 2010, http://www. state. gov/secretary/rm/2010/10/150141. htm.

"只要这个世界在政治上由国家组成，国家利益在世界政治中就具有决定意义。"① "国家利益是认识和理解国家行为的根本性因素。"② 从共同利益来看，美日同盟与美韩同盟的延续符合其共同利益。

从美国角度看，其主要利益是希望继续维护其全球领导地位。伊肯伯里（G. John Ikenberry）认为，"'9·11'恐怖袭击后美国的战略方向是要毫不动摇地维护其一超霸权"③。吴心伯教授认为，"从克林顿到布什，美国大战略的基本目标就是要建立其主导下的单极世界"④。2010年的美国国家安全战略报告中明确写到，"在一个不确定的世纪里，美国已再次做好领导世界的准备"⑤。2015年的国家安全战略报告中明确指出，"确保美国公民安全与美国国家安全的任何成功战略都必然始于一个前提：美国担当这个世界的领导地位"⑥。2017年的国家安全战略报告指出，"经过我（特朗普）的努力，美国重新领导世界"，"历史经验表明，如果美国不领导这个世界，那么其他对我们不利的国家就会填补这个空间，危害美国利益"⑦。

联盟体系在美国所谓"维护全球领导地位"中扮演重要角色。2010年奥巴马政府发布的国家安全战略报告中，专门论及确保强有力的联盟关系的重要性，指出"美国、地区及全球安全的基础仍然建立在美国与盟友之间的关系之上"⑧。美国国防部于2014年发布的《四年

---

① ［美］斯坦利·霍夫曼：《当代国际关系理论》，林伟成译，中国社会科学出版社1990年版，第94页。

② 刘彬、蔡拓：《"国家利益最大化"的反思与超越》，《国际观察》2015年第5期。

③ G. John Ikenberry, "Americas Imperial Ambition," *Foreign Affairs*, Vol. 81, No. 5, p. 49.

④ 吴心伯：《论美国亚太安全战略的走向》，《复旦学报》（社会科学版）2005年第2期。

⑤ The White House, "National Security Strategy of United State of America," May 2010, http://nssarchive.us/NSSR/2010.pdf.

⑥ The White House, "National Security Strategy of United State of America," February 2015, https://obamawhitehouse.archives.gov/sites/default/files/docs/2015_national_security_strategy.pdf.

⑦ The White House, "National Security Strategy of United State of America," December 2017, https://www.whitehouse.gov/wp-content/uploads/2017/12/NSS-Final-12-18-2017-0905.pdf.

⑧ 刘丰：《美国的联盟管理及其对中国的影响》，《外交评论》2014年第6期。

防务评估》则将美国的实力优势、强大的联盟和伙伴网络以及美军的人力资本与尖端技术并列为美国可以依靠的三大比较优势。[①] 特朗普政府在 2017 年的国家安全战略报告中专门指出，美国和西欧盟友以及与日本和韩国的盟友是基于互利原则，也帮助美国实现了更加富裕和更加有竞争力。[②]

在军事层面，1991 年美国提出"全球大国，全球投射"口号[③]，首次正式提出"全球投射能力"对于维护冷战后美国全球领导地位的重要意义。2012 年 1 月美国政府公布的报告中指出，"军事基地是投射军事力量的重要手段，旨在增强军事基地使用国的遏制能力"[④]。美国对外政策所信奉的现实主义理论认为国家都在追逐权力和资源，而权力和资源有限，因此大国关系总会保持竞争状态。为了在和其他大国竞争中处于优势和维护领导地位，美国认为需要更多权力资源，而海外驻军被普遍视为权力资源的重要组成部分。"判定一国硬权力，不仅需要看其军事、经济和科技等要素及其构成比例，而且需要观察其在空间上分布情况（军事力量部署在国内与部署在国外）。海外军事基地是影响一国硬权力的重要函数。""能够有效提升一国军事硬权力，也使一国力量出现倍增效应。部署海外军事基地在一定程度上克服了其地缘劣势。"[⑤] 格鲁拉（David Galula）指出："驻扎在他国土地上的军队更了解当地民众和情况，而临时派往战场的军队往往对当地民众和情况缺乏了解，因此部署海外军事力量往往是战争胜利的前提。"[⑥]

[①] The Department of Defense, "2014 Quadrennial Defense Review," March 2014, https://archive. defense. gov/pubs/2014_ Quadrennial_ Defense_ Review. pdf.

[②] The White House, "National Security Strategy of United State of America," December 2017, https://www. whitehouse. gov/wp-content/uploads/2017/12/NSS-Final-12-18-2017-0905. pdf.

[③] Mark L. Gillem, *America Town*: *Building the Outposts of Empire*, Minneapolis: University of Minnesota Press, 2007, p. 17.

[④] 孙德刚:《论海外军事基地对部署国权力的影响》,《国际论坛》2014 年第 5 期。

[⑤] 孙德刚:《论海外军事基地对部署国权力的影响》,《国际论坛》2014 年第 5 期。

[⑥] Thoma Donnelly and Frederick W. Kagan, *Ground Truth*: *The future of U. S. Land Power*, Washington D. C. : AEI Press, 2008, pp. 89 – 90.

　　由此可见，美国的联盟体系其主要目的在于应对地缘战略上的威胁，维护其全球领导地位。未来决定美国在东北亚地区是否继续驻军的关键是美国从维护全球霸权的角度，是否认为该地区存在主要竞争对手。均势理论更能很好地对此解释，因为它解释了一个国家为什么选择朋友，尤其是当一个国家变得强大，其他国家如何应对。如果美国认为东北亚地区存在大国竞争对手，就不可能弱化与日本和韩国的同盟体系。

　　当前美国政府继续视中俄两国为最重要战略竞争对手。美国时任国防部长马蒂斯2018年1月指出，"'大国竞争——而非恐怖主义——是现在美国国家安全头号威胁'"[1]。在2017年发布的美国国家安全战略报告中，特朗普明确表示，"中俄两国正在致力于削弱美国的实力、竞争力和利益，试图破坏美国的安全和繁荣"[2]。2019年1月29日，美国国防部负责战略与军力发展的副助理部长柯伯吉（Elbridge A. Colby）在参议院作证时指出，中国和俄罗斯是美国最大威胁，中俄采取的是迅速占领同时"反（美国）介入"的"既成事实战略"。他指出，考虑到全面战争并非中俄愿望，因此美国军事安全定位是"维持现状、同时能迅速打赢一场局部战争"，争取时间至关重要。[3]

　　值得注意的是，目前美国许多人越来越视中国为最主要竞争对手。"越来越多美国人认为，无论是从规模还是国家力量，中国都比苏联和今天俄罗斯更难以对付。"[4] 柯伯吉也指出，"中国崛起使得美国面临的

---

　　① "Secretary Mattis Remarks on U. S. National Defense Strategy" January 2018, https：//www. c-span. org/video/？439945-1/secretary-mattis-delivers-remarks-us-national-defense-strategy.

　　② The White House, "National Security Strategy of United State of America," December 2017, https：//www. whitehouse. gov/wp-content/uploads/2017/12/NSS-Final-12-18-2017-0905. pdf.

　　③ Director of the Defense Program, Center for a New American Security, "Testimony before the Senate Armed Services Committee Hearing on Addressing China and Russia's Emergence As Great Power Competitors and the Implementation of the National Defense Strategy by Elbridge A. Colby," January 2019, https：//s3. amazonaws. com/files. cnas. org/documents/Colby-SASC-Testimony-1. 29. 19 _ open. pdf？mtime＝20190128171132.

　　④ Elsa B. Kania, "Beyond Cold War：Paradigms for U. S. -China Strategic Competition" MAY 2018, https：//www. cnas. org/publications/commentary/beyond-cold-war-paradigms-for-u-s-china-stra-tegic-competition.

威胁明显不同于后冷战时期美国面对的'流氓国家'和'恐怖组织'，中国经济规模和一流军事将给美国造成最严重安全威胁"[1]。不少美国人还从意图上诋毁中国。美国太平洋舰队司令戴维森（Philip S. Davidson）2018年11月30日公开指出，"中国目前正试图改变国际体系"[2]。正由于如此，柯伯吉指出保持与盟友关系是维持战略平衡的重要方式，他还特别提到了东亚盟友的重要性。[3]

冷战时期，美国在日本横须贺、佐世保及厚木的海空军事基地主要用来遏制苏联太平洋舰队，并对朝鲜半岛保持戒备。冷战结束后，虽然苏联解体，但由于太平洋舰队地处东部，战斗力未受到直接影响，由俄罗斯继承的太平洋舰队仍然是东北亚地区一支举足轻重的海上军事力量，因此也成为驻日美军主要遏制对象。

同时，日本冲绳嘉手纳空军基地作为美军海外侦察机部队的重要基地，驻有空军第390情报中队、第82侦察机中队、第18联队情报分队和353特种作战大队，是获取中国情报的重要基地。2001年4月1日在中国南海上空撞毁中国战斗机的EP-3侦察机就是从这里起飞的，这里是美军对华战略侦察重要基地，也是美军保持对华军事遏制重要支点。冲绳基地还是美国在亚洲最靠近中国大陆和台湾地区的军事基地，是从军事上遏制中国的最前端。"在美国借用台湾问题遏制中国大陆崛

---

① Director of the Defense Program，Center for a New American Security，"Testimony before the Senate Armed Services Committee Hearing on Addressing China and Russia's Emergence As Great Power Competitors and the Implementation of the National Defense Strategy by Elbridge A. Colby" January 2019，https：//s3. amazonaws. com/files. cnas. org/documents/Colby-SASC-Testimony-1. 29. 19 _ open. pdf? mtime = 20190128171132.

② "China's Power：Up for Debate，Keynote Address by Admiral Philip S. Davidson at the Third Annual China Power Conference，" November 2018，https：//www. csis. org/analysis/chinas-power-debate.

③ Director of the Defense Program，Center for a New American Security，"Testimony before the Senate Armed Services Committee Hearing on Addressing China and Russia's Emergence As Great Power Competitors and the Implementation of the National Defense Strategy by Elbridge A. Colby" January 2019，https：//s3. amazonaws. com/files. cnas. org/documents/Colby-SASC-Testimony-1. 29. 19 _ open. pdf? mtime = 20190128171132.

起，以及中日钓鱼岛问题争端持续僵持情势下，冲绳基地将成为美国军事介入最前沿。"① 而日本佐世保基地位于日本九州岛西北岸，是日本第二大军港，它是日本距离我国最近的大型海军基地。

驻韩美军则如上文所述，也有明显威慑中国的意味。对此，驻韩美军司令艾伯拉姆斯 2019 年 2 月 12 日更直接地指出，"（美韩同盟）除对朝鲜形成充分威慑外，还将阻挡中国影响力"②。实际上自 2018 年朝鲜半岛局势缓和以来，美国在东北亚地区最关心的也是其军事同盟走向问题。"对于和朝鲜商谈停战协定转变为和平机制，很多美国专家最为担心的还是此举会影响到美国在韩国驻军。"③ 按道理讲，既然美韩同盟是为了应对所谓朝鲜的"威胁"，那么随着半岛和平解决和朝鲜"威胁"消失，美国为何这么担心同盟受到影响呢？原因就在于它从来不仅仅是为了应对所谓朝鲜"威胁"。由此可见，美国认为在东北亚的军事基地有利于提升其军事投射力，以便"对于西太平洋事务具有较强干预能力"④。因此，尽管随着特朗普政府上台，美国国内出现了一定"孤立主义"倾向，但主流观点认为应加强海外驻军应对所谓"中国挑战"⑤。

韩国和日本同样存在与美国延续军事同盟的强大动力。对于韩国而言，其动力一方面是在半岛仍处于分裂和对峙情况下保护国家安全需要，另一方面是如上所述，通过与美国的同盟关系提升韩国在地区与全球层面的战略地位。因此，即使最强调民族自主性的韩国总统金大中也明确表示："对列强环绕的朝鲜半岛来说，驻韩美军是为维护国家防御

---

① 岳西宽：《存在与遏制：解构战后美国主要军事同盟》，《经济研究导刊》2013 年第 6 期。

② 《韩美联军司令部强调美军继续驻韩必要性》，2019 年 10 月 16 日，韩联社（https：// cn. yna. co. kr/view/ACK20190213000400881？ section = politics/index）。

③ Patrick M. Cronin and Kristine Lee, "Preparing for a 'Decent Chance' of Success and Failure with North Korea," February 2019, https：//www. 38north. org/2019/02/pcroninklee020119/.

④ 孙德刚：《论海外军事基地对部署国权力的影响》，《国际论坛》2014 年第 5 期。

⑤ Dina Smeltz, Ivo Daalder, Karl Friedhoff and Craig Kafura, "What Americans Think about America First," August 2017, https：//digital. thechicagocouncil. org/what-americans-think-about-america-first？ _ ga = 2. 124487498. 1329441037. 1528908844-765775452. 1528581012.

必要的选择，即使在统一之后，韩国仍需要美军继续驻守。"① 文在寅政府虽然也属于进步政府，但上台后也明确释放出追随美国的信号。比如，尽管文在寅在竞选期间对于美国"萨德"系统入韩颇有微词，但上台后不到一个月在会见美国参议员时就表示"部署'萨德'虽是前届政府的决定，但新政府同样予以重视，不会改变原有决定"，向美国示好。② 2017 年 6 月 28 日文在寅政府上任不到两个月就启程访美，创下韩国总统上任后最快访美纪录；他在访美期间参观美国国家海军陆战队博物馆的"长津湖战役纪念碑"时甚至表态"没有美军就没有我"③，也显示了这一点。

日本也高度重视与美国的同盟关系。2016 年 11 月 9 日特朗普当选美国总统，仅一周后的 17 日日本首相安倍就赴美国拜访特朗普，成为首个特朗普当选美国总统后去拜访的外国领导人。日本除了"追随强者"战略文化外，地缘战略也是其重要考虑。日本视中国是所谓"最大安全威胁"，"朝鲜威胁是现实，其背后更大的则是中国军事威胁"④，希望通过与美国同盟关系"平衡"中国，这在 2010 年中国经济总量首度超过日本后表现得更为明显。同时，继续追随美国并强化联盟关系也可以提升日本的国际地位，"日本希望借此在地区和全球事务中获得更多利益"⑤。这无论是日本近年来所力推的区域合作构想比如印太战略等，还是一直希望成为联合国安理会常任理事国等，都需要得到美国支持。

从联盟管理的角度来看，冷战结束后，许多专家曾一度断言美国联盟体系由于失去了外在威胁将会崩溃。而现实正好相反，美国联盟体系

---

① 汪伟民、李辛：《美韩同盟再定义与韩国的战略选择：进程与争论》，《当代亚太》2011 年第 2 期。

② 《文在寅总统，"无意改变关于萨德的决定"》，2017 年 6 月 1 日，韩联社（https：//www.yna.co.kr/view/MYH20170601000800038）。

③ 《没有长津湖勇士就没有我》，2017 年 6 月 29 日，《韩民族日报》（http：//www.hani.co.kr/arti/politics/bluehouse/800890.html）。

④ 孟晓旭：《日本强化安保战略与东北亚安全》，《国际安全研究》2018 年第 2 期。

⑤ 凌胜利：《冷战后美日联盟为何不断强化？——基于联盟管理的视角》，《当代亚太》2018 年第 6 期。

不仅没有崩溃，反而更加强化，这主要得益于其进行的有效联盟管理①。"根据联盟成员间协调方式的差异，联盟管理在理论上可以分为三种模式，分别是利益协调式管理、制度规则式管理和霸权主导式管理。"② "如何管理亚太联盟，美国大体采用了强制、利益交换和权威三种方式。"③ "美日联盟之所以在冷战后得以维系和强化，归根结底还是联盟管理的相对成功。"④ 通过联盟管理，美日同盟进一步强化，表现在地理空间上由"日本有事"到"周边有事"、由"战时"应对转向"平时塑造"、合作领域不再局限于传统安全领域、联盟结构更趋平等、联盟制度上已经建立了从国家领导人到具体军种之间的多级协调机制⑤。实际上，美韩同盟的管理与强化也是如此。

尽管在对日本和韩国的联盟管理中，美国会根据特定情况选择利益交换等方式，但基本上是采取主导方式。⑥ 一方面，从历史演进看，美国是在日本和韩国当年一片废墟的基础上对其进行改造后逐渐建立同盟关系的，美国有机会完全利用自己的方式影响塑造日本和韩国。借此美国对日本和韩国的影响力已深植日韩两国的方方面面，而日韩也有意无意地接受这种影响力。这里以韩国著名大学里的教授为例，众所周知，他们无论对于韩国政策制定中发挥政策影响，还是接受媒体采访引导社会舆论，以及培养下一代政府官员，都有十分重要的影响。截至 2019 年 12 月，通过梳理韩国主要 10 所大学的政治外交系，124 位教授中一共从 8 个国家获得博士学位，分别为美国、英国、韩国、日本、德国、

---

① 刘丰：《美国的联盟管理及其对中国的影响》，《外交评论》2014 年第 6 期。

② 刘丰：《美国的联盟管理及其对中国的影响》，《外交评论》2014 年第 6 期。

③ 刘若楠：《美国权威如何塑造亚太盟国的对外战略》，《当代亚太》2015 年第 4 期。

④ 凌胜利：《冷战后美日联盟为何不断强化？——基于联盟管理的视角》，《当代亚太》2018 年第 6 期。

⑤ 凌胜利：《冷战后美日联盟为何不断强化？——基于联盟管理的视角》，《当代亚太》2018 年第 6 期。

⑥ 尽管有学者通过对冷战后五次美日联盟调整进行分析，结果发现美国并非完全主导联盟，日本反而主导了三次。参见孙逊、韩略《冷战后日美同盟调整过程中的主导者——基于多重案例的研究》，《南京政治学院学报》2016 年第 6 期。

法国、俄罗斯与加拿大。其中有100人在美国获得博士学位，占比约80.6%。与此相比，在韩国获得博士学位的教授只有6人，占比仅为约4.8%，教授中却没有人在中国获得博士学位。[①] 由此可见，美国对韩国的巨大影响力。

另一方面，从联盟政治的规律看，双边不对称性联盟中的强者对联盟走势无疑拥有更大主导权，究其根本还是实力使然，这从近些年美日与美韩同盟发展上也能看出来。近些年对美日同盟影响比较大的当属普天间机场重新选址问题。2009年日本鸠山由纪夫政府尊重民意，要求美国研究普天间机场迁出冲绳乃至日本之外的替代设施选址问题。对此，美国态度极为强硬，美国时任国防部长盖茨亲自访问日本进行施压。最终鸠山政府不得不改变立场，接受美军继续留在冲绳县的立场，鸠山政权也在内外重压下下台。这给此后的历届日本内阁起到很大警示作用，此后无论是民主党政府的菅直人、野田佳彦，还是自民党的安倍执政，在普天间基地搬迁问题上都不敢再提出有悖于美国的立场。[②]

由于韩美实力差距远大于日美差距，美国在韩美同盟上的主导更为明显。文在寅2017年5月当选韩国总统后，对外政策上最大变化体现在对朝政策上。他一改李明博政府与朴槿惠政府的对朝强硬政策，采取比较柔和的政策，其总体方向是将经济和安全分开并行推进，与前两任政府"先解决安全问题再谈经济合作"分道扬镳。但面对特朗普政府的对朝"极限施压"政策以及"先实现朝鲜半岛无核化再考虑解除制裁"的政策，文在寅政府对朝政策遭受美国的巨大压力。2020年1月14日韩国总统文在寅举行新年记者会谈及将开放韩国散客访朝旅游探

---

① 以2019年QS世界大学排名为准，选择了韩国10所主要大学，分别为首尔大学（第36位）、高丽大学（第86位）、成均馆大学（第100位）、延世大学（第107位）、汉阳大学（第151位）、庆熙大学（第264位）、梨花女子大学（第319位）、韩国外国语大学（第387位）、中央大学（第397位）与西江大学（第435位）。金炫圭：《近十年韩国政治学界的中国研究》，《韩国研究论丛》2020年第1期。

② 凌胜利：《冷战后美日联盟为何不断强化？——基于联盟管理的视角》，《当代亚太》2018年第6期。

亲的构想，1 月 16 日美国驻韩大使哈里斯就公开表示该构想可能引发打破对朝制裁的误会，韩国应通过韩美工作组来处理这些事务，被广泛视为直接向韩国施压。① 实际上，在美国压力下，韩国对朝政策不得不与美国政策亦步亦趋。正因为如此，2019 年下半年以来，朝鲜明确表示不再与韩国进行对话。②

由此可见，从联盟管理角度来看，美国不仅手段多，而且必要时会直接采取施压主导的方式迫使日韩不脱离其战略轨道。因此，无论是从共同利益视角还是从联盟管理角度，美日同盟与美韩同盟都将继续维持下去。那么，如何在美日同盟与美韩同盟继续维系的情况下，基于共同利益视角找到一条符合各方利益的政策方向呢？

第三节　"弱军事化"符合各方利益

与此同时，美国在日本和韩国的驻军面临越来越大的压力，"弱军事化"符合各方利益。所谓"弱军事化"就是以驻军数量和武器部署为标志，较少有驻军和较低水平的武器部署，与此相对应的就是"强军事化"，驻有大量军队和较高规模的武器部署。美日同盟和美韩同盟"弱军事化"意指美国在日本和韩国的驻军将逐渐减少，美国武器部署的水平越来越低，最终只有少量美军存在和较低水平的美国武器部署。

美国当前在全世界明确界定同盟关系的有 55 个。③ 2019 年最新数据显示，其中有 17 万军人被派往美国以外的军事基地驻扎，其中超过万人以上驻军的只有日本（5.5 万）、德国（3.5 万）、韩国

---

① 《美驻韩大使就韩政府推进与朝合作强调韩美协商》，2020 年 1 月 16 日，韩联社（https：//cn. yna. co. kr/view/ACK20200116007200881？section = politics/index）。

② 《朝鲜谴责文在寅光复节讲话》，2019 年 8 月 16 日，界面新闻（https：//baijiahao. baidu. com/s？id = 1641993152868057860&wfr = spider&for = pc）。

③ 包括北大西洋公约组织（北约）成员国为 28 个，美国与 21 个拉美国家签订有《美洲国家间互助条约》，美国与以色列维持着众所周知的非正式联盟关系，在亚太地区则与日本、韩国、菲律宾、泰国、澳大利亚保持着双边联盟关系。

（2.7 万）、意大利（1.3 万），美国在日本和韩国的驻军总数占到美国国外驻军总数的 48%。① 查看美国的对外军售情况可见，2016—2018 年韩国和日本购买美国武器分别达到 17.40 亿美元和 14.15 亿美元，在购买美国武器排名中分别占到第四位和第八位。实际上前八位除了韩国和日本外，美国的盟国只有澳大利亚（第二位）和以色列（第六位），而以色列和剩下的其他几个国家均属于中东国家，安全形势复杂，大量购买美国武器可以理解。② 美国在澳大利亚驻军只有2858 人，作为美国盟国通过购买其大量军事武器保障安全也可以理解。③ 由此可见，美国盟国中只有韩日两国既驻扎大量美国军队，又购买大量美国武器，这典型反映出美日同盟和美韩同盟的"强军事化"程度。同时也表明在美国 55 个盟友里绝大多数是条约上盟友和政治上盟友，实际驻军不多和武器部署不多，符合"弱军事化"特点。本章不拟就"弱军事化"概念与标准进行精确界定，只是从态势上指出从符合本地区包括美日韩在内的各国共同利益角度看，美国与日本和韩国同盟关系继续保持的情况下，这种同盟关系应越来越向政治化方向发展，越来越弱化军事色彩。

其一，美国在该地区军事存在是中美"信任赤字"主要根源之一，"弱军事化"有利于中美跳出"修昔底德陷阱"从而建构合作关系。信任对于国家间关系有着重要影响。国家间关系是对抗还是合作，"一个重要因素就是信任能否建立"④。康德将"信任"视为国与国之间永久

---

① Defense Manpower Data Center，"Number of Military and DoD Appropriated Fund（APF）Civilian Personnel Permanently Assigned By Duty Location and Service/Component，"November 2019，https：//www. dmdc. osd. mil/appj/dwp/dwp_ reports. jsp.

② 包括沙特阿拉伯、阿拉伯联合酋长国、卡塔尔国、伊拉克。参见斯德哥尔摩国际和平研究所相关数据（http：//armstrade. sipri. org/armstrade/page/values. php）。

③ "Number of Military and DoD Appropriated Fund（APF）Civilian Personnel Permanently Assigned By Duty Location and Service/Component（as of September 30，2019）"，Defense Manpower Data Center，November 8，2019.

④ 朱立群：《信任与国家间的合作问题——兼论当前的中美关系》，《世界经济与政治》2003 年第 1 期。

和平的六大先决条款之一①；杰维斯则把错误直觉引起的互不信任视为冲突发生的两种原因之一。② 中美两国学者都注意到两国关系面临严重的"信任赤字"问题。兰普顿指出，"整个90年代至今，中美之间的信任度一直在低水平徘徊"③。华人学者郝雨凡等指出，"中美存在的问题很多，但最核心的是在动机和意图上彼此怀疑"④。中美"信任赤字"进入特朗普政府后有增无减，不仅政府高呼中国为威胁，战略界也高度质疑中国意图，比如美国战略与国际问题中心专家梅尔西·郭指出，快速发展的中国正在全面、持续地参与地区事务，而这正是以"挤压"美国的国际空间为代价的。⑤ 导致中美信任赤字有增无减的因素很多，比如权力转移以及意识形态差距等，这里笔者认为美国介入中国周边也是重要根源之一。

崛起国周边对于崛起国和霸权国有着非常不同的意义，它是崛起国实现崛起最为关注的地带。"任何大国崛起，都需要一个可资依赖的周边依托带。"⑥ "几百年来，所有大国特别是强权大国兴起的前提之一，是在其周边构建了一个非常紧密的经济、政治、社会、文化的共同体，形成了一个友好国家体系。"⑦ 因此，崛起国判断霸权国意图往往是以

① ［德］伊曼努尔·康德：《永久和平论》，何兆武译，上海人民出版社2005年版，第9—11页。相关论述也可参见王日华《中国传统的国家间信任思想及其启示》，《世界经济与政治》2011年第3期；Piotr Sztompka, *Trust: a Sociological Theory*, New York : Cambridge University Press, 1999, pp. 62 – 63.

② 另一原因是，"作为对手的双方或其中的一方旨在变现状，确有侵略和发起冲突的意图。在这种情况下，无论是否存在错误知觉，冲突都难以避免"。［美］罗伯特·杰维斯：《国际政治中的知觉与错误知觉》，秦亚青译，世界知识出版社2003年版，译者前言第13页。

③ David M. Lampton, *Same Bed · Different Dream: Managing U. S-China Relations*, 1989 - 2000, California: University of California Press, 2001, p. 360.

④ 郝雨凡、张燕冬：《无形的手》，新华出版社2000年版，第263页。

⑤ Melanie Hart and Blaine Johnson, "Mapping China's Global Governance Ambitions", February 28, 2019, https://www. americanprogress. org/issues/security/reports/2019/02/28/466768/mapping-chinas-global-governance-ambitions/.

⑥ 林利民：《中国对外战略：新问题、新任务、新思路》，《现代国际关系》2010年第11期。

⑦ 吴白乙：《对中国外交重心与周边秩序构建的几点思考》，《当代亚太》2009年第1期。

后者在其周边的行为为依据的，对中国而言尤其如此。一方面，中国周边有 2.2 万多千米的陆地边界和 1.8 万多千米的海上边界，陆海边界上与某些国家还存有领土纠纷。中国周边还存在众多安全隐患和不确定因素，比如朝鲜半岛问题、印巴对抗、三股势力等。"可以说，周边形势错综复杂。"① 另一方面，周边不仅是中国影响力的主要投射区域所在，而且中国的地缘政治利益主要集中在周边地区。

如前所述，东北亚地区是涉及中国诸多核心利益的关键周边次区域，不仅大国林立和热点问题集中，而且毗邻中国政治、经济以及人口中心。美国在该地区如此大量军事存在并不时进行大规模军事演习，使中国不得不高度怀疑美国的真正对华意图。当前中美关系发展已进入"临界点"，跳出"修昔底德陷阱"符合中美两国利益，为此从美国的角度就需要弱化在该地区军事存在。

其二，"弱军事化"有利于美国通过对话解决朝鲜半岛问题。面对 2016 年以来朝鲜核武器和导弹技术迅速发展，特别是理论上已具备对美国本土核打击能力②，再加上美国根深蒂固不信任朝鲜政权③，特朗普政府上台后迫切希望能尽快遏制住朝鲜核武器和导弹发展的步伐。面对 2018 年以来朝鲜主动释放的对话解决信号，特朗普政府考虑到武力解决的巨大代价，释放出了通过对话解决问题的一定诚意，为此三次打破惯例面见朝鲜最高领导人金正恩。④ 即使面对 2019 年以来朝

---

① 《江泽民文选》（第三卷），人民出版社 2006 年版，第 314 页。

② 2017 年 9 月，朝鲜"宣称"试爆了一枚可装载于洲际弹道导弹弹头部的氢弹，不仅威力大，而且体积小；2017 年 11 月朝鲜宣布试射了"火星 15"洲际导弹，射高 4700 余公里。按照高弹道飞行试验原理换算，其正常射程可以达到近 12000 公里，可覆盖到包括美国东部地区在内的美国全境。

③ 当前美国战略界的基本共识是认为其他核国家拥有核武器只是为了威慑，不会轻易使用，但担心朝鲜会在某种情况下使用核武器。朝鲜 2017 年几次威胁可能对美国进行核打击加重了美国的这个忧虑。Uri Friedman, "Can America Live With a Nuclear North Korea?", September 2014, Https://www.theatlantic.com/international/archive/2017/09/north-korea-nuclear-deterrenge/539205/.

④ 王俊生：《朝美峰会：动力、障碍与出路》，《亚太安全与海洋研究》2019 年第 4 期。

鲜数十次导弹试射所引发的美国国内及其盟友要求对朝施压的压力，特朗普仍坚持对话解决。① 最令人瞩目的是 2019 年年底面对朝鲜威胁要送给美国"圣诞礼物"，美国朝鲜半岛事务特使比根 12 月 16 日在访问韩国时向朝鲜公开提议会面②，这对于一贯强调实力与表现傲慢的美国来说非常罕见，凸显出特朗普政府希望对话解决问题的一定诚意。实际上同期朝鲜也释放出了对话解决的诚意③。但迄今为止在朝鲜半岛问题解决上还没取得任何实质性进展，其中最根本原因在于朝美缺乏基本信任。美国在韩国大量驻军和部署大量先进武器，以及不时与韩国进行的联合军事演习，是造成朝美信任赤字高居不下的重要根源之一。④

2018 年以来在朝鲜将战略重心转移到经济建设，并停止核武器和洲际导弹试验背景下，美韩强化军事同盟的行为只会固化朝鲜所谓的"美国敌意"认知和固化"拥核"心理。考虑到根深蒂固的"受骗心理"和对"极限施压"效果的深信不疑，特朗普政府既不希望减缓对朝制裁，又想维持与朝鲜的对话局面诱导朝鲜弃核。2019 年 1 月美国朝鲜半岛事务代表比根在演讲中指出，"美国不会在朝鲜完成无核化之前改变'极限施压'政策，但是这并不代表'美国什么都不做'"⑤。那么仔细研究美国当前能做什么就至关重要。暂停联合军演和停止继续向韩国输入美国先进武器是既符合半岛局势发展趋势，又不悖于特朗普政府对朝制裁逻辑的选项。实际上，2018 年以

---

① Robert R. King, "Kim Jong-Un Inserts Himself into the U. S. Presidential Campaign on the Side of Trump," May 2019, https：//www. csis. org/analysis/kim-jong-un-inserts-himself-us-presidential-campaign-side-trump.

② 《详讯：美对朝代表公开向朝鲜提议会面》，2019 年 12 月 16 日，韩联社（中文网）（https：//cn. yna. co. kr/view/ACK20191216002100881？section = politics/index）。

③ 笔者 2018 年 8 月访问朝鲜与对方交流得出的观点。

④ 《详讯：朝鲜称韩美军事威胁削弱对话动力》，2019 年 8 月 22 日，韩联社（中文网）（https：//cn. yna. co. kr/view/ACK20190822000900881？section = nk/index）。

⑤ Stephen Biegun, "Remarks on DPRK at Stanford University," January 2019, https：//www. state. gov/p/eap/rls/rm/2019/01/288702. htm.

来美朝两国对话取得进展恰恰得益于美韩同盟弱化了军事色彩等。美韩暂停联合军演等弱化军事化的行为也有利于提升中美与俄美的信任关系，有助于推进半岛问题解决上所急需的国际合作。中俄两国与美国在半岛无核化上拥有共同立场，障碍在于如何推进实质性合作①。由此可见，美韩同盟"弱军事化"既有利于推进朝美实质性对话，又有利于推动大国合作，在某种程度上可被视为政治解决朝鲜半岛问题的前提条件。

其三，"弱军事化"有利于日韩两国提升与中国关系。日韩两国将与美国的同盟关系视为最重要外交关系的同时，随着中国实力增强，两国均希望提升与中国关系，如何处理对美同盟与对华关系的张力成为日韩两国外交的难题。对于美国在亚太地区的存在中国并非完全反对，甚至明确表示过欢迎其在该地区发挥积极影响，中国早在2009年的《中美联合声明》中就明确表示"欢迎美国作为一个亚太国家为本地区和平、稳定与繁荣做出努力"②。日本和韩国作为主权独立的国家选择与美国结盟，中国当然无权干涉，但中国坚决反对日韩与美国的同盟关系针对中国。比如"萨德"导弹在韩国部署之所以成为冷战结束以来制约中韩关系发展的最大负面因素，时至今日仍在制约中韩关系发展，其根本原因就在于"萨德"导弹防御系统在韩国部署被普遍视为美国遏制中国的一步。③ 因此，如果日韩两国希望提升与中国关系发展，就需要在与美国的同盟关系上逐步"弱军事化"，从而降低中国的顾虑。

其四，"弱军事化"有利于推进东北亚区域合作，从而也有利于美

---

① 2019年2月28日特朗普在与金正恩会面后举行的记者招待会上指出，"很多人不知道'无核化'的确切含义，但对我来说相当清楚：我们必须去除（朝鲜半岛的）核武器"。"Remarks by President Trump in Press Conference in Hanoi, Vietnam," February 2019, https: // www. whitehouse. gov/briefings-statements/remarks-president-trump-press-conference-hanoi-vietnam/. 《中美联合声明》，2011年1月20日，人民网（http: //politics. people. com. cn/GB/1024/ 13770789. html）。

② 《中美联合声明》，2011年1月20日，人民网（http: //politics. people. com. cn/GB/ 1024/13770789. html）。

③ 王俊生：《面对朝鲜半岛局势中国需保持战略定力》，《东北亚学刊》2017年第3期。

国经济。东北亚地区作为与北美和欧洲并列的世界上三大最活跃经济带之一，区域合作步履蹒跚。"中日韩三国间经济相互依存度指标只有19.4%，而北美国家是40.2%，欧盟国家更是高达63.8%。"① 这已成为亚洲经济增长不稳定重要原因。"在很大程度上，安全关系决定经济关系的性质和特征。"② 美国与日本和韩国的军事同盟使得东北亚安全格局呈现明显"分裂"状态，这是东北亚区域合作最大障碍因素。"二战"结束后很长时间内，日韩发展需要美国保护，中国力量羸弱，作为域外国家的美国成为影响东北亚局势最主要力量可谓是非常时期的特殊现象。当前，中日韩三国快速发展前所未有地具备推进区域化的实力。"三国贸易额从1999年的1300亿美元增至2018年的7200多亿美元，经济总量在全球占比从17%提升至24%。""（三国）建立了21个部长级会议和70多个对话机制，2011年设立了中日韩合作秘书处"③，成为三国深化合作的主要平台。近几年面对美国贸易保护主义，通过合作降低美国负面影响也促进了中日韩三国区域化合作④。2019年12月24日中日韩成功在中国成都举行第八次领导人会议，并发表了《中日韩合作未来十年展望》。

尽管美国主观上不愿看到东北亚区域合作取得进展，希望继续分而治之，但中日韩区域化进程已是大势所趋，美国干预不仅越来越力不从心，而且会进一步伤害其与日韩两国的同盟关系。实际上，考虑到中日韩分别是美国的第一大贸易伙伴国、第四大贸易伙伴国、第六大贸易伙伴国，贸易总额超过9600亿美元，占到美国前15大贸易总量的33%⑤，

---

① 杨伯江：《东北亚地区如何实现与历史的"共生"》，《东北亚论坛》2016年第4期。
② 潘忠岐：《国家利益的主体性与中美安全关系》，《现代国际关系》2003年第11期。
③ 《中日韩合作未来十年展望》，《人民日报》2019年12月25日。
④ 2018年以来美国对中国进行贸易打压，2019年8月特朗普政府甚至将中国指定为"汇率操纵国"，中国外贸环境更为困难。与此同时，特朗普政府不惜提高关税和启动贸易调查等强硬措施对日韩进行贸易打压，导致日韩产品进入美国市场更加艰难。三国都希望通过"抱团取暖"进行止损。
⑤ Sarah Gray, "These Are the Biggest U. S. Trading Partners," March 2018, https://fortune.com/2018/03/07/biggest-us-trade-partners/.

东北亚经济潜力如果通过中日韩三国的区域合作进一步被激活，届时不仅世界经济将更有活力，而且也有望能直接拉动中日韩三国与美国的贸易量，符合美国利益。由此可见，美国与日本和韩国同盟关系的"弱军事化"有利于中日韩区域一体化进展，同时也有利于美国的经济利益。

其五，"弱军事化"也能缓解美国对日本和韩国"控制"与"反控制"张力，符合美日同盟和美韩同盟发展趋势。近些年美国在自身经济优势下降情况下希望日本在军事上"正常化"，这样可以分担美国军事成本。但"日本军事'正常化'会不可避免地推动其政治'正常化'。这意味着美国期待的日本军事'正常化'将与美国排斥的全面'国家正常化'同步出现，这在提高日本利用价值同时也会增大美国管理成本"[①]。韩美同盟同样存在张力。长期以来，美国借助半岛局势适度紧张强化在该地区军事存在与控制韩国的做法越来越引发韩国不满。因此，韩国一方面希望借助美国影响力，但另一方面又担心美国介入过深。"尤其是自1988年韩国总统卢泰愚提出'朝鲜半岛问题当事方解决原则'后，此后历届韩国政府均致力于这一目标。"[②] 自2017年以来，韩国不仅积极与美国协商想收回战时作战指挥权，而且逐步在收回美军驻韩国的军事基地，这与美国要控制韩国与主导半岛问题解决的步伐相悖。

纵观美日同盟与美韩同盟发展逻辑，其始终处于变化之中，基本态势是由美国单方面主导向日本和韩国更多自主性方向发展。这不仅由于日本和韩国的国家实力增强，而且日韩两国对于美国全球利益贡献也在增大。只是不同于韩国常常直接派遣军队与美国在海外并肩作战，日本更多是扮演给美国海外任务"埋单"和后勤保障方式。比如，"在美国要求下，海湾战争时日本提供总计130亿美元支援，向印度洋派遣自卫

---

① 刘卫东：《日本"国家正常化"：美国的对策》，《现代国际关系》2007年第9期。
② 韩献栋：《利益差异、战略分歧和美韩同盟关系的再调整》，《东北亚论坛》2010年第1期。

队舰只为美国等多国部队供油"①。因此，尽管并没改变"美主日仆""美主韩仆"本质特点，但新时期日韩两国"反制"美国的力量在增强，要求同盟关系更趋平等的呼声在增大。面对美日同盟和美韩同盟越来越大的张力，未来很长一段时期尽管美国的主导能力依然很强，但联盟管理的成本会越来越高，解决出路在于通过"弱军事化"，增强政治色彩的协调性。

第四节 中国如何推动其"弱军事化"？

尽管美国与日本和韩国的同盟关系走向"弱军事化"既符合包括美日韩在内的各国利益，也符合该地区正在变化的实力格局趋势，但从目前情况看，美日同盟与美韩同盟的军事化色彩在增强而非弱化。这表明，要实现美国与日本和韩国同盟关系的"弱军事化"，不仅靠美日韩的自觉，作为利益攸关国的中国也应积极推动。

其一，处理好中美关系是重中之重，为此可考虑推动构建"中美双领导体制"。如上所述，美国推动强化与日本和韩国军事同盟的主要动力在于大国竞争需要，近年来明显表现为与中国的竞争使然。从理论上讲，当守成国看到一个国家迅速崛起并可能威胁到其地位时，往往就从其周边入手进行遏制。因此，"当美国看到一个地区中有一个大国存在，它本能的反应也是将这一大国看作是自己的对手，因此美国会不遗余力地同中国周边的小国加强合作，来禁锢和压制中国的发展和影响力"②。由于东北亚地区重要的战略地位，美国国内对于中国在该地区的意图还有许多误判。广为引用的就是米尔斯海默的所谓"随着中国的发展必然会将美国赶出该地区，中美注定成为对手"的观点。③ 由此

---

① 刘江永：《国际格局演变与未来的中美日关系》，《日本学刊》2010年第1期。
② 《美国和欧洲看中国崛起眼光不同》，《参考消息》2007年5月22日第16版。
③ ［美］约翰·米尔斯海默：《大国政治的悲剧》，王义桅、唐小松译，上海人民出版社2003年版，序言部分。

可见，如何处理中美在该地区的领导权问题就成为能否推动实现美日与美韩同盟"弱军事化"的重中之重。

关于如何处理中美的领导权竞争，学界有诸多分析。① 基于实力对比、第三方态度、中美两国意愿等，笔者曾提出东北亚安全秩序构建上应推动"中美双领导体制"的思路②。（1）随着中国实力增长以及考虑到距离对力量的投放影响等，中美在该地区的实力对比呈现出越来越均衡态势③。（2）中美在安全问题上如果不合作提供公共产品，该地区所有安全问题几乎均难以解决。考虑到中国是该地区所有国家的最大贸易伙伴，中美关系紧张将很可能迫使他们不得不"选边站"，这是这些国家更不愿意看到的。因此，中美通过双领导体制开展高质量合作也符合该地区其他国家利益。（3）从中美意愿看，一方面美国维持了半个多世纪的领导权不可能拱手相让给中国；另一方面，党的十八大以来中国明确提出民族复兴目标，指出"在周边地区秩序构建上要更加积极主动和发挥更大作用"④。张蕴岭教授曾指出，"东北亚是中国周边外交中的首要"⑤，因此新时期中国也希望能在该地区秩序上扮演主要角色。由此可见，尽管美国会在主观上抗拒双领导体制，不愿意向中国分享领导权，但这是符合中美在东北亚领导权分享的现实安排。实际上，法德在欧洲事务和中俄在中亚事务上都比较成功地构建了双领导体制。⑥ 为了顺利构建"中美双领导体制"，中国应继续将工作重心放到国内经济

---

① 吴心伯：《论亚太大变局》，《世界经济与政治》2017 年第 6 期；朱锋：《中美战略竞争与东亚安全秩序的未来》，《世界经济与政治》2013 年第 3 期；袁鹏：《寻求"双重稳定"：中美关系与东北亚局势紧张的相关性及破解之道》，2013 年 9 月 10 日，现代国际关系研究院网站（http：//www.cicir.ac.cn/chinese/newsView.aspx？nid = 2212）。

② 对此在本书的最后两章会详细论证。

③ 之所以强调中美担当"双领导"，因为该地区的俄罗斯虽然也是大国但其战略重心不在东北亚，日本则因为其还不是主权独立的国家，而韩国、朝鲜、蒙古国则是由于综合实力不足。

④ 《习近平在周边外交工作座谈会上发表重要讲话》，2013 年 10 月 25 日，人民网（http：//politics.people.com.cn/n/2013/1025/c1024-23332318.html）。

⑤ 张蕴岭：《东北亚和平构建：中国如何发挥引领作用》，《东北亚学刊》2018 年第 2 期。

⑥ 王俊生：《中美双领导体制与东北亚安全：结构失衡与秩序重建》，《国际政治研究》2013 年第 4 期。

建设和社会治理上，进一步提升国家综合实力；应通过区域合作和积极主动出面解决相关热点问题等，加强该地区的融合发展；持之以恒地通过多层面沟通与机制化建设推进与美国的合作；以朝鲜半岛核问题为合作的试金石，并逐步延伸到其他领域；加强制度建设；等等。①

其二，在朝鲜半岛问题解决上应更积极主动，夯实美韩同盟与美日同盟"弱军事化"的基础。应对所谓来自朝鲜的"威胁"一直是美韩同盟和美日同盟加强军事化的理由。2018 年以来朝鲜半岛局势实现了大幅缓和，但进入 2019 年后不仅实质性问题难以解决，而且朝美分歧有加大趋势②，当前半岛局势处于不进则退的关键时刻。如果半岛局势再度紧张，或者迟迟得不到解决，美国必然会继续以此为借口强化与韩国和日本同盟的军事化色彩。反之，如果半岛问题得到解决，不仅美日和美韩强化军事同盟的理由站不住脚，而且日韩两国国内追求独立的情绪也会增大。同时，半岛问题解决也符合中国利益。一方面，中国作为负责任大国，不希望看到核扩散。同时，考虑到该地区领土、历史问题，以及权力平衡因素等，朝鲜半岛不能实现无核化肯定会刺激韩国和日本等国也拥有核武器。另一方面，朝鲜半岛问题解决后不仅可以使中国在该方向大大减轻安全压力，而且也能推进包括"一带一路"倡议等在内的国际合作。

目前朝美分歧主要在于"到底谁先迈出第一步"，陷入类似"鸡生蛋""蛋生鸡"的"死结"。从解决出路上看，在继续推进美朝直接对话背景下，引入国际合作，这不仅可以弥补美朝信任缺失，而且由于半岛问题是地区问题，也需要国际合作。③ 在解决半岛问题的国际合作上

---

① 王俊生：《东北亚安全秩序的悖论与中美双领导体制的未来》，《当代亚太》2019 年第 2 期。

② 朝鲜在 2019 年 12 月底召开的劳动党七届五中全会上明确表示"在美国撤销敌对政策、半岛构建永久稳固的和平体制之前，朝鲜将继续开发战略武器，以保障国家安全"。《详讯：金正恩称将开发战略武器但为核谈留余地》，2020 年 1 月 1 日，韩联社（中文网）（https://cn.yna.co.kr/view/ACK20200101000500881？section = nk/index）。

③ 王俊生：《朝美峰会：动力、障碍与出路》，《亚太安全与海洋研究》2019 年第 4 期。

中国"责无旁贷"。中国应扭转观念，转"审视"为"积极介入"。同时以朝鲜半岛无核化与和平机制构建并行推进的"双轨制"方案为基础，积极推进国际合作实现。实际上这两者是相互促进的，没有无核化实现很难建立和平机制，没有和平机制构建又很难实现无核化。同时，这又是两个不同问题。为此可考虑建立两个工作组分别承担上述目标。一是中美朝韩四方会谈，聚焦于半岛和平机制构建。二是中美朝韩俄日六方会谈，聚焦于半岛无核化。这两个工作组可服务于建立国际合作的需要。将来应同时推进三个对话：朝美对话、四方会谈、六方会谈。

其三，促进中日和中韩关系发展，让日韩两国在推动与美国同盟关系的"弱军事化"上无后顾之忧。随着中国实力增强，日韩两国国内对中国发展意图还存在较大顾虑，这是两国强化与美国军事同盟的重要原因。当前中韩关系与中日关系都处于发展关键期。2017 年 5 月文在寅政府上台后，中韩克服"萨德"部署导致的关系严重倒退，双边关系正处于全面恢复中。为了推动中日和中韩关系发展，既要继续推动政府间合作，也要推动青年、智库、媒体等民间合作；既要夯实已有的合作对话渠道，同时也应适时推动新的对话渠道。比如推动外长和防长同时参加的"2＋2"对话机制；既要推动双边合作，也要将中日韩三边合作固定化，避免受特定事件的干扰；同时，也要适时推动"中日美"和"中韩美"三边对话，实现中国与日韩两国及其盟友的对接。

第五节　结语

东北亚地区不仅是中国周边次区域中最具战略意义的区域，而且也是影响国际结构最为显著的地区。长期以来，美国通过与日本和韩国的军事同盟左右着该地区安全局势走向，并深刻影响着该地区区域合作。通过本章考察可见，美国与日本和韩国的军事同盟建立既有必然性，也有偶然性。必然性是主要服务于大国竞争，偶然性是与当时时代背景分不开。当前中美竞争已经处于临界点，两国均应该努力避免真正进入

"修昔底德陷阱"。同时，"二战"结束已经 70 多年，国际环境与东北亚地区环境均发生了翻天覆地的变化。不仅当年羸弱的中国、日本、韩国等实现了经济腾飞与国家重建巨大成功，而且中日、中韩关系也从冷战对峙实现了大发展。实际上，俄罗斯与日韩关系也具有类似特点。这种背景下，美国与日本和韩国同盟关系如果不顺应趋势进行调整，将有悖于包括美国在内的各方利益。本章从历史角度考察可见，无论是美国还是日本与韩国，都不太可能终止同盟关系。这种背景下，"弱军事化"是符合各方利益的安排。历史反复证明，一个好的外交政策是出于本国利益，同时也要符合相关方利益。顺应东北亚地区大变局，及时调整美国与日本和韩国同盟体系——赋予其更多政治化内涵而弱化其军事化色彩，正是不仅符合美国利益，而且符合该地区各国共同利益的"好政策"。

第三章 对中国在东北亚地区轻重缓急的理论分析

关于东北亚区域研究学术界已有大量成果，但有关中国在东北亚地区利益的研究还比较薄弱。中国学者的相关成果较为笼统，缺乏基本共识。西方学者主要倾向于对中国在具体国别和议题上的利益进行分析，同时又多从竞争性视角，特别是霸权争夺角度入手。实际上，中国任何东北亚政策和战略都基于在该地区的国家利益，国家利益研究可谓是东北亚区域研究的首要议题。本章主要基于对东北亚地区的环境判断和中国外交的目标，对中国在该地区的相关利益进行界定。

第一节 问题提出、争论及共识

国家利益研究可谓是东北亚区域研究的首要议题。"天下攘攘，皆为利往"，人的日常行为主要由利益驱动，国家行为也是如此。摩根索指出："只要这个世界在政治上由国家组成，国家利益在世界政治中就具有决定意义。"[①] "国家利益是认识和理解国家行为的根本性因素，也是国际合作与冲突演化的深层驱动力。"[②]

---

① ［美］斯坦利·霍夫曼：《当代国际关系理论》，林伟成译，中国社会科学出版社1990年版，第94页。

② 刘彬、蔡拓：《"国家利益最大化"的反思与超越》，《国际观察》2015年第5期。

　　威斯特伐利亚体系以来，尤其是当代国际社会，几乎所有国家都宣示对外政策出自国家利益。但从结果来看，外交政策有悖于国家利益的例子也比比皆是。"问题在于，由于信息不充分、国内政治的干扰及领导人的认识偏差等原因，国家并不能完全充分地认识其国家利益。""对于国家利益的界定来说，最难的并不是认识到其他因素可能扭曲对国家利益的认识，而是如何通过客观、合理的标准和方法来界定其客观的内容。"①

　　综合有关分析，国家利益有以下特点。其一，只有对其准确分类，才能做到有的放矢。"摩根索发现真正的国家利益面临被次要国家利益、其他国家的利益和超国家利益篡夺的危险。"② 宋伟教授专门研究了"整体国家利益"的重要性。③ 阎学通教授将其分为四个方面：经济利益、安全利益、政治利益和文化利益。④

　　其二，主观认知也是国家利益的重要组成部分。一方面如王逸舟教授指出的那样，"国家利益也包括形象、自尊等主观上的利益"⑤；另一方面在界定国家利益过程中不可避免存在主观因素。"当主观性因素偏离客观国家利益较少时，外交政策就是理性的；当主观性因素偏离客观国家利益较多时，外交政策就是非理性的。"⑥

　　其三，国家利益并非一成不变，它随着环境变化而变化。摩根索指出，"在特定历史时期，由哪种利益决定政治行为，取决于制定对外政策时所处的政治和文化环境"⑦。阎学通教授指出，"虽然国家利益本身

---

　　① 宋伟：《国家利益的界定与外交政策理论的建构》，《太平洋学报》2015 年第 8 期。
　　② 徐若琦：《汉斯·摩根索的"国家利益"概念探究》，《国际论坛》2015 年第 3 期。
　　③ 宋伟：《大国的整体国家利益：一种理论分析》，《现代国际关系》2017 年第 3 期。
　　④ 《中国国家利益分析》成为国内首部系统研究中国国家利益的著作。参见阎学通《中国国家利益分析》，天津人民出版社 1996 年版，第 10 页。
　　⑤ 王逸舟：《新视野下的国家利益观》，载《中国学者看世界（国家利益卷）》（王逸舟主编），新世界出版社 2007 年版，"代序"。
　　⑥ 宋伟：《国家利益的界定与外交政策理论的建构》，《太平洋学报》2015 年第 8 期。
　　⑦ Hans J. Morgenthau, *Politics among Nations：The Struggle for Power and Peace*, 6th Ed, New York：Knopf. 58，1985，p. 11.

的重要性是有固定排序的，但不同时期不同条件下，对于具体国家而言，这些收益的重要性、紧迫性是变动的"①。

国内学者较少直接讨论中国在东北亚地区的利益，相关研究较为笼统，且争议较大。比如，在朝鲜半岛问题上存在"保朝"和"弃朝"的争论与"积极介入"和"不介入"的争论，以及在其中的美国因素上存在"合作"和"竞争"的争论等②，这背后实际上是对中国在朝鲜半岛以及东北亚地区的利益缺乏客观认知与基本共识，许多似是而非的观点因此就会出现。比如，有些学者甚至主张朝鲜半岛维持现状最符合中国利益③。实际上一个分裂、拥核且不时紧张的朝鲜半岛给中国外交带来的压力显而易见，这在前几年半岛局势上尤为突出。而且，分裂的朝鲜半岛会导致东北亚安全结构继续分裂，这和中国 21 世纪以来持续推动的周边区域一体化目标显然相悖。

西方的相关研究多从竞争性视角，特别是霸权争夺视角进行分析。最典型的是进攻性现实主义代表米尔斯海默的观点："中国在东北亚地区的最终利益就是赶出美国，从而成为该地区主导国。"④ 西方学者或官员也常指责中国在朝鲜半岛上的"稳定"优先于"无核化"⑤，因此中国应为朝鲜半岛迄今没能实现无核化承担责任。实际上中国始终致力于朝鲜半岛无核化，并为此投入了巨大资源。由此可见，西方的研究极少涉及中国在该地区的整体利益，更没有客观认知中国在该地区利益的层次性与复杂性。

考察中国在东北亚地区的利益，首先要界定中国的国家利益。在许

---

① 阎学通：《中国国家利益分析》，天津人民出版社 1996 年版，第 45—54 页。
② 王俊生：《中朝"特殊关系"的逻辑：复杂战略平衡的产物》，《东北亚论坛》2016年第 1 期。
③ 以"朝鲜半岛维持现状"为关键词在百度上进行搜索能查找到 131000 个信息，诸如以"坚决确保朝鲜半岛保持现状"为题的文章比比皆是。
④ ［美］约翰·米尔斯海默：《大国政治的悲剧》，王义桅、唐小松译，上海人民出版社2003 年版，序言部分。
⑤ Gilbert Rozman, *China's Foreign Policy*：*Who Makes It，and How Is It Made*? Published by the ASAN Institute for Policy Studies, August 31，2012，p. 307.

多国家，官方对其国家利益都有明确表述，比如美国体现在官方指导性文件《国家安全战略报告》上，从中也能找到其对相关议题与地区的利益界定。相比而言，中国官方并没有固定发布类似报告，更没有专门涉及东北亚地区利益的表述，只能从相关重要文件、领导人表态、权威学者观点等方面进行分析。

学界广为引用的有关中国国家利益的权威文件是 2011 年 9 月国务院新闻办公室发布的《中国的和平发展》白皮书，这是中国官方首次界定核心利益。白皮书明确指出，"中国坚决维护国家核心利益。中国的核心利益包括：国家主权，国家安全，领土完整，国家统一，中国宪法确立的国家政治制度和社会大局稳定，经济社会可持续发展的基本保障"[①]。

2012 年党的十八大报告中在论及对外关系时指出："我们坚决维护国家主权、安全、发展利益，决不会屈服于任何外来压力。"[②] 由于领土完整和国家统一属于国家主权范畴，中国宪法确立的国家政治制度和社会大局稳定又属于"总体国家安全观"里的"政治安全"和"社会安全"，因此党的十八大以来所界定的"国家利益"范畴与《中国的和平发展》白皮书所界定的并没有本质区别。

邓小平被广泛视为开启了中国去意识形态化、以国家利益制定对外政策的时代。1982 年 9 月和 12 月党的十二大和全国人大五届五次会议上，新的对外政策思想正式以党的纲领和新宪法形式确定下来，中国共产党对发展党际关系提出了包括"去意识形态"在内的四项原则[③]。邓小平 1989 年 12 月指出："国家的主权、国家的安全要始终放在第一位，对这一点我们比过去更清楚了。"[④] 同时，结合当时中国面临的主要任

---

① 《中国的和平发展》白皮书（全文），2011 年 9 月 6 日，人民网（http://politics.people.com.cn/GB/1026/15598625.html）。

② 《胡锦涛在中国共产党第十八次全国代表大会上的报告》，2012 年 11 月 17 日，新华社（http://www.xinhuanet.com//18cpcnc/2012-11/17/c_113711665.htm）。

③ 李小华：《中国安全观分析（1982—2007）》，上海人民出版社 2008 年版，第 87—89 页。

④ 《邓小平文选》第 3 卷，人民出版社 1993 年版，第 348 页。

务，邓小平同志又指出，"经济工作是当前最大的政治，经济问题是压倒一切的政治问题"，"我们党在现阶段的政治路线，概括地说，就是一心一意地搞四个现代化"①。

综上可见，国家主权、安全、发展利益被广泛视为构成中国涉外国家利益的三大要素。这三者间相辅相成、缺一不可，这在学界也获得较多共识②。但如何处理这三者间关系，还没引起过多关注。

1982 年党的十二大确立了经济建设在国家利益中的中心地位。当时面对中国所处的国内外环境，邓小平同志认识到"发展经济、建设社会主义现代化是当时中国最首要的国家利益"③。在主权问题与发展经济的关系上，邓小平强调："主权问题固然不是一个可讨论的问题，但对有争议的问题可以搁置，留待日后解决。最紧要利益在于发展经济，发展生产力，提高人民生活水平。"④ 阎学通教授在 1996 年出版的《中国国家利益分析》中也明确指出，冷战后中国国家利益层次发生了变化，经济利益成为首要利益，而安全利益紧迫性则有所下降。

党的十八大以来，阎学通教授明确认为经济利益已不再是中国首要利益了。他认为 2013 年中国外交从韬光养晦转向奋发有为，首先就是调整了外交政策所服务的国家利益排序——从创造有利于经济建设的国际和平环境转向塑造有利于实现中华民族伟大复兴的国际环境。"其中隐含的信息是，经济利益在中国外交中已不是首要的、压倒性的利益考虑，我们的首要利益是从是否有利于中华民族伟大复兴的政治角度来考虑一切外交政策，这个转变符合中国综合实力已经成为世界第二的实力地位变化。"⑤

笔者认为，任何时候对于任何国家来说，主权与安全利益都是实现发展利益的前提，是第一位的。国家主权受到侵犯或者安全面临威胁，

---

① 《邓小平文选》第 2 卷，人民出版社 1994 年版，第 194、276 页。
② 张宇燕：《多角度理解"一带一路"战略构想》，《世界经济与政治》2016 年第 1 期。
③ 卢静：《国际定位与改革开放以来的中国外交》，《国际问题研究》2018 年第 5 期。
④ 《邓小平文选》（第 3 卷），人民出版社 1993 年版，第 322—375 页。
⑤ 阎学通：《外交转型、利益排序与大国崛起》，《战略决策研究》2017 年第 3 期。

发展利益就难以得到保障。"国家的首要利益是国家生存与安全，这属于'生死攸关的利益'。"①"国家利益"中其他可变的要素应该隶属于国家生存或者安全这个核心利益②。邓小平同志之所以在 20 世纪 80 年代指出"经济利益是首要利益"，其前提是中国的主权与安全利益得到了保障。一方面，随着 1971 年中国恢复联合国安理会常任理事国席位和 1972 年美国总统尼克松访华，标志着中国获得国际承认与维护国家主权的目标初步实现；另一方面，中国与苏联、越南、老挝、蒙古国等国的关系实现了正常化，同印度尼西亚签署"谅解备忘录"，改善了曾处于敌对状态的中印和中韩关系，到 20 世纪 80 年代末，中国在周边地区已没有一个公开的敌对国家。③

考虑到中国当前在主权与安全上并没有迫在眉睫的威胁，因此主要任务还是要发展经济，实现高质量发展，由"经济大国"向"经济强国"迈进。从长远来看，如果没有发展，不仅新时期所强调的"总体国家安全观"难以实现，而且实现中华民族复兴的目标也难以实现。正因为如此，2012 年 12 月党的十八大报告指出："以经济建设为中心是兴国之要，发展仍是解决我国所有问题的关键。"④ 2013 年 8 月 19 日习近平同志《在全国宣传思想工作会议上的讲话》中指出，"从根本上说，没有扎扎实实的发展成果，空谈理想信念，空谈党的领导，空谈社会主义制度优越性，空谈思想道德建设，最终意识形态工作也难以取得好的成效"⑤。2017 年 10 月习近平同志在党的十九大上再次明确指出，"发展是基础，经济不发展，一切都无从谈起"⑥。

---

① 李少军：《论国家利益》，《世界经济与政治》2003 年第 1 期。

② 徐若琦：《汉斯·摩根索的"国家利益"概念探究》，《国际论坛》2015 年第 3 期。

③ 颜声毅：《当代中国外交》，复旦大学出版社 2004 年版，第 316 页。

④ 张宇燕：《以国家利益设定中国对外战略》，《现代国际关系》2013 年第 10 期；门洪华：《中国国家利益的维护和拓展》，《国际观察》2015 年第 6 期。

⑤ 《习近平：意识形态工作是党的一项极端重要的工作》，2013 年 8 月 20 日，新华网（http：//www.xinhuanet.com//politics/2013-08/20/c_ 117021464.htm）。

⑥ 《习近平：决胜全面建成小康社会 夺取新时代中国特色社会主义伟大胜利》，2017 年 10 月 27 日，光明网（http：//politics.gmw.cn/2017-10/27/content_ 26628091.htm）。

第二节　中国在东北亚地区轻重
缓急的理论分析

综上可见，面对国内外有关中国在东北亚地区利益上的争论，还是要回到改革开放以来各方对中国国家利益判断的基本共识上，这就是上述的"主权、安全、发展"三位一体目标。

主权是国家最重要属性，在国际关系上主要体现在两方面：（1）国家的领土完整和政治独立不得侵犯；（2）平等参与国际事务的权力。秦亚青教授对此指出，"国家以其在系统结构中的位置定义国家利益"①。宋伟教授指出，"一定时期内，大国最重要的整体利益是获取和维持一种在国际体系中的有利位置"②。

安全是一个国家处于没有危险的客观状态，也就是国家没有外部的威胁和侵害，也没有内部的混乱和疾患。党的十八大以来习近平总书记提出的"总体国家安全观"成为维护新时期中国国家安全的指南。它包括11个方面的基本内容，即国民安全、领土安全、主权安全、政治安全、军事安全、经济安全、文化安全、科技安全、生态安全、信息安全和核安全。③

按照国务院新闻办公室颁发的"白皮书"中的界定，"发展"分为"经济发展""政治发展""文化发展""社会发展""绿色发展"等几个方面④。在国际关系上主要指经济发展，这在邓小平等老一代领导人的讲话中也能看出来。

---

① 秦亚青：《霸权体系与国际冲突——美国在国际武装冲突中的支持行为（1945—1988）》，上海人民出版社1999年版，第55、83、131页。

② 宋伟：《大国的整体国家利益：一种理论分析》，《现代国际关系》2017年第3期。

③ 《习近平总书记在国家安全委员会第一次会议上提出：坚持总体国家安全观　走中国特色国家安全道路》，《人民日报》2014年4月16日。

④ 国务院新闻办公室：《发展权：中国的理念、实践与贡献》，2016年12月1日，新华网（http://www.xinhuanet.com//politics/2016-12/01/c_ 1120029207.htm）。

由此可见，中国的国家利益可用表 3－1 所示。这里需要指出的是，由于主权安全、领土安全在"主权"利益中已经涵盖，经济安全、文化安全、生态安全在"发展"利益中涵盖，因此安全利益主要由军事安全、国民安全、政治安全、科技安全、信息安全和核安全组成。其中在国际关系上主要指军事安全、政治安全、国民安全。

表 3－1　　　　　　　　　　　中国新时期国家利益的构成

类型	主权	安全	发展
利益划分	国家领土主权完整、平等参与国际事务	军事安全、国民安全、政治安全、科技安全、信息安全和核安全	经济发展、社会发展、文化发展、绿色发展

资料来源：笔者自制。

由此可见，中国在东北亚地区的利益主要由国家领土主权完整、平等参与国际事务、军事安全、政治安全、国民安全、经济发展六方面组成。在国家领土主权完整方面，冷战结束后中国成功划定了与俄罗斯有争议的地段归属，完成了与蒙古国的领土边界划分。中国与朝鲜也不存在领土纠纷。中韩两国尽管还没有进行水上划界，以及在苏岩礁的归属上存在分歧，但两国都认为不存在领土纠纷。因此中国在东北亚地区主要与日本存在纠纷。日本"二战"结束后在美国支持下非法占据钓鱼岛。在 2013 年出台的《国家安全保障战略》中，日本官方在"二战"后首次明确界定国家的首要核心利益包括涉及领土问题的"安全利益"①。因此钓鱼岛问题有可能蕴藏中日间的潜在冲突。

在平等参与国际事务上，中国自朝鲜战争结束以来一直是东北亚地区的重要国家。历史上中国在东北亚地区体系中长期担当领导角色。"（在历史上）作为次生国家，中国之外的其他东北亚国家在发展过程

---

① 吕耀东：《日本对外战略：国家利益视域下的战略机制和政策取向》，《日本学刊》2018 年第 5 期。

中处处模仿中国，与中国具有同构的特点，包括政治体制趋同，这是历史上各国认同中国主导的东北亚华夷秩序的观念与政治基础。"① 不过中华人民共和国成立后面对美国通过和日韩两国构建同盟关系在安全上的优势，中国长期以来很难在该地区事务上扮演与自身规模与实力成比例的影响力。近些年随着中国实力增强和外交更加积极主动，越来越多的学者主张中国在该地区应担当领导地位。②

在军事安全上，中国在东北亚地区没有迫在眉睫的威胁，但潜在的来自美日的强大威胁仍然存在。"美国是当今世界唯一有能力阻断中国和平发展进程、干扰中国和平崛起的国家。"③ 美国在亚太地区的主要军事存在集中于东北亚地区，该地区的日本是美国亚太地区最重要的盟友。美国总统特朗普在 2017 年 11 月访日时在东京的美军横田基地表示："日本是美国极其重要的同盟国。"④ 从日本的角度，视中国是最大安全威胁，"朝鲜的威胁是现实，其背后更大的则是中国的军事威胁"⑤。

在政治安全层面，中国面临较大压力。一方面，美国在东北亚地区塑造民主国家同盟网，其目标显然是中国。这正如美国前国家安全顾问布热津斯基指出的那样，"社会制度与发展模式竞争将是未来中美较量的主题"⑥。另一方面，该地区韩国与日本模仿美国政治制度与价值观，和中国的制度竞争仍然存在。日本积极推动"印太战略"所主张的重

---

① 杨伯江：《从大历史维度思考东北亚地区和解合作》，《社会科学文摘》2016 年第10 期。

② 王俊生：《东北亚安全秩序的悖论与中美双领导体制的未来》，《当代亚太》2019 年第2 期。

③ 刘建飞：《以总体国家安全观评估中国外部安全环境》，《国际问题研究》2014 年第5 期。

④ "Remarks by President Trump to Service Members at Yokota Air Base," November 5, 2017, https://www.whitehouse.gov/briefings-statements/remarks-president-trump-servicemembers-yokota-air-base/.

⑤ 孟晓旭：《日本强化安保战略与东北亚安全》，《国际安全研究》2018 年第 2 期。

⑥ ［美］兹比格纽·布热津斯基：《战略远见：美国与全球权力危机》，洪漫等译，新华出版社 2012 年版；转引自王浩《利益、认知、互动：中美关系演进的动因探析》，《世界经济与政治》2014 年第 10 期。

要依据就是这些国家"拥有共同自由、民主主义、人权、法治等基本价值观"①。

国民安全主要指海外利益。海外利益研究是进入 21 世纪后开始浮现的主题，并在 2009 年才真正进入了主流学界视野。苏长和教授认为，"中国海外利益是指中国政府、企业、社会组织和公民通过全球联系产生的、在中国主权管辖范围以外存在的、主要以国际合约形式表现出来的中国国家利益"②。在东北亚各国的利益既有经济利益，也有人员利益。目前韩国和日本还是中国留学生主要目的地。在旅游方面，2017年数据显示，日本、韩国、俄罗斯、朝鲜的第一大入境旅游客源地都是中国。③ 由于东北亚各国政局普遍稳定，与中国也保持了友好关系，所以在该地区海外利益维护上不存在迫在眉睫的压力。

在经济发展方面，中国应持续保持目前的崛起势头，唯有如此才能实现民族复兴。习近平同志指出，"尽管国际国内环境发生了深刻复杂变化，但我国发展重要战略机遇期的重大判断没有改变"④。"战略机遇期"的中心目标是国家的建设与发展，是国内各项重大改革开放措施的落实，是提高全体国民的生活水平⑤。具体到东北亚地区，就是要营造一个有利于中国发展的环境。

第三节　优化中国东北亚政策的理论思考

综上可见，整体上看中国在东北亚地区的利益上并不存在迫在眉睫

---

① 孟晓旭：《日本强化安保战略与东北亚安全》，《国际安全研究》2018 年第 2 期。

② 苏长和：《论中国海外利益》，《世界经济与政治》2009 年第 8 期。

③ 《2017 出境旅游大数据报告》，2018 年 3 月 1 日，中国日报网（百家号）（https：//baijiahao. baidu. com/s？ id = 1593705862773203628&wfr = spider&for = pc）。

④ 习近平：《在党的十八届五中全会第二次全体会议上的讲话（节选）》，《求是》2016年第 1 期。

⑤ 王逸舟：《和平崛起阶段的中国国家安全：目标序列与主要特点》，《国际经济评论》2012 年第 3 期。

的生存威胁、安全威胁以及发展威胁。即使中日存在领土纠纷和日本对中国崛起存在较强防范心理，也应看到随着中国继续崛起日本也在"两面下注"——在巩固与美国同盟关系的前提下，也在积极改善与中国的关系。① 中国维护在东北亚地区利益的主要目标是要提升在体系中的地位，为中国的主权、安全、发展营造一个更加有利的环境，其中最大的牵制因素是美日同盟关系。

有鉴于此，其一，中国应采取更加积极的外交行为。要提升在东北亚地区体系中的地位给中国外交提出了更高要求，需要中国更积极主动地推动该地区格局构建。总体来看，党的十八大以来中国外交有许多有创意的倡议与政策，但在东北亚地区受制于各种因素仍迈不开"步伐"，比如"一带一路"合作倡议在该地区还没有实质性推进。② 当前东北亚各国在经济上存在巨大相互依赖，但在区域合作上还存在巨大赤字，在政治安全领域更是如此。作为该地区规模最大的国家，中国不能指望其他国家来填补这一赤字。

实际上，东北亚国家在历史上长期毗邻而居的过程中也形成了自成一体的秩序。杨伯江教授指出，"东北亚地区文化的相似性不仅证明东北亚地区具有内在相通的历史发展轨迹，而且是各国之间逐渐形成本地区特殊的地区秩序的基础"③。近代以来主要由于东北亚国家内忧外患，给域外的美国主导该地区局势留下了空间。但随着该地区国家的群体性崛起，建立更多区域内合作不仅符合该地区国家共同利益，也是历史赋予该地区最大国家中国的重要使命。

其二，中国要通过整合东北亚地区，维护体系的稳定。"二战"结束以来，东北亚地区长期处于分裂状态，这符合美国分而治之的战略导

---

① 陆忠伟：《东北亚安全与日本对华外交》，《东北亚学刊》2019 年第 1 期。
② 王俊生：《"一带一路"缓解东北亚安全困境：可行性及其路径》，《国际安全研究》2018 年第 2 期。
③ 杨伯江：《从大历史维度思考东北亚地区和解合作》，《社会科学文摘》2016 年第 10 期。

向。但一个分裂和不稳定的东北亚地区给中国国家利益带来的损害显而易见。当前加强东北亚区域合作不仅有利于东北亚经济的稳定，也有利于半岛局势持续缓和及东北亚和平稳定，这都符合中国利益。某种程度上可以说，只有在东北亚地区构建稳定的体系，中国才有望提升在体系中的地位。为此，中国应争取日本和朝鲜加入亚洲基础设施投资银行，并推进东北亚各国之间的互联互通建设；推进中俄朝和中朝韩三边合作，并发挥中日韩合作的带动作用。同时，利用"中日韩＋X"的方式推进区域合作。中日韩三国自 2003 年就开始推动区域一体化建设。三国无论是从经济总量还是贸易额看，都已成为全球经济重要的一极。"当前，三国占了全球人口的 20.9％，全球 GDP 的 23.1％，全球贸易量的 18.5％ 和全球专利申请数量的 59.7％。"[1] 但中日韩的主要出口市场却依然过于集中在亚洲外的经济体。三国间经济相互依存度指标只有19.4％，而北美国家是 40.2％，欧盟国家更是高达 63.8％。[2] 这不仅导致亚洲经济容易受到欧美制约，也成为亚洲经济增长不稳定性的重要原因。中日韩加快一体化进程，进而引领东北亚区域合作，不仅符合中日韩三国利益，而且对于稳定东北亚经济也至关重要，符合各国利益。

过去东北亚区域合作滞后的主要原因在于朝鲜半岛紧张局势高居不下以及美国通过强化军事同盟造成该地区分裂，这些在新时期都在发生变化。对于后者一方面由于美国实力相对下降，希望日本和韩国发挥更大独立作用；另一方面日本与韩国也日益重视发展对华关系。而且如上所述，从历史角度看，随着该地区国家的崛起以及区域内自主意识增强，加强区域内合作是大势所趋。

其三，要进一步发展自己，增强实力。冷战结束以来，面对东北亚热点问题频发且高度敏感，中国发挥了"稳定器"作用，其根本在于

---

① 《三国合作数据》，2020 年 4 月 4 日，中日韩三国合作秘书处网站（http：//cn. tcs-a-sia. org/？ g_ country = ch）。

② 杨伯江：《东北亚地区如何实现与历史的"共生"》，《东北亚论坛》2016 年第 4 期。

中国实力的提升。中国作为该地区其他所有国家的第一大贸易伙伴，"像黏合剂一样把各方在经济上联结在一起"①，在政治上也始终发挥负责任大国作用。中国接下来要发挥更大作用关键还是要发展自己，这也是中国营造"战略机遇期"的最大保证。"实际上，任何一个大国的崛起都是一个长期积累的过程，与国际体系关系的调整更需要时间的检验。中国自身发展的道路还很长，在发展水平上与发达国家还存在巨大差距。"② 李德·哈特曾富有哲理地指出："从战略方面来说，最远和最弯曲的路线，常常也就是一条真正'捷径'。"③

同时，中国在东北亚地区的利益维护过程中，也要和中国在其他周边地区的利益进行协调。为此，要继续将东北亚地区纳入中国整体周边外交的框架内。实际上党的十八大以来中国提出的"一带一路"合作倡议，东北亚地区应是重要参与方，但目前来看该地区的参与度还不高。④ 在亚洲文明对话上，也可以进一步提升东北亚地区的参与度。

第四节　结语

在中国崛起的关键阶段，中国在东北亚地区应采取更加积极和娴熟的外交手段，这既是中国维护国家利益的必要手段，也是致力于和平发展道路的必然选择。就此而言，中国显然应该积极介入朝鲜半岛问题的解决。同时，任何有生命力的外交政策都应以本国利益为出发点，同时符合相关国家利益。因此，中国在东北亚地区外交的目的应该在于维护国家利益和培育共同利益。"只要中国政策指向得当，坚持和平发展的基本方向，尽可能建设性地以共同利益为牵引发展与周边国家关系，在

---

① 袁学哲：《东北亚局势与俄罗斯的东北亚政策》，博士学位论文，吉林大学，2011 年。

② 唐永胜：《利益拓展与战略守度》，《国际关系研究》2018 年第 1 期。

③ ［美］李德·哈特：《战略论：间接路线》，钮先钟译，上海人民出版社 2010 年版，第 5 页。

④ 王俊生：《"一带一路"缓解东北亚安全困境：可行性及其路径》，《国际安全研究》2018 年第 2 期。

一些国家存在的对亚洲权力结构变化的不适应将会被中国积极作用的不断增加所抵消和取代。"①

中国在这一过程中不可避免地会影响塑造东北亚地区的制度建设，这也是崛起大国的必然要求，"构建国际制度是崛起大国的战略选择。只有积极构建国际制度的国家，方能体现出在国际社会的主体性，并最终实现长远的战略利益"②。制度赤字在东北亚地区尤为明显，这是该地区国家百年内乱与虚弱的结果，也是实现东北亚各国共同利益绕不开的障碍。当前，面临该地区国家的群体性崛起，通过中国的积极引领和各国的共同努力填补该地区制度赤字的真空不仅是实现东北亚地区可持续稳定的正确方向，也是重构中国与东北亚关系的历史机遇。

---

① 唐永胜：《利益拓展与战略守度》，《国际关系研究》2018 年第 1 期。
② 王发龙：《中国海外利益维护路径研究：基于国际制度的视角》，《国际展望》2014 年第 3 期。

第四章 冷战后东北亚"安全困境"的形成与缓解

国家间的安全困境长期困扰着人类的生存与安全，也是国际关系研究的核心命题之一。在中国周边的次区域，东北亚地区安全困境最为严重。在该地区相关敏感问题上，又屡屡出现有关各方均"自我挫败"和"多方共输"的情况[①]，"打破既有的安全困境，关乎相关各国共同利益，已成为东北亚地区诸国的共同愿望"[②]。

长期以来，大量已有研究成果或者是指出东北亚安全困境产生的某一方面原因，或者泛泛列举几个原因，更鲜有系统的对策建议。更有不少悲观主义者认为东北亚地区的安全困境根本没有缓解出路[③]。背后原

[①] 比如在朝鲜半岛核问题上，朝鲜没有通过发展核武器获得相应的经济援助和安全保障，反而面临更加孤立的国际环境。中、美、俄等国始终没有实现朝鲜弃核的目标，朝鲜反而在拥核道路上越走越远。在中日领土争执上，美国很可能想利用钓鱼岛问题给中国制造麻烦，无视日本国有化是挑起本次事端的真正原因。非但不与中国联手控制局势与解决问题，还反复表态钓鱼岛适用于《美日安保条约》，纵容与鼓励了日本右翼力量。从结果来看，美国或许的确给中国制造了麻烦，牵制了中国力量，却使得中国民意对美负面印象进一步加深，中日钓鱼岛纠纷也成为定时炸弹，看不到出口。

[②] 门洪华、甄文东：《共同利益与东北亚合作》，《外交评论》2013 年第 3 期。

[③] 参见 Robert Jervis，"*Realism Neo-realism and Cooperation*，*International Security*"，Vol. 24，No. 1，Summer 1999，pp. 42-63；Jeffrey W. Taliaferro，"Security Seeking under Anarchy"，*International Security*，Vol. 25，No. 3，Winter 2000/ 01，pp. 128-161；John J. Mearsheimer，"The False Promise of International Institutions"，in Michael E. Brown，Sean M. Lynn-Jones and Steven E. Miller（ed.），*The Perils of Anarchy Contemporary Realism and International Security*，Cambridge（Massachusetts，London，England：The MIT Press 1995），pp. 332-337；唐世平《国际政治理论的时代性》，《中国社会科学》2003 年第 3 期。

因仍然是缺乏对"安全困境"形成与缓解本身的深入理论分析。本章意在探讨：从国家关系的理论与实践来看，到底是什么导致了安全困境的形成？理论上缓解安全困境的指向是什么？如何有针对性地看待与缓解东北亚地区的安全困境？

第一节 安全困境的特征及其缓解的传统分析

总体来看，几乎所有学者普遍认为"在世界政治的所有困境中，安全困境是国家间关系中最重大和广泛的特征"[1]。作为中国周边次区域中安全困境最为严重的东北亚地区，其和平与合作的实现路径应如图 4 - 1 所示那样，首先从缓解安全困境开始，然后建立安全互信，逐步过渡到积极区域安全合作、机制建设，最终实现该地区积极的和平与稳定。由此可见，东北亚地区离真正的和平与稳定还有很远距离，当务之急要消除安全困境，并构建安全信任关系，这就需要从理论上首先回答安全困境形成的逻辑。

东北亚地区安全困境 ⟹ 东北亚地区建立安全信任 ⟹ 东北亚地区开展积极区域安全合作 ⟹ 东北亚地区构建多边安全机制 ⟹ 东北亚地区实现和平与稳定

图 4 - 1 东北亚地区和平与合作的实现路径

关于"安全困境"的概念，最早由美国学者约翰·赫茨提出[2]，巴里·布赞和我国学者唐士平也都进行了较为严谨的论述。[3] 在概念阐释

---

[1] Nicholas Wheeler and Ken Booth, "The Security Dilemma", in John Baylis and N. S. Rengger (eds.), *Dilemmas of World Politics: International Issues in a Changing World*, Oxford: Clarendon Press, 1992, p. 29.

[2] John H. Herz, *Political Realism and Political Idealism: A Study in Theories and Realities*, Chicago: University of Chicago Press, 1951, p. 157.

[3] ［英］巴里·布赞：《人、国家与恐惧：后冷战时代的国际安全研究议程》，闫健译，中央编译出版社 2009 年版，第 285 页；Tang Shiping, The Security Dilemma: A Conceptual Analysis, *Security Studies*, Vol. 18, No. 3, 2009, pp. 594 - 595.

的基础上，很多学者指出了安全困境的两大特征。其一，根深蒂固性，国际体系中的安全困境与国际体系如影相随，难以突破。罗伯特·吉尔平对此指出："从根本上讲，今天的国际政治同修昔底德所描述的情况并没有区别。"① 即使在全球化的今天，世界各地随处可见的安全困境不仅导致冲突不断，而且某些学者所理论推演的"大国无战争"逻辑始终没法得到验证与保证。② 安全困境的这种根深蒂固性被巴特菲尔德描述为"现代国际冲突中的悲剧因素"。

其二，政策的自我挫败。一个国家如果感到处于安全困境之中，就会增加军力等行为，这可谓是理性的。可这种理性行为自然会被同样处于安全困境的其他国家视为威胁，然后也增加军力，从而导致紧张、冲突，甚至战争连绵不断，各自的安全环境都进一步严峻。就这个意义而言，安全困境是用来解释为什么并不试图相互伤害的国家之间，甚至是利益目标一致的国家之间最终还是走向冲突。③

关于如何解决安全困境，不同理论流派存有较大争议。现实主义学派认为国家间"安全困境"的根源在于国际社会的无政府状态，不改变这种无政府状态，"安全困境"就没有出路。而在国际社会建立世界政府是不可能的，因此"安全困境"的解决没有出路。进攻性现实主义甚至认为"只要国家生活在无政府状态中，就几乎不可能采取任何措施改善安全困境"④。自由主义学派同样认为安全困境不能根除，但却可以缓解。因为"国际制度和国家间相互交往，增进了理解，减少

---

① Robert Gilpin, *War and Change in World Politics*, Cambridge：Cambridge University Press，1981，p. 228.

② 杨原：《大国无战争时代霸权国与崛起国权力竞争的主要机制》，《当代亚太》2011 年第 6 期。

③ Herbert Butterfield, *History and Human Relations*, London：Collins，1951，p. 29；John H. Herz, *International Politics in the Atomic Age*, New York：ColumbiaUniversity Press，1959，p. 231.

④ ［美］约翰·米尔斯海默：《国际政治的悲剧》，唐小松、王义桅译，上海人民出版社2003 年版，第 49 页。

了国家间对彼此意图的不确定性"①。而且认为，安全只是国家最大化利益中的一部分，追求最大化利益的国家，可能只追求相对安全。建构主义学派认为，"安全困境"是由行动者建构的，既然行动者之间能够建构安全困境，也就可以建构安全共同体。②

由此可见，在安全困境的形成与缓解上，不管是现实主义学派的悲观主义，还是自由主义学派的制度建设和建构主义学派的观念建构，都源于三个基本假设：人性自私、同处一个体系、无政府性。这里要追问的是，这三个基本假设正确吗？是否还有其他因素参与形成了国家间安全困境？

第二节　是什么导致了安全困境的形成？

对于安全困境的形成机制，多数学者从结构角度进行了分析。③值得指出的是，赫茨的界定与现实主义和理想主义出现在同一时代，相比于后者主要从人性逻辑分析国际关系，这种对结构的强调也成为后来结构（新）现实主义形成的主要动力。④结构分析的视角表明，在无政府国际社会中，不管一个国家意图如何，只要实力进步就会客观增加安全困境。国际关系史的客观实践也表明，自近代以来"由国际政治无政府状态所导致的安全困境往往因大国崛起而加剧"⑤。

也有学者从人性或心理学角度解读安全困境。巴特菲尔德就指出安全困境的产生根源是"人性恶"，这种源自人性的对财富和权力的欲

---

① 王子昌：《不确定性与安全困境》，《东南亚研究》2002 年第 6 期。

② 袁正清：《从安全困境到安全共同体：建构主义的分析》，《欧洲研究》2003 年第 4 期。

③ 如 John H. Herz, *Political Realism and Political Idealism: A Study in Theories and Realities*, Chicago: University of Chicago Press, 1951, p. 157.

④ 参见［美］肯尼思·沃尔兹《国际政治理论》，胡少华译，中国人民公安大学出版社 1992 年版，第 3—4 页；［美］约翰·米尔斯海默《国际政治的悲剧》，唐小松、王义桅译，上海人民出版社 2003 年版，第 48 页。

⑤ 叶江：《试析大国崛起与"安全困境"的关系》，《世界经济与政治》2005 年第 2 期。

望,最终导致国家互相争夺资源。① 托马斯·谢林则强调互不信任和沟通失败导致了国家间关系不确定性以及安全困境的形成。② 罗伯特·杰维斯认为,决策者心理活动所致的知觉(Perception)与错误知觉(Misperception)是导致国际关系中出现安全困境的重要因素。③

上述分析表明,"安全困境"的形成因素"人性自私、同处一个体系、无政府性"假设具有合理性。尽管结构视角不强调国家意图,人性分析的视角仍表明,人性自私与对他人行为"最坏处着想"确实是无政府状态下安全困境形成的重要原因。1996 年美国总统国家安全事务助理安东尼·莱克在一次公开演讲中指出,"除非人性发生变化,否则实力与武力将永远是国际关系中的核心"④。如果各行为体不处于同一个国际体系中,行为体本性再恶也不可能产生安全困境。而无政府状态所造成的各国安全自我依赖,的确加剧了互相之间的紧张。

从逻辑上讲,"同处一个体系"对于区域问题研究某种程度可以简化为同处一个地区,"人性自私"与对他人行为"最坏处着想"属于生物学上的本能反应,这两点可被视为不言自明的论证。对于"无政府性",尽管欧洲的例子表明地区一体化程度越高,安全困境就越会有所减弱,但对于一体化进程相近、无政府性处于相似程度的地区,为什么有的安全困境严重,有的安全困境相对较弱?无政府性程度最低可用一国政府进行类比,为什么有的国家内战不断,而有的就

---

① 郭锐、孙衍彬:《"安全困境"视角下的朝鲜半岛和平机制》,《社会主义研究》2013年第 1 期。

② Nicholas Wheeler and Ken Booth,"The Security Dilemma," in John Baylis and N. S. Rengger (eds.), *Dilemmas of Word Politics*:*International Issues in a Changing World*,Oxford:Clarendon Press,1992,pp. 36-38.

③ Robert Jevis,"Cooperation under the Security Dilemma",*World Politics*,Vol. 30,No. 2,January 1978;[美]罗伯特·杰维斯:《国际政治中的知觉与错误知觉》,秦亚青译,世界知识出版社 2003 年版,第 60—89 页。

④ [美]理查德·N. 哈斯:《新干涉主义》,殷雄、徐静译,新华出版社 2000 年版,附录 1。

很稳定？就此可见，无政府性是安全困境产生的根本条件之一，但不是充要条件，还有其他因素参与了安全困境的形成。

根据上述分析，至少有三个因素还需提及。其一，某一国家实力的迅速增强引起结构变化，"在国际无政府状态下，国家更关注其他国家的实力而非意图"①；其二，精心策划的安全困境表明某些国家的对外政策引导也是安全困境形成的重要原因；其三，心理学角度的分析还表明有效沟通效率不高，甚至失败也是安全困境产生的重要原因。约翰·赫兹为此感叹道，"正是由于对自己邻居意图的不确定性及由此产生的焦虑才使人类处于困境之中"②。如果继续追问，为什么有的地区无政府性程度高，有的程度低呢？为什么一国实力迅速增强就会引起其他国家不安呢？为什么有的大国会精心策划引导其他国家进入安全困境呢？这从根本上要分析各国基于国家利益的外交博弈与考量。

很多学者强调过国家利益对国际关系的影响。汉斯·摩根索认为："只要世界在政治上还是由主权国家所构成，国际政治中实际上最后的语言就只能是国家利益。"③ 李少军教授指出，"国家利益是国际关系中驱动国家互动的最基本要素"④。王逸舟教授也指出，"在现代国际关系中，国家利益构成了国家间互动的一个最重要因素"⑤。

中外政治家们对此也普遍认同。英国外交大臣帕麦斯顿勋爵 1848 年 3 月 1 日在英国下议院的发言常被视为对国家利益的最经典表述："我们没有永恒的盟友，我们也没有永久的敌人。我们的利益是永恒的，追求那些利益是我们的职责。"⑥ 1989 年年底邓小平于中美关系紧

---

① Joshua S. Goldstein, *International Relations* (Sixth Edition), Peking University Press, 2005, p. 74 (影印版)。

② John H. Herz, *Political Realism and Political Idealism：A Study in Theories and Realities*, Chicago：University of Chicago Press, 1951, p. 3.

③ 张历历：《现代国际关系学》，重庆出版社 1989 年版，第 41 页。

④ 李少军：《论国家利益》，《世界经济与政治》2003 年第 1 期。

⑤ 李少军：《论国家利益》，《世界经济与政治》2003 年第 1 期。

⑥ Jay M. Shafritz, *The Harper Collins Dictionary of American Government and Politics*, Harper Collins Publishers, 1993, p. 313.

张时，在会见美国前总统尼克松时指出，"我们都是以自己的国家利益为最高准则来谈问题和处理问题的"①。

由此不难看出，国家间外交的最大动力与最根本影响因素在于国家利益。作为国家间关系重要特征的安全困境，是不同国家在追求国家利益的过程中形成的。这其中，不同国家的利益冲突部分，特别是结构性冲突部分，是国家间安全困境形成的根本原因。所谓结构性冲突常常表现为国家利益中最关键部分的冲突。"就生存利益而言，几乎所有学者都把它放在国家利益首位，认为它是国家的根本利益和核心利益。"②"在很大程度上，安全关系决定政治关系、经济关系、军事关系、文化关系的性质和特征。而安全关系归根结底是安全利益关系。"③ 如上所述，对生存和安全利益作为国家利益首要考虑的强调也能从中国官方的论述中看出来，比如邓小平提出要始终把国家的主权和安全放在第一位。④

新自由制度主义学派也认为生存与安全是国家利益的核心构成。上一章的分析也表明，主权、安全、发展是中国国家利益的三大部分，这里主权是国家生存的基础，这主要取决于安全能否得到保障，而发展的前提在于主权利益和安全利益得到保障。由此可见，安全利益是国家利益最核心部分。罗伯特·基欧汉指出，"军事力量在国际关系中仍然扮演着重要角色，而且在危机时刻，安全在对外政策中仍然高于其他问题"，"武力和安全仍是首要问题"⑤。

至此，如图4-2所示，国家间安全困境归根结底是在人性自私、同处一个体系、无政府性等七个因素的综合作用下形成的。

---

① 邓小平：《邓小平文选》第3卷，人民出版社1993年版，第330页。

② 邢悦：《国家利益的客观性与主观性》，《世界经济与政治》2003年第5期。

③ 潘忠岐：《国家利益的主体性与中美安全关系》，《现代国际关系》2003年第11期。

④ 邓小平：《邓小平文选》第3卷，人民出版社1993年版，第348页。

⑤ ［美］罗伯特·基欧汉：《局部全球化世界中的自由主义、权力与治理》，门洪华译，北京大学出版社2004年版，第84页。

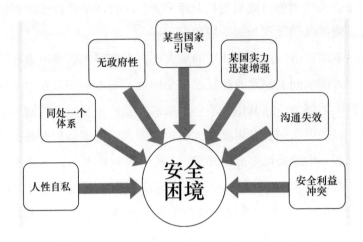

图 4 – 2　安全困境的形成

第三节　安全困境的缓解与超越

　　尽管国际社会的无政府性难以改变，安全困境根深蒂固难以根本消除，但仍可以进行缓解。一方面，某国实力的迅速增强、某国的故意引导、有效沟通效率不高甚至失败，与一国的政策选择紧密相关；另一方面，对于国家利益的冲突，"由于国家利益的界定都是由国家自己做出的，都是以对自己有好处为标准，因此无论大国小国，都有一些共同点可寻"①。而且，由于全球化与相互依赖，"今天国家利益与全人类共同利益的相关性不断增加，他国利益、地区利益和全球利益往往与本国国家利益的发展方向一致，甚至有时成为本国国家利益的组成部分"②。况且，在追求和实现的过程中，国家利益的自私性往往促使我们"努力以最小的代价解决冲突，从而产生对于各方都有利的共同利益"③。

---

①　李少军：《论国家利益》，《世界经济与政治》2003 年第 1 期。
②　俞新天：《妥善处理国家利益与全人类共同利益的关系》，《国际观察》2005 年第 3 期。
③　〔美〕斯坦利·霍夫曼：《当代国际关系理论》，林伟成等译，中国社会科学出版社 1990 年版，第 109 页。

即使对于无政府性，新自由主义和建构主义的分析也表明国际社会在演化与进步，这包括全球化带来的利益相互依赖、因核武器造成的"恐怖依赖"致使各国间安全合作增强、合作而非零和观念的建构，等等。在这样的时代背景下，不仅无政府程度在降低，而且正如新自由主义指出的那样，"武力解决国家间利益冲突的代价越来越高，合作能给彼此带来更多好处，作为理性行为体的国家必然更倾向于合作。高度相互依赖也增大了不合作成本"①。

关于如何缓解安全困境，目前许多学者主张通过引进进程性因素，如国际安全合作的加强等，即通过合作性而非竞争性的战略②。在这方面，主张建立"安全机制"和建构"安全共同体"的声音最高③。安全困境的传统应对战略往往是寻求均势、建立霸权或军事结盟，应该说两次世界大战的惨烈教训使集体安全思想成为全球范围内寻求安全的路径。建设安全机制与安全共同体的构想从根本上回应了如何减少国际社会无政府性的问题。

"人性自私论"是政治社会学的最根本前提，自私本身属中性概念。如个人日常生活中的本能一样趋利避害的同时能照顾到他人利益，国家在追求本国利益的前提下，若能照顾到地区与其他国家利益，这种"自私"可被视为"善"的自私。如果一个国家在追求本国利益的过程中，故意损害别国利益，甚至为了"一己之私，把一个地区搞乱"，这应被视为"恶"的自私。显然，"恶"的自私更能引起国家间安全困境。"恶"的自私行为如果是国家的故意引导，其逻辑等同于国家引导性安全困境。如果是国家的错误对外政策所引起，这又很大程度上源于国家对外部信息的错误理解。前者需要把重点放到国家引导性安全困境

---

① Kenneth N. Waltz, *Man, the State, and War: A Theoretical Analysis*, New York: Columbia University Press, 1959, p. 198.

② 门洪华：《"安全困境"与国家安全观念的创新》，《河南科技大学学报》（社会科学版）2006 年第 3 期。

③ 比如，封永平：《大国崛起的安全困境与中日关系》，《现代国际关系》2005 年第 12 期；王公龙：《多边主义与东亚的安全困境》，《当代亚太》2002 年第 10 期。

的缓解上，后者需要把重点放到解决国家间的沟通失效上。

对于国家引导性安全困境①，很多学者指出了相互妥协的重要性："国家可以达成一个共识，即双方都不增强国防力量，这样对大家都好。"②

不增强国防力量对于"霸权"和"领导"的护持者与追求者来说都不现实。但相互妥协的主要意义在于要求各国应追求非常克制的对外政策。"规避这一（安全困境）恶性循环的愿望要求一种非常自我克制和稳健的安全政策。"③ 特别对于崛起国而言，由于其往往站在发展势头较为有利的一方，要力避战略焦躁或骄傲自大，明确自身权利界限，这一过程中的"战略忍耐"是一种大智慧。这就要求把对外目标限定在一个有限理性范围内，不要"大跃进"地急剧提高战略目标。其主要目的在于避免各国都不得不迅速增强军力的恶性循环。

对于沟通失效，一方面应重视制度平台建设。安全困境在利益考量上可分为两个层次，一个是双方利益的极大对立，在很多时候是零和收益（Zero-sum），另一个是因为双方信息不对称，均无法明确对方行为方式和无法预测对方意图。制度平台建设显然有利于两国政策积极协调。另一方面要注重多层面交流，确保消息沟通的客观准确。这包括国家元首层面、其他国家领导人层面、部长级层面、工作事务层面、派出使馆层面等。还要特别重视民间与智库层面的第二轨道对话。

关于同处一个体系，既容易导致利益冲突，也可以催生利益共同体。如果各国安全利益属非冲突性利益，非安全领域的利益高度互补，

---

① 关于国家引导性安全困境的论述参见 Jack L. Snyder，"Perceptions of the Security Dilemma in 1914"，in Robert Jervis，Richard Ned Lebow，Janice Gross Stein（eds.），*Psychology and Deterrence*，Baltimore：The John Hopkins University Press，1985，p. 153。

② ［美］小约瑟夫·奈：《理解国际冲突：理论与历史》，张小明译，上海人民出版社2002年版，第23页。

③ Arnold Wolfers，"'National Security' as an Ambiguous Symbol"，in Arnold Wolfers，*Discord and Collaboration：Essays on International Politics*，Baltimore and London：The Johns Hopkins University Press，1962. 转引自任晓《安全：一项概念史的研究》，《外交评论》2006年第5期。

就容易形成利益共同体。否则，就会加剧利益冲突。就此可见，对同处一个体系因素的缓解还要放到解决安全利益冲突与打造非安全领域的共同利益上。

关于后者，国内有学者指出，"共同利益的汇聚及其制度化、所涉各国共担责任、大国承担主要责任已成为国际合作的基本战略路径"①。这也理应成为缓解国家间安全困境的基本战略路径。以共同利益作为切入点，至少可实现三个方面目标。第一，各方都可以迅速实现收益。第二，提升信任建设与培养合作的习惯。第三，使得沟通畅通成为可能，届时尽管该地区结构性的安全问题没有解决，但是相关方之间的对话仍能维持，这就为累积信任、最终解决包括结构性安全问题在内的相关问题打下基础。

针对某国实力迅速增强所引起的安全困境，除了持续向外释放清晰信号外，归根结底还要通过利益互惠逐步降低和打消其他国家的疑虑。至此，以安全困境的形成因素为缓解的直接目标，理论上安全困境的缓解路径如图 4 - 3 所示。

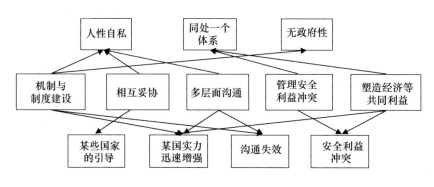

图 4 - 3　安全困境的缓解路径

由图 4 - 3 可见，机制与制度建设有利于缓解人性自私、无政府性、某国实力迅速增强、沟通失效等四个方面；多层面沟通有利于缓解人性

———————————

① 门洪华：《中国东亚战略的展开》，《当代亚太》2009 年第 1 期。

自私、某国实力迅速增强、沟通失效等三个方面；塑造经济等共同利益有利于缓解同处一个体系、某国实力迅速增强、安全利益冲突等三个方面；相互妥协可以缓解人性自私和某些国家的引导；管理安全利益冲突可以缓解同处一个体系和安全利益冲突。

对比可见，机制与制度建设除了同样能缓解多层面沟通所能缓解的三个因素外，还能缓解无政府性。塑造经济等共同利益除了同样能缓解管理安全利益冲突所能缓解的两个因素外，还能缓解某国实力迅速增强。大致可以认为，如果以每种路径所能缓解的安全困境形成因素数量的多少作为路径有效性评估的指标，把安全困境的七个形成因素各赋值1分，那么机制建设所能缓解的分值为4分，多层面沟通和塑造经济等共同利益所能缓解的分值各为3分，而相互妥协和管理安全利益冲突分别为2分。

第四节　东北亚安全困境的形成与缓解

东北亚相关各国均高度强调安全诉求，该地区安全困境远远大于其他地区。究其原因在于上述安全困境的形成因素在东北亚地区尤其明显。第一，该地区中美日俄大国林立，并深深卷入该地区的几大热点问题——朝鲜半岛、钓鱼岛、两岸关系问题等，使得各国安全利益不仅牵一发而动全身，而且深刻影响到国际格局的变化走向。该地区大国小国对彼此的安全动向均高度关注并极为敏感。

第二，该地区的无政府状态远较其他地区突出，并与安全困境形成恶性循环，互为制约。"东北亚极低的一体化，才是整个东亚地区一体化和东亚经济圈整体竞争力的根本制约瓶颈，而东北亚一体化的制约瓶颈又根本在于安全困境问题。"① 对于该地区多边机制建设，在"东北

---

① 冯昆：《东北亚区域安全：困境、价值与前瞻》，《东北师大学报》（哲学社会科学版）2007年第2期。

亚国家力量格局和安全体系没有进一步改变的情况下,权力结构能够给该地区提供的多边安全合作空间十分有限,制度主导的自由主义仍然无法说明制度化程度很低的东北亚如何才能建立起安全制度对权力的有效制约"?①

第三,该地区部分国家间有效沟通效率不高甚至严重缺失。美日韩与朝鲜仍没有建立外交关系,双方无论是政治外交对话还是民间对话都极为缺乏,更不用说沟通的高效与准确。这不仅导致美日韩的对朝政策常常处于无效状态,也致使朝鲜有时也难以迅速和准确地判断外部形势。尽管日本前驻华大使宫本雄二指出的"中日之间的问题有七成是基于误解和理解不足"②不免有夸大之嫌,但中日间受制于历史与领土争端,明显存在严重的对话缺失问题。日韩虽然同属美国盟友,但由于历史问题与领土争端,两国高层对话动辄就出现停滞。韩日的高层交流由于日本首相安倍屡屡发表错误言论,特别是其 2013 年年底参拜靖国神社,一度几乎完全中断。2019 年 7 月以来,由于两国在贸易、历史等问题上的摩擦,尽管两国政府都有维护双边关系稳定的强烈动力,但各层面交流也受到巨大负面影响。中日关系也曾因安倍首相参拜靖国神社和屡屡发表对历史不尊重的言论,致使中日关系严重倒退。中国外交部还曾明确表态,由于安倍一意孤行、不思悔改,中国领导人与其对话的大门已经关闭。③中韩两国则由于美国因素和朝鲜因素,两国对彼此"战略对手"的错误意向也时常出现,严重制约了对彼此意图的准确把握。比如,面对 2018 年以来朝鲜半岛局势的迅速发展,中韩作为利益和立场最为接近的"攸关国"和"关键第三方"最应该加强合作,但事实上两国合作的质量并不高,两国最高领导人除了在多边场合会晤外,没

① 张东宁:《东北亚国家安全体系:从双边困境到多边合作的安全路径分析》,《东北亚论坛》2010 年第 2 期。

② 冯昭奎:《复交 40 年:中日关系中的美国因素》,《日本学刊》2012 年第 5 期。

③ 《外交部发言人秦刚主持例行记者会》,2013 年 12 月 30 日,中国外交部网站(ht-tp://www.fmprc.gov.cn/mfa_chn/fyrbt_602243/t1113124.shtml)。

有进行过一次专门为半岛局势进行的会晤。其主要原因也许和韩国在解决半岛问题上对中国"介入"可能会有所谓"不放心"心理有关，没有真正认识到中韩在半岛问题上的合作是推动问题顺利解决的重要保障。

第四，对于有关国家引导的安全困境，一方面美国霸权是该地区诸多安全困境形成的根本原因①。如前所述，近年来为了所谓的"担心中国挑战现状"、遏制中国崛起，并继续主导东北亚事务，进而继续担当"世界领导"，美国强化了同日、韩的军事同盟，美日韩三边军事机制也得到实质性进展。美国还利用朝鲜半岛问题巩固日韩与美国的同盟并牵制中国，利用钓鱼岛问题离间中日关系，两边渔利。另一方面，日本安倍政府为了国内修宪扩军，不断通过"中国威胁论"、钓鱼岛问题、历史问题等刺激周边有关国家，旨在利用外部安全局势的紧张服务于国内政治目标②。

第五，该地区诸多安全困境与中国崛起越来越显示出部分程度的强关联性。尽管中国外交决策与国家整体发展战略越来越透明、越来越具有可预期性，但源于实力增长带来的安全困境不仅没得到自然舒缓，反而有所增强。中美在遏制与反遏制的矛盾上进一步加剧。日本很大程度上源于对中国崛起的不适应，尤其是在 2010 年中国经济总量首度超过日本后接连挑起事端，两国关系一度处于建交来的低谷。韩国所谓的"要利用与美国和日本的关系管理中国崛起"的声音在其战略界也颇有市场。中国本身并没有随着经济发展的巨大成功与国家实力的迅速增强而感到更加安全，反而周边矛盾进入频发期，根源就在于其他国家并非仅仅从中国的意图上判断中国走向，而更多是从中国实力增长上进行的所谓"自然反应"。

第六，该地区存在广泛的战略与安全利益冲突。区域内各大国战略

---

① 黄凤志：《东北亚地区安全困境的多维透视》，《北华大学学报》（社会科学版）2006
年第 3 期。

② 朱听昌：《中国地缘安全环境中的"安全困境"问题解析》，《国际展望》2012 年第 3 期。

利益存在较大冲突，"中美日俄四国间战略利益的结构性矛盾决定了它们在各自安全战略定位与选择上构成潜在冲突"①。美俄不仅在争夺东北亚地区影响力上存在竞争，而且美俄整体关系几乎降到冷战结束以来的最低点。中国不仅与日本存在地区领导权之争，两国还存在历史与领土争端。日本与俄罗斯也存在领土争端。其他中小国家上，韩朝之间存在激烈敌对关系，双方与日本还存在领土与历史争端。朝鲜和美国存在冷战对峙。这里尤其要重视中美之间正在展开的全面竞争。

特朗普 2017 年 1 月 20 日就任美国总统后，对华政策先扬后抑。进入 2018 年后，中美关系急转直下，陷入冷战结束以来的最低点。美国对华贸易措施手段密集且规模大。特朗普于 2018 年 3 月 22 日宣布，将对中国价值 500 亿美元商品征收惩罚性关税。6 月 16 日，特朗普正式宣布对这 500 亿美元中国商品加征 25% 的关税。加征关税清单包括"中国制造 2025 计划"中的产品。9 月 24 日起，美国又对约 2000 亿美元的中国产品加征关税，税率为 10%，并将在 2019 年 1 月 1 日起上升至 25%。② 与此同时，2018 年 3 月 16 日，特朗普签署《台湾旅行法》，允许美方所有层级官员访问台湾，允许台湾高级官员在"受尊敬的条件下"访问美国，并可与包括美国国防部、国务院在内的政府部门高官会面，还鼓励台湾驻美经济文化代表处在美积极展开业务。这严重违背了中美达成的有关台湾问题的三个联合公报。8 月 13 日，特朗普签署 2019 年度国防预算和《国防授权法案》，总额达 7163 亿美元，增幅高达 2.6%。法案明确要求美国国防部定期提供中国在南海地区的一切重大行动信息。如此明确地将针对中国南海的条款写入《国防授权法案》，这还是第一次。③ 9 月 21 日，美国依据其国内法，宣布对中国中

---

①　黄凤志、吕平：《中国东北亚地缘政治安全探析》，《现代国际关系》2011 年第 6 期。

②　《美国宣布对 2000 亿美元中国产品加征关税》，2018 年 9 月 18 日，财新网（http://international.caixin.com/2018-09-18/101327201.html）。

③　《特朗普签署美国 2019 财年国防授权法案》，2018 年 8 月 15 日，新华网（http://www.xinhuanet.com/mrdx/2018-08/15/c_137391623.htm）。

央军委装备发展部及其负责人实施制裁，此举史无前例。

2019 年 11 月 19 日美国国会参议院通过"香港人权与民主法案"，此举可视为是美国全面介入香港事务并完成从"英退美进"到"美国主导"的转换，美国希望将香港作为牵制中国的筹码和战略博弈的棋子。12 月 3 日，美国国会众议院不顾中方反对，执意且荒谬地通过"2019 年维吾尔人权政策法案"，其中蓄意诋毁中国新疆人权状况，大肆抹黑中国去极端化和打击恐怖主义的努力，恶意攻击中国政府治疆政策。2020 年 1 月 28 日美国国会众议院审议通过了"2019 年西藏政策及支持法案"，严重违反国际关系基本准则，粗暴干涉中国内政，向"藏独"分裂势力发出严重错误信号。

当前应该看到美国各界在对华政策强硬上在逐渐合流。特朗普政府对华政策受制于他对中国的理解，而美国智库对中国的理解会在一定程度上影响美国政府对中国的理解。相比于认为中美关系竞争合作并存，甚至机遇大于挑战的学者数量，近几年美国智库中认为中美关系将面临巨大挑战的学者数量越来越多。

特朗普当选美国总统后，如传统基金会等一些保守智库甚至直接介入了他的交接委员会的工作。这些智库正是鼓吹中美关系将面临冲突的大本营。2018 年 9 月 26 日，特朗普在参加联合国代表大会举办的记者招待会时，专门引用哈德逊研究所中国战略研究主任白邦瑞的言论，还说白邦瑞是研究中国问题的权威，而白邦瑞正是近年来宣扬"中国威胁论"的核心鹰派人士。2018 年 10 月 4 日，美国副总统彭斯就特朗普政府对中国政策发表谈话，言辞中充满了对中国的无端指责，而他选择发表演讲的智库，就是哈德逊研究所。该所是美国著名保守派智库，历来在台海、南海问题上对中国态度强硬。

特朗普如此关注美国的这些保守派学者，就不难理解其强硬的对华政策了。事实上不仅如此，他周围的幕僚和高官，除了华尔街出身的财政部长史蒂芬·努钦外，也都是保守派。目前，掌管美国对华贸易政策的美国贸易委员会顾问内瓦罗已经写了三部关于中国的著作，分别是

《致命中国》《卧虎》《中美必将发生的经济战争》。2018 年 9 月，陪同特朗普总统参加联合国代表大会的美方人员包括：国务卿篷佩奥，时任美国驻联合国大使黑莉，国家安全事务助理博尔顿，贸易代表莱特希泽，等等。这些人士普遍支持特朗普在贸易、台湾问题等方面向中国发难。

特朗普政府对华政策表面上看有时候好像自相矛盾：一方面特朗普总统反复讲中国对美国是"威胁"，包括不公平贸易、强制技术转让等；另一方面他反复讲对中国有着强烈感情，真的爱中国，喜欢中国人，尊重中国领导人。2020 年 2 月 4 日特朗普在美国国会发表国情咨文时还声称，"当前中美关系以及他本人和中国领导人的关系都是历史最好时候"①。其在 2018 年 9 月联大会议上对全世界的表态也是如此。特朗普总统的这种态度，给致力于发展中美关系的中国人士造成"意愿思维"，即认为特朗普会"回心转意"。但实际上，通过特朗普政府在中美贸易问题及中国南海问题、台湾问题等上的做法可以看出，其对华政策以竞争为主。在特朗普的言论中，对中国表示好感的篇幅越来越少，批评中国的篇幅越来越长。2020 年新冠疫情暴发后，特朗普更是多次将其称为"中国病毒"，煽动对华仇视。这些都加剧了东北亚地区的安全困境。

从东北亚安全困境的缓解上来看，各国采取的主要路径是塑造经济共同利益、相互妥协，以及管理安全利益冲突。有很多学者讨论过该地区的经济相互依赖②，也有学者通过对中国共产党政治报告中的关键词分析，论证过中国对塑造共同利益的重视。③ 2013 年 10 月中国首次召开的周边外交工作会议提出"亲、诚、惠、容""命运共同体"等理

---

① Nicole Narea and Catherine Kim, "Read the Full Text of Trump's State of the Union speech", Feb 5, 2020, https://www.vox.com/2020/2/4/21123394/state-of-the-union-full-transcript-trump.
② 富景筠：《从区域内贸易视角透视东北亚经济合作机制》，《东北亚论坛》2011 年第 4 期；钟飞腾：《政经合一与中国周边外交的拓展》，《南亚研究》2010 年第 3 期。
③ 门洪华、甄文东：《共同利益与东北亚合作》，《外交评论》2013 年第 3 期。

念，反映出新一代领导人主动塑造共同利益的诉求。

相互妥协突出地表现在对美关系上。楚树龙等指出，"中国自2002 年中共十六大以来不再把反对'霸权主义'作为对外政策的主要原则和目标，它意味着中国不再挑战、不再反对美国在亚洲和世界的'领导'或主导地位"①。中国反复表明在包括东北亚地区在内的广泛的亚太地区并没有挑战美国主导地位的意图。美国前国防部长帕内塔 2012 年在中国访问时对此表示："我在这里，在跟中国领导人的交谈中听到了令我非常愉快的消息，那就是——他们承认美国在太平洋地区的存在并非对他们的威胁。他们把这看作是对太平洋地区未来繁荣与安全有重要作用的事件。"② 美国在反对台湾独立问题上曾一度和中国进行了有效的共同管理。③ 管理安全利益冲突更突出地表现在该地区相关国家对朝鲜半岛核问题和朝鲜半岛局势可能失控的多边管理上，尤其是六方会谈召开期间曾经一度达成《9·19 共同声明》等重要成果。

如果以安全困境的缓解路径作为评估指标，与中国周边的其他次区域对比，更能明显地看出东北亚安全困境的严重性。就多边机制建设而言，东南亚国家早在 1961 年就成立了东南亚联盟；南亚有关国家 1985年举行第一届首脑会议，宣布南亚区域合作联盟正式成立；中亚于1996 年 4 月成立"上海五国"会晤机制，2001 年 6 月签署《上海合作组织成立宣言》。东盟不仅致力于该地区经济一体化，也致力于安全一体化，并于 1994 年召开首届东盟地区论坛（ARF）。上海合作组织的主要目标在于维护和加强地区和平、安全与稳定，共同打击恐怖主义、分裂主义和极端主义。南亚区域合作联盟主要致力于农业、乡村发展、电

---

① 楚树龙、应琛：《中美长期关系的两根支柱》，《现代国际关系》2013 年第 3 期。
② Secretary Panetta, "Ambassador Locke at Round Table in China", *Washington File*, September 20, 2012, p. 22.
③ Quansheng Zhao, "Moving toward a Co-management Approach: China's Policy toward North Korea and Taiwan", *Asian Perspective*, Vol. 30, No. 1, April 2006, pp. 39 – 78.

信、气象、科技与体育、邮政、交通、卫生与人口、文化与艺术等 9 个领域的合作，迄今取得的最大合作成果是 "南亚特惠贸易安排（SAP-TA）协定" 的签署和实施。就多边机制建设缓解安全困境而言，东南亚显然领先于中亚，中亚领先于南亚。总体上，亚洲地区在中国参与的14 个多边机制里，与东北亚直接相关的只有 "中日韩" 合作，而且 "中日韩" 合作暂时还没取得什么实质性进展。

在多层面沟通上，东南亚、南亚、中亚三个次区域内的国家均实现了外交关系正常化。中亚地区目前已建立起包括国家元首、总理、总检察长、安全会议秘书、外交部长等会晤机制。东南亚国家不仅建立起成熟的首脑会议、外长会议、常务委员会、秘书处、专门委员会以及民间和半官方机构，还建立起经济部长会议以及其他部长会议，并定期举办东南亚运动会和东南亚足球锦标赛。南亚地区有成员国首脑会议、由各国外长组成的部长理事会、由各国外交秘书组成的常务委员会等。就多层面沟通而言，东南亚领先于中亚，中亚领先于南亚。

在塑造经济等共同利益上，东南亚地区已实现高度一体化，其他三个地区则次之。如果假设四个次区域在相互妥协和管理安全利益冲突方面为大体一致程度的话，由表 4 - 1 可见，以缓解安全困境的路径作为赋值指标再次表明，在中国周边次区域中，东北亚地区的安全困境要远远大于其他三个地区。

表 4 - 1 显示，与其他三个次区域相比，东北亚安全困境缓解的主要落后指标在于多边机制建设和多层面沟通上。上述赋值表明，这两个指标对于缓解地区安全困境最为有效。因此，尽管该地区暂时不具备多边安全机制建立的条件，已有的相关多边对话仍需积极推动，并积极为多边机制的建立做好基础性工作①。该地区各国除了在东亚峰会等机制中应积极参与外，为解决朝鲜半岛核问题建立的六方会谈也应积极重启。该地区安全困境与一体化所造成的恶性循环，使得中日、日朝、朝

①　对此本书在第七章和第八章中会详细论述。

韩、美朝等本就有限的高层对话机制越来越少。重启六方会谈不仅可以就朝鲜半岛核问题进行谈判，而且也可以为这些本就缺乏双边对话的国家之间搭起沟通与协调平台。

表 4 - 1　　　　　　　中国周边次区域安全困境缓解对比

	多边机制建设	多层面沟通	塑造经济等共同利益	相互妥协	管理安全利益冲突	总计
东北亚	0	0.5	2	2	2	6.5
东南亚	4	3	3	2	2	14
南亚	2	1	2	2	2	9
中亚	3	2	2	2	2	11

在应对该地区广泛的沟通失效上，除重启六方会谈外，尤其应扩大该地区的多层次交流。这在中日围绕钓鱼岛、东海防空识别区等问题展开激烈对峙的情况下，维持两国包括智库对话在内的多层次交往对于防止局势失控有重大意义。在朝鲜与美日韩高层对话中断的情况下，维护中朝已有的高层对话与交流，并积极推动美日韩与朝鲜的多层次对话，也对缓解该地区的安全困境有益。

中国应该进一步巩固与加强在塑造经济等共同利益、相互妥协、管理安全利益冲突上的已有努力。关于该地区的共同利益，有学者指出，"东北亚共同利益天然存在，但却长期被国内外学者忽视，从而无法深入挖掘东北亚合作的根本动力"[①]。并将该地区的利益汇合点总结为四个方面：无核化与半岛和平、东北亚和平与稳定、地区开发与经济发展、非传统安全领域合作[②]。外交部部长王毅 2014 年元旦就该地区影响力最大的两个国家——中美间的关系也明确指出，"积极寻求共同利益是推进中美关系发展的动力源泉，中美拥有广泛共同利益。任何情况

---

① 门洪华、甄文东：《共同利益与东北亚合作》，《外交评论》2013 年第 3 期。
② 门洪华、甄文东：《共同利益与东北亚合作》，《外交评论》2013 年第 3 期。

下，双方都不能忘了这一基本事实"①。2019 年 3 月 8 日王毅外长在就"中国的外交政策和对外关系"举行记者会上明确表示，"中美两国的利益已经高度融合。去年中美双边贸易额超过 6300 亿美元，双向投资存量超过 2400 亿美元，人员往来超过 500 万人次。美国几乎所有大公司在中国都有业务，几乎所有的州与中国都有合作"②。

由于当前美国仍然在通过同盟关系主导东北亚安全局势走向，没有给实力增长的中国应有的位置，因此在该地区相互妥协的主要目标是让美国做出战略让步。一方面，中美双方有较强的利益依赖关系，确实存在"一损俱损、一荣共荣"；另一方面，中国有较强的实力，反制措施给美国带来的利益伤害也是美国所顾忌的。因此，我国应积极做好相关工作，推动美国政府做出让步。总体来看，对于美国霸权造成的安全困境，让美国主动放弃目前在东北亚的有关战略安排并不现实。中国应持续优化战略谋划，继续主动营造战略机遇期，避免与美国迎头相撞，并特别重视加强硬实力建设，进一步缩小与美国的差距。促使美国维持东北亚主导地位所需的能力远远大于其国力投放时，认真考虑与中国实行"护持战略"。从国际关系史的演进来看，实力原则仍是崛起国与霸权国生存的根本方式与互动的主要筹码，不同的是，在今天要摆脱历史上通过战争手段处理彼此关系的模式。

中国还需积极加强和美国各层次的沟通交流。要继续加强中美地方交流；推动并深化中美两军交流塑造安全互信；同时，考虑到美国智库对特朗普政府的影响，我们要继续促进中美智库交流和学术往来，通过客观介绍中国，推动中美关系逐渐走向稳定。对此，一方面，我方可积极利用国际学术会议介绍中国，通过多举办一些会议，增进双方的相互

---

① 王毅：《继往开来，努力构建中美新型大国关系》，2014 年 1 月 1 日，中国外交部网站（http：//www.fmprc.gov.cn/mfa_chn/zyxw_602251/t1113705.shtml）。

② 《王毅谈中美关系：聚焦扩大合作，才符合中美的共同利益》，2019 年 3 月 8 日，中央广播电视总台国际在线（https://baijiahao.baidu.com/s? id = 1627406805134629395&wfr = spider&for = pc）。

理解，也可以有效防止美方戴有色眼镜刻意曲解。比如，可以考虑在华盛顿召开类似于"贸易问题与中美关系""朝鲜半岛核问题与中美关系"等学术研讨会，使美方更多地了解我方意见。另一方面，我方可鼓励国内智库、学者及官员走出去讲解"中国故事"。为此，要在制度上进一步灵活化，鼓励国内学者赴国外交流，鼓励我国驻美使馆官员走进美国学术会议，防止出现美国召开的讨论中国的国际会议上听不到中国学者的声音。同时，也要多请美国学者和官员来我国交流，增进他们对中国的理解。

总之，中国应以积极心态依托战略优化和实力提升与美国实现相互战略妥协，共同携手应对该地区相关事务。历史经验表明，在东北亚地区，当大国协调比较好时，该地区的和平与稳定就能得到进一步促进，降低安全困境。反之亦然。①

同时，将朝鲜纳入东北亚区域合作进程对于维护朝鲜发展经济的动力、推动朝鲜更活跃的外交局面，以及构建该地区可持续和平稳定都至关重要。过于东北亚区域合作举步维艰，主要原因在于朝鲜半岛紧张局势高居不下和美国的负面因素，当前这两点都正在发生重大而意义深远的变化，可谓是冷战结束以来推动东北亚区域合作的契机。

还应管理该地区普遍关注的利益冲突，这尤其体现在管理朝鲜半岛问题上。2018 年以来随着朝鲜将战略重心转移到"集中全部力量发展经济，提高人民生活水平"② 上，以及特朗普政府愿意和朝鲜通过举行包括首脑会晤在内的对话方式解决相关问题，朝鲜半岛问题的解决迎来了前所未有的契机。各国的合作应围绕实现朝鲜半岛无核化，同时满足朝鲜的合理关切展开。该问题也牵涉到东北亚地区未来安全格局走向。应该说，朝鲜半岛核问题之所以解决起来如此困难，恰恰在于它不仅是

---

① 王俊生：《中美双领导体制与东北亚安全：结构失衡与秩序重建》，《国际政治研究》2013 年第 4 期。

② 《朝鲜劳动党中央举行第七届第三次全会　金正恩出席指导会议》，2017 年 11 月 29 日，朝中社（中文网）（http：//www.kcna.kp/kcna.user.special.getArticlePage.kcmsf）。

美朝和解问题，更涉及东北亚大的战略格局重组问题。过去几年的经验表明，朝鲜半岛无核化迟迟得不到解决、半岛局势紧张，包括美国在内的各方都是输家。其中，除了朝鲜外，最大的输家是韩国、其次是中国。美国虽然在防止核武扩散问题上失了分，但是可以借此问题加强对中国的军事威慑和控制日韩两个盟友。由于濒临朝鲜半岛的中国东部是中国的政治、经济、人口中心，因此事关中国周边核心利益。在中国实力和影响力增加，以及前所未有重视周边外交的背景下，中国应该更为主动地去解决周边的这一"定时炸弹"。况且，中美关系是全局性的，美国在事关其核心利益的其他问题上也需要中国的配合。

第五节　结语

长期以来，不少国际战略家认为国家间安全困境属于无解之局，国际关系理论对此也有专门论述。由于东北亚地区安全局势异常复杂，认为该地区安全困境没有出路的分析更不在少数。本章分析表明，"悲观主义者"的根本原因在于对安全困境的形成根源没有深入分析。对此，本章首先从国际关系学界对安全困境的已有分析上指出有关其形成的三个基本假设"人性自私、同处一个体系、无政府性"。在此基础上，从理论与实践的视角指出某些国家的故意引导、某国实力迅速增强、国家间有效沟通效率不高甚至失败、生存和安全利益冲突也是安全困境形成的重要因素。以此为基础，指出了安全困境缓解所需着重加强的几个方面，这包括机制与制度建设、多层面沟通、塑造经济等共同利益、相互妥协、安全利益冲突等。

以此分析东北亚地区，能很明显看出来该地区安全困境之所以远远高于其他地区，恰恰在于上述安全困境的形成因素在该地区表现得尤其明显。这包括该地区大国集中与敏感问题林立、无政府程度非常高、受制于历史政治安全等因素国家间有效沟通严重匮乏、美日等国利用地区紧张服务于其广泛的国内外战略等、中国崛起造成外部某些国家不适应、国家间的战略与安全利益存在较大冲突等几个方面。如果以安全困境的缓解路径作为评估指标，与中国周边的其他次区域对比，更能明显地看出东北亚安全困境的严重性以及问题所在。要缓解东北亚地区安全困境，就应该有针对性地入手。

正如王逸舟教授指出的那样，"与文、史、哲等学科不大一样，国际关系研究绝少有纯粹为学术而学术的情形，国际政治理论经常要着眼于实践的需要"①。从实践来看，东北亚地区事关中国核心安全利益，局势极为敏感，如果该地区长期存在安全困境，甚至是一触即发的安全危机，那么会持续损害中国核心利益。在中国政府首次召开周边外交工作会议、前所未有地重视周边外交的背景下，如何从理论与战略高度看待并务实缓解东北亚地区的安全困境理应成为事关中国周边外交工作的重要面向。

---

① 王逸舟：《国家利益再思考》，《中国社会科学》2002 年第 2 期。

第五章 "一带一路"缓解东北亚
安全困境的可行性与路径

　　如上所述，在中国周边次区域中东北亚地区安全困境最为严重，而该地区对中国安全利益极其重要。"一带一路"倡议是 2013 年 9 月和 10 月中国国家主席习近平在访问哈萨克斯坦和印度尼西亚时分别提出的倡议，它已成为新时期中国外交的重要面向。面对东北亚地区严重安全困境，作为新时期中国外交重要面向的"一带一路"倡议能发挥怎样的作用是一个非常值得研究的课题。本章主要分析"一带一路"与东北亚安全的关联，以及将东北亚地区纳入"一带一路"的可行性及其路径。

第一节 "一带一路"倡议与东北亚
安全困境缓解

　　前一章节专门分析了东北亚安全困境形成原因与缓解思路，指出"相比于其他地区，东北亚安全困境缓解的主要落后指标在于多边机制建设和多层面沟通上。而事实表明，这两个指标对于缓解地区安全困境最为有效"。在东北亚地区暂不具备建立多边机制的条件下，推动该地区的区域合作就成为缓解安全困境的务实有效路径。而且更紧密的区域合作本身就能提升多层面的沟通，有利于减少不确定性。

　　东北亚地区是全球范围内经济发展潜力最大、增长速度最快的地区之一，该地区各国的经济相互依赖性具备开展区域合作的良好基础。日、韩、俄、朝、蒙五个东北亚国家的第一大贸易伙伴均为中国。而据中国海关统计，"中国与上述东北亚国家的贸易额约占对外贸易总额的16.5%"①。深化区域合作会进一步扩大中国与该地区国家的经贸关系，符合各国的经济利益。正因为如此，中国自2003年开始大力推动中日韩合作机制，正如张蕴岭教授指出的那样，"引人注目的是，对于构建中日韩自贸区，基于发展水平的差异，中国本来是在谈判中面临困难最多的一方，然而中国却表现出比日韩更积极的态度"②，其主要原因就在于中国希望推动东北亚区域一体化、深化区域合作。

但因种种原因，尤其是该地区居高不下的安全困境，致使区域合作难以推进，而"一带一路"倡议则为此提供了新契机。"中国新一届领导人所提出的'一带一路'倡议不是一个简单的自由贸易区协定，而是为适应中国内外部环境变化所要构建的一种新型区域合作机制。"③"一带一路"既是对外战略构想，也是为推动区域合作发出的倡议。④"一带一路"实施过程中的重点环节是促进区域及区域间合作。⑤"一带一路"倡议目前共规划新亚欧大陆桥、中蒙俄、中国—中亚—西亚、中国—中南半岛、中巴及孟中印缅六大经济走廊，仅从字面上就能体现出浓厚的区域合作的意味。因此，合理的逻辑是，如果能将具有区域合作重要属性的"一带一路"倡议与东北亚地区实现对接，将会有效推进东北亚地区的区域合作。

也就是说，如果能将东北亚地区纳入"一带一路"倡议，它将增强

---

① 吴昊、李征：《东北亚地区在"一带一路"战略中的地位》，《东北亚论坛》2016年第2期。

② 张蕴岭：《在理想与现实之间——我对东亚合作的研究、参与和思考》，中国社会科学出版社2015年版，第247页。

③ 李向阳：《论海上丝绸之路的多元化合作机制》，《世界经济与政治》2014年第11期。

④ 安刚：《"一带一路"视域下的东亚合作——专访中国社科院学部委员张蕴岭》，《世界知识》2015年第7期。

⑤ 黄河：《公共产品视角下的"一带一路"》，《世界经济与政治》2015年第6期。

朝鲜半岛同中国东北地区的经济联系,加强朝鲜半岛地区间的经济交流与沟通。同时还可以促进中国与日本、俄罗斯、蒙古国之间的经济贸易往来与合作,对于该地区国家间贸易关系具有实质性的推动作用。正是基于此,李向阳教授指出"东北亚地区应该成为海上丝绸之路的起点,以推动中蒙俄朝韩次区域合作为主攻方向"①。如上所述,东北亚区域合作的推进能一定程度上缓解该地区的安全困境,而该地区安全困境的缓解又将会为深化东北亚区域合作提供新的动力,两者有望形成良性循环。

将东北亚地区纳入"一带一路"还会有助于推进中美战略合作,这对于缓解该地区安全困境也有一定帮助。笔者在后面章节还将详细论述东北亚安全结构上已形成了的"中美二元均衡的格局"②,这在近几年更为明显。如果中美在该地区相关事务上不能合作形成合力,那么该地区的相关问题很难得到有效解决。如果中美在相关问题上形成对峙,那么相关问题不仅不能解决,还很有可能越来越严重。美国仍有不少人奉行对华"遏制"战略,在2017年12月18日美国刚刚出台的《美国国家安全战略报告》中甚至直接把中国列为"美国的战略对手"③。东北亚地区又是美国在中国周边存在的重要区域,这致使该地区相关安全问题久拖不决,可以说"美国霸权是该地区诸多安全困境形成的根本原因"④。比如,为了所谓的"担心中国挑战现状"、遏制中国崛起,并继续主导东北亚事务,美国近年来强化了同日、韩的军事同盟,不断加强美日韩三国安全合作,力图把形成于20世纪60年代的美日韩三国联防体制转变成具有实质内容的机制,打造"亚洲版北约"。美国还利用朝鲜半岛问题加强在该地区军事存在来牵制中国,利用钓鱼岛问题离间中日关系,两边渔

---

① 李向阳:《论海上丝绸之路的多元化合作机制》,《世界经济与政治》2014年第11期。

② 王俊生:《中美双领导体制与东北亚安全:结构失衡与秩序重建》,《国际政治研究》2013年第4期。

③ "National Security Strategy of the United States of America", December 2017, https://www.whitehouse.gov/wp-content/uploads/2017/12/NSS-Final-12-18-2017-0905.pdf.

④ 黄凤志:《东北亚地区安全困境的多维透视》,《北华大学学报》(社会科学版)2006年第3期。

利。尤其是面对 2018 年以来朝鲜半岛局势的缓和，中美合作作为重要的国际合作因素尤其应该得到加强。但遗憾的是，在美国国内对华遏制成为主流观点的背景下，特朗普政府和中国进行实质性合作推进朝鲜半岛问题解决的诚意也明显不足。可以说，如何引导美国走出"冷战思维"、推进中美实质性合作应成为缓解东北亚安全困境的重要着力点。将东北亚地区纳入"一带一路"倡议，由于聚焦经济领域，考虑到中美在该地区均具有重要的经济利益，这有利于中美两国首先合作起来，然后带动在安全议题上的合作，有利于缓解该地区的安全困境。

此外，由于"一带一路"是由中国提出的倡议，相较于其他国家，在推进时中国无疑将发挥着更大作用。如果能将东北亚地区纳入"一带一路"倡议，也会提升中国在该地区的影响力与话语权。这也契合新时期中国希望从平等参与地区事务到希望引领地区事务目标的转变，有利于提升中国在东北亚地区中的地位。当然，这样也有利于使中国为缓解该地区安全困境而进行的各种努力逐渐变成现实，比如推动建立的东北亚多边安全机制等。

第二节　东北亚地区为何成了"一带一路"的缺口？

"一带一路"倡议目前共规划新亚欧大陆桥、中蒙俄、中国—中亚—西亚、中国—中南半岛、中巴及孟中印缅六大经济走廊。在六大经济走廊中，尽管中蒙俄经济走廊在东北亚地区，但其两条路线都是往西北方向的，而不是东北方向。其一是从中国京津冀经二连浩特、蒙古国乌兰巴托至俄罗斯乌兰乌德的铁路沿线城市和地区；其二是从北京或大连经沈阳、长春、哈尔滨、满洲里至俄罗斯赤塔的铁路沿线城市和地区。① 从

---

① 吴昊、李征：《东北亚地区在"一带一路"战略中的地位》，《东北亚论坛》2016 年第 2 期。

这个角度看，东北亚地区不仅没有整体被纳入"一带一路"倡议，即使部分在该地区的路线也更倾向于欧洲方向，而非东北亚方向。这与中国周边其他国家和地区均被视为"一带一路"倡议沿线国家和地区形成巨大反差。按照2015年3月国家发展和改革委员会等三部门联合发布的《愿景和行动》，"'一带一路'贯穿亚欧非大陆，一头是活跃的东亚经济区，一头是发达的欧洲经济区，中间广大腹地国家经济发展潜力巨大"。既然"一头"是"活跃的东亚经济区"，自然也应包括东北亚，那为什么会出现"天窗"呢？其主要原因正在于该地区高居不下的安全困境。

其一，朝鲜半岛紧张局势高居不下。1990年冷战在全球层面结束了，但在朝鲜半岛地区却保留了下来。2016—2017年随着朝鲜加速"拥核"步伐和当时韩国的整体保守化倾向，以及美国强化了对朝强硬政策，半岛紧张局势愈演愈烈。在朝鲜与美韩之间，存在典型的互相疑惧现象，彼此均声称自己的行为出于正当防御，都不愿意先走出"缓解紧张局势"的第一步。螺旋式上升的疑惧心理带来不断加码的军事威慑，使得高居不下的半岛紧张局势几乎成了"死结"，失控和爆发战争的风险越来越高。继2017年7月两次洲际导弹试射和9月核试验后，2017年11月29日，朝鲜试射了"火星-15"导弹，据测算其正常射程可达到近12000公里，覆盖到包括华盛顿在内的美国全境，半岛局势再度紧张。2017年12月3日，美国国会议员林赛·格雷厄姆（Lindsey Graham）公开呼吁美国应该考虑从韩国撤侨、做好战争准备了。① 尽管2018年以来半岛局势大幅缓和，但是进入2019年下半年开始停滞不前。2019年12月7日，朝鲜国防科学院发言人表示在西海卫星发射场进行极其重大的试验，这被推测极为可能

---

① "Pentagon Should Move U. S. Dependents Out of South Korea Due to North Korean Threat: Senator," December 4, 2017, https://www.reuters.com/article/us-northkorea-missiles-usa-graham/pentagon-should-move-u-s-dependents-out-of-south-korea-due-to-north-korean-threat-senator-idUSKBN1DX0OU.

是洲际导弹的发动机试验。同一天，朝鲜常驻联合国代表金星在一份声明中称，朝美无核化谈判已不再考虑。"一带一路"倡议的成功推进需要沿线稳定的政治和安全环境作为保障，而朝鲜半岛高居不下的紧张状态会直接影响到各国在该地区投资的兴趣与热情。同时，"一带一路"的落地需要并会逐步推进包括"民心相通"在内的"五通"①，某些国家由于对外界抱有严重的"疑惧"心态，出于国内政治考虑也有可能不愿真心实意参与其中。

其二，美国因素的负面影响。中美作为一个崛起的大国与一个守成的大国，两者间存在一定的竞争关系是客观事实，也是正常现象。但正如"安全困境"概念的最早提出者约翰·赫兹指出的那样，"正是由于对他国意图的不确定性及由此产生的焦虑才使人类处于困境之中"②。而美国在该地区不符合时代潮流的冷战思维进一步助长了该地区安全困境。美国在东北亚地区看起来最为担心的问题就是随着中国崛起，其在该地区影响力被逐渐排除，比如米尔斯海默就曾指出，"美国在21世纪初可能遇到的最潜在危险便是中国成为东北亚霸权"③。而不少美国学者认为，"'一带一路'本质上正是中国在打造一种去美国化的亚洲地区的秩序"④。还有美国学者进而从全球霸权和地缘政治关系的角度看待"一带一路"倡议。布热津斯基很多年前就曾指出欧亚大陆的地缘重要性，"对美国来说，欧亚大陆是最重要的地缘政治目标"，"能否持久、有效地保持在欧亚大陆举足轻重的地位，将直接影响到美国对全球事务的支配"⑤。而"美国认为'一带一路'倡议其实就是中国在欧亚

---

① 任之平：《"一带一路"战略构想的要义》，《唯实：现代管理》2015年第5期。
② John H. Herz, *Political Realism and Political Idealism: A Study in Theories and Realities*, Chicago: University of Chicago Press, 1951, p. 3.
③ ［美］约翰·米尔斯海默：《大国政治的悲剧》，王义桅、唐小松译，上海人民出版社2003年版，序言部分。
④ 龚婷：《"一带一路"与周边外交》，《公共外交季刊》2015年第1期。
⑤ ［美］兹比格纽·布热津斯基：《大棋局：美国的首要地位及其地缘战略》，中国国际问题研究所译，上海人民出版社2007年版，第26页。

大陆上要和美国寻求权力分享和划分"①。认为中国此举"会威胁到美国在欧亚大陆的利益和领导地位"②。美国还唱衰"一带一路"倡议,认为周边国家对中国的意图心存疑虑,中亚、南亚等地区的参与国家局势不稳和恐怖主义威胁严重,中俄合作"同床异梦",印度的反对等,因而"一带一路"倡议前景悲观。③ 正是基于上述考虑,美国政府对"一带一路"倡议的表态较为负面。

美国在中国周边的客观存在与影响力最集中的当属东北亚地区,比如驻军就主要集中在该地区。日本和韩国是美国的重要盟友,两国对美国的依赖很大。由此可见,在东北亚地区,美国不仅有意图,而且又有较强能力阻止"一带一路"倡议落地。从这个层面而言,有学者指出,"无论是丝绸之路经济带还是21世纪海上丝绸之路,都是中国的'西进'战略,其重要意义之一在于有效规避美国的围堵"④。

其三,中日竞争关系的影响。上一章分析中指出,在安全困境形成的原因中有一种属于"国家引导性"安全困境,其特点在于"追求安全的过程中某些国家相信自身安全需要别国的不安全"⑤。也就是说,某些国家为了服务于特定目的而故意制造紧张气氛,日本政府近些年的做法符合这一特点。安倍政府为了国内修宪扩军,不断通过"中国威胁论"、钓鱼岛、历史等问题刺激周边有关国家,旨在利用外部安全局势的紧张服务于国内政治目标的意图十分明显。⑥ 作为东北

---

① 龚婷:《"一带一路"与周边外交》,《公共外交季刊》2015年第1期。
② 马建英:《美国对中国"一带一路"倡仪的认知与反应》,《世界经济与政治》2015年第10期。
③ 杜兰:《"一带一路"倡议:美国的认知和可能应对》,《新视野》2015年第2期。
④ 李晓、李俊久:《"一带一路"与中国地缘政治经济战略的重构》,《世界经济与政治》2015年第10期。
⑤ Jack L. Snyder, "Perceptions of the Security Dilemma in 1914", in Robert Jervis, Richard Ned Lebow, Janice Gross Stein (eds.), *Psychology and Deterrence*, Baltimore: The John Hopkins University Press, 1985, p.153.
⑥ 朱听昌:《中国地缘安全环境中的"安全困境"问题解析》,《国际展望》2012年第3期。

亚地区前两大经济体的中日两国，由于历史、领土等问题，双边关系近年来一直磕磕碰碰，尤其 2010 年中国 GDP 超过日本后，中日竞争有加剧之势。2019 年以来，中日关系虽然在回暖，但是日本与中国竞争东亚领导权的这种心结并没有消失，中日之间的结构性矛盾也并没有得到解决。

对于中国提出的"一带一路"倡议，日本十分敏感。日本前几年多次表态，认为中国提出的"一带一路"倡议具有浓厚的地缘政治色彩，是地缘战略工具。"'一带一路'的提出意在整合东亚地缘板块，提高政治影响力。"[①] "中国的'一带一路'被日本视为战略挑战，（认为其）将进一步削弱日本在亚洲地区的影响。"[②] 日本甚至将其上升到国际秩序之争的高度。"日本认为'一带一路'构想与'亚投行'，无论有意与否都挑战了目前的国际经济秩序。"[③] "随着'一带一路'的实施，美日主导的现有国际秩序将受到削弱，并威胁到日本的国家利益。"[④] 日本还从技术层面认为，"在'一带一路'中，宽松的环保政策、知识产权政策影响着它的邻国，这是提供了'公共的恶'，而不是'公共产品'"[⑤]。

日本作为东北亚地区的重要大国，在该地区的几乎所有重大问题上都有着较大影响力，尤其是在经济领域。如果中日两国不能实现较好的合作，那么东北亚地区的相关区域合作就很难推进，这也包括"一带一路"倡议。

阻碍将东北亚地区纳入"一带一路"的上述障碍因素客观存在，

---

① 黄凤志、刘瑞：《日本对"一带一路"的认知与应对》，《现代国际关系》2015 年第 11 期。

② 许元荣、郑妮娅：《日本怎么看待中国"一带一路"》，2015 年 8 月 11 日，搜狐网 (http://business.sohu.com/20150811/n418781195.shtml)。

③ 李素华：《日本对"一带一路"构想的认知和反应》，《东北亚学刊》2015 年第 3 期。

④ 黄凤志、刘瑞：《日本对"一带一路"的认知与应对》，《现代国际关系》2015 年第 11 期。

⑤ 伊藤刚：《日本对"一带一路"的批评与质疑》，《社会观察》2015 年第 12 期。

但这并不意味着将东北亚地区纳入"一带一路"没有可能,事实上这种可行性正变得越来越高。

第三节 东北亚地区纳入"一带一路"的可行性

东北亚国家如何看待"一带一路"倡议是评估该地区纳入"一带一路"倡议可行性的重要依据。2014 年 5 月,俄罗斯总统普京明确宣布俄罗斯支持中国"一带一路"倡议。2015 年 4 月,俄罗斯政府宣布加入亚洲基础设施投资银行。这些决定既有审时度势的战略考虑,也有经济重心转移到东部的经济发展需要。"中俄两国经济互补性很强,两国建立稳定的全面战略协作伙伴关系,能够不断推动双方在科技、军工、农业、森林加工、能源等领域的密切合作。"① 乌克兰危机客观上也推动了中俄战略关系深化。2013 年 11 月乌克兰危机爆发,特别是 2014 年克里米亚事件后,俄罗斯受到西方国家制裁,其与西方合作的通道被切断,国内经济面临重大压力。"在国际石油价格大幅跌落之后,依靠石油出口拉动经济增长的俄罗斯,经济严重下滑。俄罗斯与中国密切双边经济的合作,是摆脱俄经济困境的唯一出路。"②

蒙古国对"一带一路"国际合作也态度积极。中国于 2013 年提出"一带一路"倡议后,蒙古国就于 2014 年提出了契合政策——"草原之路"。2014 年习近平主席访问蒙古国时提出推动"一带一路"倡议与蒙古国"草原之路"对接的倡议,两国间签署了一系列合作协议。至此,蒙古国成为"一带一路"倡议中重要节点国家之一。中蒙两国边界线长,经济互补性强,两国均希望能在"一带一路"倡议框架下开

---

① 杨闯:《从分歧到契合——"一带一路"下俄罗斯的战略调整与选择》,《人民论坛·学术前沿》2015 年第 12 期。

② 杨闯:《从分歧到契合——"一带一路"下俄罗斯的战略调整与选择》,《人民论坛·学术前沿》2015 年第 12 期。

展更多实质合作，其中"互联互通和矿能大项目合作将为优先方向，是两国务实合作取得新突破的重要政策抓手"①。

"一带一路"倡议框架下，中俄蒙也已经开展起三边合作。2014年9月，中俄蒙三国领导人在上合组织杜尚别峰会期间，提出中俄蒙经济走廊建设合作的基本构想。2014年11月，中俄蒙在呼和浩特市举行首次三国旅游联席会议。三方对中国的"丝绸之路经济带"、俄罗斯的跨欧亚大铁路、蒙古国的"草原之路"进行研究，决定共同推动中俄蒙"草原丝绸之路"文物考古与旅游线路的对接。2015年7月9日，中俄蒙三国领导人举行元首会晤，批准了《中华人民共和国、俄罗斯联邦、蒙古国发展三方合作中期路线图》。

韩国对于"一带一路"倡议抱有积极乐观的态度。2015年3月，韩国加入亚洲基础设施投资银行，比俄罗斯加入的时间还早。2017年5月于北京召开的"一带一路"高峰论坛上，文在寅刚刚当选韩国总统仅4天就派出以共同民主党资深议员朴炳锡为团长的代表团与会，表明其对中韩关系和"一带一路"倡议的高度重视。2017年6月16日，"亚洲基础设施投资银行"第二届理事会年会在韩国济州岛开幕，韩国总统文在寅亲自出席开幕式并发表致辞。2017年12月16日，文在寅总统在对中国进行国事访问的第二站重庆出席论坛时公开表示，"我同习近平主席会谈时商定，为推进'新北方''新南方'政策与'一带一路'倡议对接积极挖掘具体合作方案"②。实际上，文在寅总统访问重庆的重要原因之一是因为重庆是"一带一路"经中亚、到东欧、再到西欧的重要节点。2019年4月26—27日在北京举行的第二届"一带一路"国际合作高峰论坛上，韩国经济副总理兼企划财政部长官洪楠基率团参加。

---

① 王玉柱：《蒙古国参与"一带一路"的动因、实施路径及存在问题》，《国际关系研究》2016年第4期。

② 《文在寅出席中韩产业合作重庆论坛并发表讲话》，2017年12月16日，韩联社（中文网）（http://chinese.yonhapnews.co.kr/domestic/2017/12/16/0401000000ACK20171216000200881.HT-ML）。

对韩国来说，动力主要来自两方面，其一，经济层面，"（韩国）即使对'一带一路'战略意图抱有怀疑的人也都不否认'一带一路'的巨大经济吸引力"①。韩国作为一个出口导向型经济国家，对于在"一带一路"倡议背景下中韩如何加强第三方合作、共同开拓第三方市场抱有浓厚兴趣。2017 年 12 月 16 日韩国总统文在寅在重庆讲到如何与中国"一带一路"对接时特别指出要"推动韩中两国企业携手开拓第三国市场"②，其二，推动朝韩合作、实现半岛和平与统一。③ 由于朝韩双边合作的脆弱性，韩国一直希望通过多边合作框架逐渐将朝鲜纳入地区合作中来。

日本对于"一带一路"倡议抱有复杂心理。一方面如上所述，从地缘政治的角度视其为威胁，但另一方面经济利益使然又难以做到袖手旁观。"日本认为中国 GDP 总量居世界第二，并且拥有四万亿美元的外汇储备，推动'一带一路'战略具有强大的资金优势。'丝绸之路基金'和亚投行几乎肯定会产生中国期望的效果。"④ 中国不仅从技术、资金、人才等方面具备成功推进"一带一路"倡议的优势，而且作为一项正义且符合时代潮流的事业，越来越多的国家已开始加入"一带一路"倡议的国际合作上，特别是亚洲国家。日本作为亚洲大国，为了利益不被排除在外，加入"一带一路"倡议就不是一个愿不愿意的问题，而是时间问题了。这里还需要特别指出的是，"一带一路"倡议虽然贯穿欧亚大陆，东连亚太经济圈，西接欧洲经济圈，辐射北美经济圈，但是其出发点与重心都在亚洲。

---

① 朴钟锦：《"一带一路"倡议下中韩合作的韩国认知动因分析》，《黑龙江社会科学》2016 年第 4 期。

② 《文在寅出席中韩产业合作重庆论坛并发表讲话》，2017 年 12 月 16 日，韩联社（中文网）（http：//chinese. yonhapnews. co. kr/domestic/2017/12/16/0401000000ACK20171216000200881. HTML）。

③ 朴钟锦：《"一带一路"倡议下中韩合作的韩国认知动因分析》，《黑龙江社会科学》2016 年第 4 期。

④ 黄凤志、刘瑞：《日本对"一带一路"的认知与应对》，《现代国际关系》2015 年第 11 期。

　　对于日本的戒备和疑虑心理应保持耐心。中国社会科学院的一个调研组 2015 年经过对日本实地调研后得出结论："日本对于'一带一路'倡议总体上是官方很犹疑、学界不了解。中方有必要促进日方对其的了解"①。实际上，随着了解加深，同时随着中日关系回暖，日本的态度正在逐步改善。2017 年 5 月"一带一路"高峰论坛上，日本派出自民党干事长二阶俊博赴会。日本首相安倍晋三 2017 年 5 月 15 日表示，他将考虑加入中国主导的亚洲基础设施投资银行。② 2017 年 6 月 5 日，安倍晋三在东京举行的国际会议上在谈到"一带一路"倡议时表示，如果条件成熟将与其进行合作。这是安倍晋三首次在正式场合表明将与"一带一路"合作。由此可见，对于日本加入"一带一路"国际合作要保持乐观心态，做好相关准备。

　　朝鲜还未就"一带一路"倡议正式表态。但在 2015 年的一次国际会议上，朝鲜学者在谈及中国"一带一路"倡议发展规划时，称应对此进行深入思考。③ 2017 年 5 月中国召开的"一带一路"高峰论坛上，朝鲜对外经济相金英才率代表团参加，表明了其高度关注"一带一路"倡议的态度。2019 年 4 月中国举行的第二届"一带一路"高峰论坛上，朝鲜对外经济相金英才再次率代表团参加。

　　美国虽然不是地理上的东北亚国家，但其看待"一带一路"的态度对于在东北亚地区顺利开展"一带一路"国际合作十分重要。美国对"一带一路"倡议也持复杂心态。基于惯有的"霸权护持"思维，美国并不希望中国倡导的"一带一路"规划做大做强，因为在美方看来这将会挑战其在亚洲的主导地位，侵蚀其全球影响力④。因此，美国

①　薛力：《中国"一带一路"战略面对的外交风险》，《国际经济评论》2015 年第 2 期。

②　安倍：《条件成熟，就参与中国"一带一路"》，2017 年 6 月 6 日，中华网（http://military. china. com/important/11132797/20170606/30656127_ all. html）。

③　《朝鲜学者：应对中国"一带一路"规划进行深入思考》，2015 年 9 月 22 日，《环球时报》（http://oversea. huanqiu. com/article/2015-09/7543594. html）。

④　马建英：《美国对中国"一带一路"倡仪的认知与反应》，《世界经济与政治》2015 年第 10 期。

官方从整体上对该倡议进行"冷处理",官员较少公开提及甚至有意淡化其积极意义。特朗普政府上台后,对"一带一路"倡议的态度有了一定的改变。2017 年 5 月召开的"一带一路"高峰论坛上,美国派出了以总统特别助理波廷杰(Matt Pottinger)为团长的代表团与会。2017年 11 月 15 日,美国国会众议院首次就"一带一路"倡议举行听证会,结论是"'一带一路'倡议对美国的国家利益构成战略挑战"①。但在 2017 年 10 月美国大西洋理事会发布的《丝绸之路 2.0 版:美国应对"一带一路"的战略》报告中,作者指出美国不应袖手旁观,而应建设性参与到"一带一路"中来。②

总体来看,美国特朗普政府对"一带一路"倡议持负面看法,多位高官对其进行公开指责,从指责其为地缘政治工具到会导致相关参与国的"债务陷阱"等不一而足。但是尽管如此,从长远来看,美国已很难完全做到袖手旁观。一方面,在越来越多的国家加入"一带一路"合作的背景下,美国再仅仅消极应对,不符合其利益;另一方面,正如美国布鲁金斯学会联合主席约翰·桑顿(John L. Thornton)指出的那样,"美国在基础设施建设上存在上万亿美元的缺口需要投入,一定会试图参与其中"③。而且"中美两国在'一带一路'沿线地区存在很多共同利益,共同规划'一带一路'具有一定互利基础并能创造出更多的互利机会"④。当然,即使美国政府继续对"一带一路"倡议持消极看法,2018 年以来面对全球经济的下行压力和全球层面的贸易保护主义,也应看到东北亚地区区域化的内部动力正在增

---

① "Development Finance in Asia: U. S. Economic Strategy Amid China's Belt and Road", 2017. 11. 15, https: //foreignaffairs. house. gov/hearing/subcommittee-hearing-development-finance-asia-u-s-economic-strategy-amid-chinas-belt-road/.

② Gal Luft, "Silk Road 2.0: US Strategy toward China's Belt and Road Initiative", *Atlantic Council Strategy Paper*, October 2017.

③ 《美"中国通"详解缘何美国派代表团参加"一带一路"高峰论坛》,2017 年 5 月 16 日,中国新闻网(http: //www. chinanews. com/gn/2017/05-16/8224627. shtml)。

④ 王欢:《关于美国学者对"一带一路"认识的思考》,《当代世界》2016 年第 4 期。

大，美国在东北亚地区阻碍"一带一路"倡议落地的消极能力实际上呈现下降态势。

第四节 如何将东北亚地区纳入 "一带一路"倡议？

东北亚各国并不缺少文化相近性与历史共通性，也不缺乏市场力量，而是缺乏"命运共同体意识"，在将东北亚地区纳入"一带一路"倡议时，应将重点放到塑造共同利益和培养"命运共同体意识"上。为此，可从以下方面入手。第一，从双边合作入手。继续与东北亚各国加强协调，争取各国对于"一带一路"的支持，同时争取各国都加入亚洲基础设施投资银行。2017 年 5 月于北京召开的"一带一路"高峰论坛上，东北亚各国均派代表团与会。2019 年 4 月于北京举办的第二届"一带一路"国际合作高峰论坛上，东北亚各国也均派代表团与会。关于亚洲基础设施投资银行，东北亚国家中目前韩国、俄罗斯、蒙古国已经加入，下一步要争取日本和朝鲜的加入。伴随着 2019 年以来中日关系回暖，日本加入的可能性正在增大。同时，尽管朝鲜对于加入多边区域组织一直态度谨慎，担心受到多边机制的束缚，但是在其战略重心转移到经济建设与中朝传统友好关系迅速恢复的背景下，其加入亚洲基础设施投资银行的条件也正在具备。这里不仅需要在技术上考虑朝鲜的经济和金融环境透明化问题，而且也应从朝鲜融入东北亚地区对构建该地区可持续和平稳定的角度去考虑。

第二，逐步扩大到三边合作。中俄蒙已经在"一带一路"框架下开展起三边合作，下一步重点应放到中日韩合作、中俄朝合作和中朝韩合作上。作为东北亚地区前三大经济体，中日韩经济合作可谓是东北亚区域合作的核心议题。"中日韩国内生产总值合计超过 16 万亿美元，占世界 20% 以上。如果中日韩建成自贸区，该自贸区将成为继北美自由贸易协定和欧盟之后的世界第三大经济贸易区"①,这对于建立东北亚自贸区也将是至关重要的一步;中日韩三国经贸相互依赖性也很强,中国为日、韩的第一大贸易伙伴,日、韩分别为中国的第二大和第三大贸易伙伴。"中日韩三国在全球产业链分工中有着密切的合作,建立中日韩自贸区有助于充分发挥三国间的产业互补性"②;此外,三国也均希望通过更紧密的经贸合作和相关制度安排能将双边关系稳定在一定框架内。三国自贸协定在2002年提出后,于2003年3月举行了首轮谈判,迄今已进行了十一轮谈判,最新一轮于2017年1月在北京举行。2019年12月24日第八次中日韩领导人会议在四川成都召开,韩国总统文在寅、日本首相安倍晋三出席会议。这次会议讨论了三国区域经贸一体化,会议结束后三国发表了《中日韩合作未来十年展望》,还通过了"中日韩+X"早期收获项目清单等成果文件。

接下来,一方面要发挥中韩自贸协定的带动作用。2015年11月30日,中韩自贸协定正式生效,是目前我国对外商开放水平最高的自贸协定之一,包含政府采购、电子商务、竞争政策等诸多21世纪新议题。2017年12月韩国总统文在寅访华时中韩签署了"启动中韩自由贸易协定第二阶段谈判"谅解备忘录。协定实施以来,双方已成功实施4次关税削减,目前零关税产品已覆盖贸易的50%以上,正实实在在地惠及两国人民。可将中韩在自贸协定中的一些经验推广到中日韩三国自贸协定谈判与安排上。另一方面,要改善三国间政治关系。中日韩三国领导人会议时断时续,目前中日、韩日关系均出现改善迹象。关键还是要引导日本不要在历史问题、领土问题上恶化与中韩两国的关系。在此基础上,最终实现中日韩自贸协定与"一带一路"的对接。

面对严重的安全困境与结构制约,朝鲜半岛安全问题的解决任重道远,但从长远来看,必须将朝鲜纳入地区合作中来,必须扩大朝鲜与该

---

① 《中日韩时隔九个月重启自贸谈判》,《经济参考报》2017年1月10日。
② 《中日韩时隔九个月重启自贸谈判》,《经济参考报》2017年1月10日。

地区国家共同利益的融合。中俄朝作为有共同边界的三国可以首先在"一带一路"框架下合作起来,这方面可考虑将中国的珲春地区、朝鲜的罗先地区、俄罗斯的远东地区首先实现对接。在联合执法、口岸通关、税收减免等方面提供便利。

　　韩国文在寅政府上台后在对朝政策上希望通过对朝经济援助与合作,逐步使朝鲜实现经济独立自主,进而实现朝韩经济共同体。但朝鲜对于韩国的防范心理依然很强,朝韩双边合作具有较强的局限性。考虑到中韩经济相互依赖性强,两国自贸协定也在迅速推进,中国又是朝鲜第一大贸易伙伴,因此可考虑推动"一带一路"倡议框架下中朝韩三边经济合作。考虑到中朝韩三国缺乏共同边界,三边合作可针对具体的项目开展起来,比如在类似金刚山旅游、开城工业园建设这些朝韩合作项目上,中国可以某种方式参与进来。

　　第三,应在上述基础上,逐步将合作扩大到多边范围。一方面,利用金融和经济的力量,逐步推进互联互通建设。与以往重视引进外资不同,"一带一路"倡议下,中国重视建立各种开发性金融机构为互联互通建设提供资金支持。在东北亚地区除了由该地区各国与其他地区国家共同注资亚洲基础设施投资银行并共同推进相关项目外,还可考虑在亚洲基础设施投资银行下专门设立"东北亚建设资金",专注于东北亚的相关项目投资,尤其是互联互通建设。习近平主席曾指出,"自古以来,互联互通就是人类社会的追求"①。这对于东北亚地区尤其适用。该地区中俄、中蒙、俄蒙、俄朝、朝韩、中朝都属于有共同边界的国家,但不少国家间的互联互通还非常滞后。在这方面可以将互联互通首先拓展到上述相关三边合作上,尤其是中俄朝三边合作和中朝韩三边合作上。

　　另一方面,要激活和利用该地区已有的区域合作规划作为基础,将

---

　　① 杜尚泽:《习近平主持加强互联互通伙伴关系对话会并发表重要讲话》,《人民日报》2014年11月9日。

其逐步充实到"一带一路"规划中。如何开展东北亚区域合作,过去已出台了不少规划。这里面不仅有中日韩自由贸易协定谈判,而且还包括大图们江开发计划和"长吉图国家发展战略"。1991 年启动的大图们江开发计划是联合国开发计划署的地域合作项目之一,是为促进东北亚地区开发合作,由中国、俄罗斯、韩国、蒙古国等四个国家组成的副部长级合作体。① "长吉图国家发展战略"是中国政府于 2010 年正式颁布的。这两个计划的目标都是指向中俄蒙韩朝次区域合作。可以在"一带一路"整体规划下加快提升和完善大图们倡议区域合作机制,利用长吉图开发开放先导区的边境自由贸易区增进合作。

必须指出的是,面对目前的东北亚政治安全局势,上述设想短期内推进的难度很大。为了顺利推进上述规划,需要一定的政治安全局势作为基础。为此,其一,落实"双暂停"和"双轨制",营造良好的政治和安全氛围。东北亚地区的政治和安全氛围非常不利于区域合作,这其中尤其是居高不下的朝鲜半岛紧张态势。中国作为重要的利益攸关国和负责任大国,为了扭转这种不利态势,过去已做了大量工作。2018 年在各方的共同努力之下,已经逐步落实美韩停止军演和朝鲜停止核武器和导弹开发的"双暂停"倡议。当务之急,一方面,面对 2019 年下半年以来半岛局势缓和可能出现的逆转态势,有关各方继续切实落实好"双暂停";另一方面,要适时推进朝鲜半岛无核化和朝鲜半岛停战协定转变为和平机制的"双轨制"倡议,推进朝鲜半岛的和平机制构建。

其二,发挥大国合作的带动作用。在区域经济合作和战略合作上,尤其要重视中俄的带动作用。"中俄关系目前是东北亚国家中最好的一对双边关系。"② 如果中俄共同推动与朝鲜的合作、与韩国的合作,某

---

① 在 UNDP 的资助下,图们江开发计划(Tumen River Area Development Program, TRADP)于 1991 年启动,2005 年该计划更名为大图们江开发计划。

② 杨雷:《中俄关系与东北亚区域安全建设》,《当代世界》2016 年第 10 期。

些时候比双边合作更能打消相关方的顾虑。还要发挥中美合作的带动作用。美国的态度对日本和韩国的态度影响巨大，有时甚至具有决定性影响。由于朝鲜外交诉求中所要的安全保障和根本性改善国际环境只有美国才能满足，因此美国的态度对于朝鲜的态度也有重大影响。

其三，坚持循序渐进原则。"一带一路"倡议还是新鲜事物，东北亚局势又复杂敏感，不能盲目乐观，要扎扎实实做好基础工作，先易后难，逐步推进，切忌一哄而上。即使对"一带一路"倡议态度积极、合作比较好的中蒙俄之间也存在一些问题。比如，中俄在经济合作和双边贸易上仍有较大分歧①。据民意调查结果显示：蒙古国国民对最值得信赖的国家排序上，中国排在俄罗斯、美国、日本、韩国、德国等国家之后②。中蒙间目前有四条跨境铁路正处于修建中，中方一侧四条铁路基本修建完毕，而蒙方却迟迟未完工甚至尚未启动③。俄罗斯多年来一直努力将蒙古国打造成为其远东地区的安全屏障，对中国真正打通中俄蒙经济走廊尚存有一定顾虑④。

第五节　结语

任何好的外交政策和倡议必然是从本国利益出发，又符合相关国家的利益，"一带一路"倡议即是如此。"这是一个开创性的举措，即中国的和平崛起将进一步推动全球的合作、发展与繁荣，它所带来的不是

---

① 杨闯：《从分歧到契合——"一带一路"下俄罗斯的战略调整与选择》，《人民论坛·学术前沿》2015 年第 12 期。

② 于潇、王浩：《蒙古的战略抉择：新铁路政策的可能暗示》，《全球政治评论》2015 年第 1 期特集。

③ 导致上述问题的主要原因在于蒙古国更期待通过修建东西铁路将蒙古国放置在亚欧大陆桥的核心枢纽位置，同时，通过出口市场多元化降低对中国市场的过度依赖。王玉柱：《蒙古国参与"一带一路"的动因、实施路径及存在问题》，《国际关系研究》2016 年第 4 期。

④ 华倩：《"一带一路"与蒙古国"草原之路"的战略对接研究》，《国际展望》2015 年第 6 期。

战争与冲突,而是和平、发展与繁荣。"① 作为中国周边重要次区域的东北亚地区,不仅是实现中国周边和平与稳定的重要地区,而且事关地区格局与国际格局走向,尽管目前存在种种困难,但是也不应该成为"一带一路"倡议的缺口。尤其考虑到该地区安全困境确实最为严重,将"一带一路"倡议与东北亚地区实现对接还可以有效缓解该地区安全困境。而通过本章的分析可见,无论是现实的关联性上,还是未来的发展趋势上,都存在将东北亚地区纳入"一带一路"倡议的可行性。当务之急需要我们从双边合作、三边合作到多边合作,从政治、经济等方面逐步推进,最终将东北亚地区全面纳入"一带一路"倡议合作中来。

---

① 黄靖:《"一带一路"、和平崛起与中国应注意的问题》,《亚太安全与海洋研究》2015年第 1 期。

第六章 东北亚安全合作如何从恐惧均衡走向信任均衡

近年来东北亚区域安全合作呈现两个令人担忧的悖论：其一，正如韩国《2014年国防白皮书》明确指出的那样，"在东北亚存在着经济领域合作和相互依存深化而安全领域合作程度低下的所谓'亚洲悖论'（Asia's Paradox）现象"①；其二，东北亚各国对推动安全合作态度积极，但安全局势紧张程度却有增无减。"东北亚国家所持有的安全理念大致经历了从绝对安全到相对安全，从个体安全到共同安全，从均势联盟安全到多边合作安全的转变。"② 该地区各国（包括朝鲜）对开展多边安全合作也持积极态度。③ 这种背景下该地区安全紧张态势却有增无减，典型反映在朝鲜半岛问题上。尽管2018年以来半岛局势呈现大幅缓和的态势，但截止到2019年年底朝鲜半岛无核化与半岛冷战格局一个问题都没解决。同时，局势依然有恶化的可能。在无核化上，还没有达成任何实质性共识，什么时候进入第一步"申报"阶段还遥遥无期。在半岛冷战格局上，美韩针对朝鲜的军事同盟在强化。朝鲜亚太和平委员会委员长金英哲2019年10月27日发表谈话指出，"朝美对话没有任

---

① 韩献栋：《美国"亚太再平衡"背景下韩国的外交安全战略》，《现代国际关系》2015年第3期。

② 韩爱勇：《东北亚大国协调与复合型安全合作架构的建立》，《当代亚太》2013年第6期。

③ 王俊生：《东北亚多边安全机制：进展与出路》，《世界经济与政治》2012年第12期。

何实质性成果，现在发生战争的可能性依然存在"。中日围绕钓鱼岛与历史问题的紧张关系并没有得到解决，韩日围绕独岛与历史问题的争执和中美战略竞争等有增无减。

如何务实推动东北亚地区安全合作已成为学术与政策领域亟待回答的问题。正如前面章节所论述的，东北亚地区最大的特点之一就是安全困境突出。尽管"二战"结束以来，尤其是冷战结束以来，该地区表面上没有发生武力冲突，但是其特点是恐惧均衡，这是该地区安全合作的最大障碍。导致恐惧均衡的根源在于各国间缺乏合作所需的基本互信。"东北亚地区各国安全互信缺失，已严重阻碍了该地区开展多边安全合作。"[1] 为实现东北亚安全合作，推动该地区安全局势从恐惧均衡走向基于信任的均衡就至关重要。上两章主要分析了该地区安全困境的形成原因及消除之道，本章在此基础上进一步分析在该地区构建信任关系的路径。

第一节　信任关系与东北亚安全合作

国际关系理论对于如何实现地区和平与合作已有许多探讨，这包括民主和平论、经济互相依赖论、霸权稳定论以及国际机制论等。对于民主和平论，"美、日一直自诩为'民主、自由、法制、尊重人权'的国家，声称东北亚及世界各地不稳定的根源是一些国家存在不民主、不自由等"[2]。事实上，不仅东北亚许多国家对于民主的界定与西方截然不同，亚洲的价值观与西方的价值观必然有不同之处，而且即使在西方学界对该理论也存在很多批评。[3]

---

① Camilla T. N. Sørensen, "Security Multilateral-ism in Northeast Asia: A Lost Game or the Only Way to Stability", *Journal of China and International Relations*, Vol. 1, No. 1, 2013, p. 2.

② 楚树龙：《东北亚战略形势与中国》，《现代国际关系》2012 年第 1 期。

③ Brendan Howe, "Three Futures: Global Geopolynomic Transition and the Implications for Regional Security in Northeast Asia", *Modern Asian Studies*, Vol. 39, No. 4, 2005, p. 769.

对于经济相互依赖论，历史经验表明，第一次世界大战爆发前，欧洲列强间经济关系深深交织在一起，但这并没能阻止战争爆发。如上所述，东北亚地区安全紧张态势有增无减的大背景就是该地区经济相互依赖加深。前世界贸易组织首席经济师罗柏年2013年11月表示，"亚洲内部的贸易额增长一向高于全球平均值"①。当前亚洲前五大经济体中，东北亚占到4个，分别是中国、日本、俄罗斯、韩国。亚洲内部紧密的经济相互依赖最典型地反映在东北亚地区。

由国际公共产品理论发展起来的霸权稳定论不仅在理论上遇到诸多挑战，而且也不符合东北亚现实。"霸权存在只有当其控制其他国家外交政策的时候，显然在东北亚现在已不再存在霸权。美国单边主义在世界上已经遇到许多挑战，挑战最大的地区当属东北亚。"②

对东北亚安全合作研究最多的当属多边安全机制，背后逻辑即是国际机制和平论。但总体来看，"东北亚地区还不具备建立多边安全机制的条件。冷战后的所有尝试都失败了。六方会谈可谓是这方面最雄心壮志的尝试，特别是其达成的《9·19共同声明》明确将建立东北亚多边安全机制作为重要目标"③。接下来两章笔者也会详细谈到东北亚地区多边安全合作推进的困难，当前可以说仅仅是处于营造环境与打基础阶段。因此，"应该把东北亚积极的安全合作作为各国努力目标"④。"东北亚大国关系利益协调的机制化欠缺，地区安全合作制度的缺失，最根本原因还是缺乏彼此信任，大国间政治互信及相互尊重并没有真正建立起来。"⑤

① 《专家表示亚洲区域内部贸易成为全球贸易重要"发动机"》，2013年11月7日，新华网（http://news.xinhuanet.com/world/2013-11/07/c_118053333.htm）。

② Brendan Howe, "Three Futures: Global Geopolynomic Transition and the Implications for Regional Security in Northeast Asia", *Modern Asian Studies*, Vol. 39, No. 4, 2005, p. 784.

③ Sørensen, Camilla T. N., "Security Multilateral-ism in Northeast Asia: A Lost Game or the Only Way to Stability", *Journal of China and International Relations*, Vol. 1, No. 1, 2013, p. 6.

④ Gregory J. Moore, "Constructing Cooperation in Northeast Asia: Historical Northeast Asian Dyadic Culturesand the Potential for Greater Regional Cooperation", *Journal of Contemporary China*, 2013, p. 903.

⑤ 杨鲁慧：《东北亚大国关系中第三方因素及地区安全共同治理》，《东北亚论坛》2012年第4期。

"要建立各国所接受的安全合作机制和模式，必须首先在东北亚地区建立促进各国相互信任的机制。因此，如何克服信任缺失和安全困境，培育各国对彼此的信任才是东北亚地区安全合作的关键。"①

第二节　信任、安全合作以及两种均衡

受 20 世纪 70 年代欧洲安全与合作会议（即欧安会），特别是 1975 年 8 月所达成的《赫尔辛基最后文件》——国际上第一次包含国家间信任措施的国际条约——影响，国内外学者开始重视国家间信任研究。本章不拟聚焦于理论深化，只希望通过学理分析得出一条建构国家间信任关系的可操作路径，以期服务于东北亚安全合作所亟须的信任建构。

目前学术界关于信任的定义不一而足，广为引用的是从以下几方面所进行的阐释。第一，信任是指愿意将自身利益实现的前景置于被别国控制之下的态度。第二，信任关系是信任的行为表现。信任关系之所以得以建立与发展是因为对其国家利益的慎重考虑，认为这些利益不会受到伤害。第三，信任与信任关系的强度（intensity）和范围（scope）是可变的（variation）。任何信任关系均包括三要素，即 A 信任 B 去做 X 事情。第四，信任别国意味着对别国的未来行动有所预测。政策制定过程中预测失败的风险就存在了，背叛随时可能发生，这很类似于囚徒困境。也就是说，通过信息交流等，信任被背叛的危险可以减小，但不能消除。第五，出于信任将本国利益交给其他国家意味着认为这种信任对他国来说会被尊敬（honor）。② 考虑到本章研究旨在促进东北亚和平与安全合作，以及在实现路径上应由恐惧均衡向信任均衡转换的假设，因此，这里需要在理论上厘清信任与东北亚和平合作的关系，尤其要区分两种均衡的本质区别并指出其转换的基本标志。

---

① 李淑云、刘振江：《信任：东北亚区域 安全合作的关键因素》，《外交评论》2007 年第 1 期。

② Aaron M. Hoffman，"A Conceptualization of Trust in International Relations"，*European Journal of International Relations*，2002，pp. 394，378.

一 信任、和平与安全合作

学界对信任与国际和平间的关系存在普遍共识。康德将"信任"作为国与国之间永久和平的六大先决条款之一。① 1957 年就有学者指出"信任是国家间和平关系构建的重要黏合剂"②。与之对应，罗伯特·杰维斯把错误知觉引起的互不信任视为冲突发生的两种原因之一③。本章也认为，国家间有了互信就能有效促进彼此通过建设性对话方式解决安全分歧，可以促进各国在追求自身安全利益时不至于以损害地区和平为代价。"信任并非治疗国家关系中各种症结的灵丹妙药（panacea），但是信任在缔造和平、消除敌视的进程中扮演中心角色。"④

关于信任与安全合作，正如朱立群教授指出的那样，"国家间关系是对抗还是合作，一个重要因素就是信任能否建立"⑤。学界普遍认为，"信任对促进安全合作非常重要"⑥。"信任关系更容易促使国家采取国际合作和多边主义的方式解决问题，尽管信任别国面临背叛风险。"⑦

---

① ［德］伊曼努尔·康德：《永久和平论》，何兆武译，上海人民出版社 2005 年版，第 9—11 页。相关论述也可参见王日华《中国传统的国家间信任思想及其启示》，《世界经济与政治》2011 年第 3 期；Piotr Sztompka, *Trust: a Sociological Theory*, New York: Cambridge University Press, 1999, pp. 62 - 63.

② Deutsch, Karl W., Sidney A. Burrell, Robert A. Kann, Maurice Lee Jr., Martin Lichterman, Raymond E. Lindgren, Francis L. Loewnheim and Richard W. VanWagenen, *Political Community and the North Atlantic Area*, Princeton: Princeton University Press, 1957.

③ 另一原因是，"作为对手的双方或其中的一方旨在改变现状，确有侵略和发起冲突的意图。在这种情况下，无论是否存在错误知觉，冲突都难以避免"。［美］罗伯特·杰维斯：《国际政治中的知觉与错误知觉》，秦亚青译，世界知识出版社 2003 年版，译者前言第 13 页。

④ Aaron M. Hoffman, "A Conceptualization of Trust in International Relations", *European Journal of International Relations*, 2002, pp. 394 - 395.

⑤ 朱立群：《信任与国家间的合作问题——兼论当前的中美关系》，《世界经济与政治》2003 年第 1 期。

⑥ Gregory J. Moore, "Constructing Cooperation in Northeast Asia: Historical Northeast Asian Dyadic Culturesand the Potential for Greater Regional Cooperation", *Journal of Contemporary China*, 2013, p. 903.

⑦ Brian C. Rathbun, *Trust in International Cooperation: International Security Institutions, Domestic Politics and American Multilateral-ism*, Cambridge: Cambridge University Press, 2012, p. 252.

一旦缺乏信任，"会增大安全合作成本、降低合作效率"①。"对欺骗的防御心理以及面临前景损失时的保守倾向，使得国家间即使拥有共同利益与合作动机也不一定会自然达成合作。"② 有学者在对 20 世纪 70 年代提出的相互依存理论、复合相互依存理论、世界体系理论、国际政治经济学理论等进行深入研究后发现，"在世界体系中，相互依赖的基础是合作，而实现合作的关键因素是信任"③。本章主张信任有利于国家间安全合作，"信任是国际合作与冲突的微观基础，因此，国家间建设战略互信和政治信任是一项重要政策目标"④。

对于信任与合作谁为前提，有学者主张"信任是合作的前提"，有的主张"当合作开始时，信任才开始逐步出现"⑤。本章认为这种争议并无必要，"信任既是合作的前提，也是合作的结果"⑥。

二　信任均衡与恐惧均衡

国家间合作的动因比较复杂，要区分合作是否由信任产生并非易事，特别是相对于威慑带来的恐惧而言。本质上讲，"前者是基于相信另外一个国家会履行信任的责任（比如边界信任措施）而进行的合作，后者如基于核大国间的互相毁灭而建立的合作"⑦。本章由"信任"和"恐惧"引申出两个新概念："信任均衡"与"恐惧均衡"。

---

① Gregory J. Moore, "Constructing Cooperation in Northeast Asia: Historical Northeast Asian Dyadic Culturesand the Potential for Greater Regional Cooperation", *Journal of Contemporary China*, 2013, pp. 889, 894.

② ［英］迭戈·甘姆贝塔：《我们能信任信任吗？》，载郑也夫主编《信任：合作关系的建立与破坏》，杨玉明译，中国城市出版社 2003 年版，第 268—286 页。

③ 李淑云：《信任机制：构建东北亚区域安全的保障》，《世界经济与政治》2007 年第 2 期。

④ 尹继武：《国际信任的起源：一项类型学的比较分析》，《教学与研究》2016 年第 3 期。

⑤ Aaron M. Hoffman, "A Conceptualization of Trust in International Relations", *European Journal of International Relations*, 2002, p. 394.

⑥ 李淑云、刘振江：《信任：东北亚区域安全合作的关键因素》，《外交评论》2007 年第 1 期。

⑦ Aaron M. Hoffman, "A Conceptualization of Trust in International Relations", *European Journal of International Relations*, 2002, p. 381.

均衡本是博弈论的核心概念，指博弈达到的一种稳定状态，没有一方愿意单独改变战略。这里借用该概念修饰"信任"，意指由各方的信任关系所达成一种稳定状态，从而实现该地区国家间和平与合作。同样，这里借用"博弈论"中"均衡"概念修饰"恐惧"，意指由各方间的互相"恐惧"达至一个貌似相对稳定的状态，巨大不确定性又使得各方不愿意轻易改变使彼此"恐惧"的战略或政策。其结果是要么恐惧延续，要么为恐惧"加码"。由此可见，"信任均衡"和"恐惧均衡"都会形成表面的稳定状态，这就需要解释两个问题：其一，两者的本质区别是什么？其二，何以表明两种均衡实现了转换？

两者的本质区别在于前者出发点是"合作共赢"，后者出发点是"零和博弈"；前者主张以对话方式解决分歧，后者往往通过施压恐吓方式解决问题。前者不仅高层领导互访频繁，而且民众等互动交流也常常热络，体现为友好相处。后者则往往局限于高层领导间互动，普通民众之间关系冷淡，两国关系常体现为剑拔弩张；由于敌意认知与多层面交流缺乏带来误判上升，后者的稳定局面明显脆弱且风险性极高，一方常常为了减少自身恐惧而不断加大对另一方施加"恐惧"的砝码，其结果极易形成恶性循环。

这种恶性循环导致双边与地区局势长期处于紧张状态在国际关系中屡见不鲜，冷战期间的美苏关系即是如此，当前最典型例子体现在美韩两国与朝鲜的关系上。① 朝鲜声称 2016 年 1 月 6 日进行的第四次核试验、2016 年 9 月 9 日进行的第五次核试验、2017 年 9 月 3 日进行的第六次核试验，以及此后频繁进行的导弹试射是面对美韩军事威胁的自保行为，同时也是迫使美国改变对朝政策的策略使然②。美韩则以此为借

---

① 由于下文还将讨论朝韩关系，这里仅简单以此为例来指出恐惧均衡带来国家间关系的特点。

② 笔者 2016 年 6 月 27 日至 7 月 1 日在访问朝鲜期间与朝方人员交流时再次得出该观点。也即朝鲜多次进行核试验和频繁进行导弹试射不仅有国防建设的目的，同时仍有想以此为筹码"迫使"美国和朝鲜进行谈判的考虑。

口，不仅频繁举行针对朝鲜的联合军演，而且军演规模越来越大、越来越向实战方向发展，2016 年 2 月美国还把斩首部队开进朝鲜半岛。同年底美国的"萨德"导弹防御系统也被引进到了韩国，美韩的相关军事行为越来越加大先发制人打击的权重，这在 2017 年达到顶峰，战争甚至一触即发。其结果不仅半岛局势紧张状态高居不下，而且极为危险，一旦擦枪走火，后果不堪设想。

美国国会研究所（Congressional Research Service）的研究表明，战争第一天即使朝鲜不使用大规模杀伤性武器，也至少有 3 万—30 万人死亡①。美国政府最新解密的材料显示，1994 年美国五角大楼估计和朝鲜的战争仅在三个月内将导致 5.2 万名美国军人伤亡，49 万名韩国军人伤亡。考虑到 20 多年后朝鲜大规模杀伤性武器的发展，目前爆发战争必然导致上百万人伤亡②。还有专家以伊拉克战争为例，指出 2003 年以来美国军人死亡 6900 人，受伤 5.2 万人，伊拉克平民死亡 46 万人。而伊拉克的军事实力和朝鲜不可同日而语，仅军队人员数量上，朝鲜就是伊拉克的 25 倍，和朝鲜爆发战争带来的伤亡将大大高于伊拉克战争③，如果考虑到朝鲜的核武器，这个数字将难以想象。正因为如此，美国时任国防部长马蒂斯公开承认"与朝鲜爆发战争所带来的损失将是人类的大灾难（catastrophic），将是人类迄今为止最惨烈的战斗"④。

与恐惧均衡往往带来国家间关系的恶性循环不同，信任均衡则容易形成国家间关系的良性循环。以欧盟国家间关系为例，抛弃了历史上敌友泾渭分明、冲突与战争频发的状态，"二战"后该地区国家间关系长

---

① Kathleen J. McInniss, "*The North Korean Nuclear Challenge*: *Military Options and Issues for Congress*", Washington, DC, Congressional Research Service, November 6, 2017.

② Abraham M. Denmark, "The Myth of the Limited Strike on North Korea," January 9, 2018, https://www.foreignaffairs.com/articles/north-korea/2018-01-09/myth-limited-strike-north-korea.

③ Sharon Otterman, "Iraq: Iraq's Pre-War Military Capabilities," *CFR Backgrounder*, February 3, 2005, https://www.cfr.org/backgrounder/iraq-iraqs-prewar-military-capabilities.

④ "Face the Nation: Transcript: Defense Secretary Jim Mattis," May 28, 2017, https://www.cbsnews.com/news/transcript-defense-secretary-james-mattis-on-face-the-nation-may-28-2017/.

期呈现出和平稳定态势，很难想象目前欧盟国家间还会发生军事冲突或战争。当然，导致欧盟国家间关系出现这种良性循环的原因很多，但很重要一点就是彼此信任关系，欧洲为此还特意建立起一系列信任措施①。考虑到东北亚地区历史与地缘现实，尽管很难想象该地区国家间关系有朝一日能赶上欧盟国家间关系，但毫无疑问，由于恐惧均衡与信任均衡所带来的国家间关系的巨大差别，尤其考虑到东北亚地区国家间关系长期呈现出的典型恐惧均衡加剧特点②，推动该地区国家间关系走向，信任均衡有着极为重要的现实意义。

由两种均衡的区别不难看出，一旦国家间关系实现了由恐惧均衡向信任均衡转变，就会体现出上述两种截然不同的特点，这也是区分两种均衡是否实现转换的主要依据。以中美关系为例，如果两国关系被恐惧均衡所主导，那么零和博弈的思维就主导了两国对彼此的政策，这很容易就能从两国首都对彼此的氛围，特别是两国领导人、战略家、著名学者的言辞中分辨出来。双方往往通过相互施压恐吓的方式解决分歧。两国民间交流明显缺失，民间感情淡漠，甚至会出现显著对立。两国关系也会跌宕起伏，极不稳定，某种情况下甚至剑拔弩张。特朗普政府2018年后的对华政策明显符合这一特点。反之，如果是信任均衡背景下的中美关系，那么合作共赢成为两国对彼此政策的主流思维，两国对话交流渠道畅通，多层次民间交流热络。这种背景下，两国关系较为稳定。

需要指出的是，这里的"恐惧均衡"（balance of fear）并非"恐怖均衡"（balance of terror），后者主要应用在核威慑领域，强调彼此对对方有构成重大伤害的潜能，从而维持平衡与安全。本章的"恐惧"主要指各方对彼此政策中的"敌意"部分以及随之而来的巨大不确定性的担心。

① 比如［瑞典］英·基佐：《建立信任措施：欧洲经验及其对亚洲的启示》，《现代国际关系》2005年第12期；曹云霞、沈丁立：《试析欧洲的信任建立措施及其对亚太地区的启示》，《世界经济与政治》2001年第11期。
② 针对东北亚地区国家间关系为恐惧均衡的特点，下文将详细论证。

"均衡"则如上所述，指各方对彼此的担心同时上升达至一个貌似稳定的状态，这种均衡难以测量，只是反映国家间关系的大致状态。

综上可见，信任是国际关系中的重要概念，是国家间和平与安全合作得以生成的重要基础。一个国家做出另一个国家"值得信任"的判断，意味着相信对方会遵守国际法与国际制度、相关的道德道义或者其先前承诺，这种判断又会体现在该国的具体政策实践上，其结果就会推动国家间和平与安全合作（至于"信任"概念的内涵与外延下文会详细讨论）。正是由于信任的重要意义，冷战后中国在对外关系中一贯高度重视信任建设。1995 年，中国时任外长钱其琛在第二届东盟地区论坛会议上首先使用"建立信任措施"概念。1996 年，中国与俄罗斯、哈萨克斯坦、吉尔吉斯斯坦、塔吉克斯坦签订了《关于在边境地区加强军事信任领域的协定》。1998 年发表的《中国的国防》白皮书中，中国第一次在正式文件中使用"建立信任措施"概念。2001 年成立的上海合作组织明确指出，加强相互信任和合作是其宗旨之一，该组织也成为"保障六国之间边界和信任的机制"①。2002 年 7 月，中国推出新安全观的核心内容是："互信、互利、平等、协作"，"互信"被置于首要位置。近些年，中国对以"加强对话、信任与协作"为宗旨的亚洲相互协作与信任措施会议（亚信会议）的重视，特别是中方接任 2014—2016 年亚信主席国，再次体现出了中国对构建亚洲地区互信建设的重视。2019 年 6 月 15 日习近平主席赴塔吉克斯坦首都杜尚别参加亚洲相互协作与信任措施会议第五次峰会，再次强调要建设互敬互信、安全稳定、发展繁荣、开放包容、合作创新的亚洲。

第三节　国家间信任关系生成的逻辑

国家间关系中，很难想象一个国家无条件信任另一个国家，信任关系

---

① 颜声毅：《当代中国外交》，复旦大学出版社 2004 年版，第 338 页。

究竟如何生成的？国际关系经典理论对此也有涉及。自由主义强调合作，认为信任关系可以建立，具体途径即民主和平论、经济依赖论、国际机制论。建构主义没有对国家间信任问题展开专门论述，"只是将其信任思想隐藏在理论的夹缝中"①，认为国家间信任与身份建构紧密相关，强调通过关系互动建构共有知识与文化，进而建立信任关系。现实主义对信任的考察结论比较悲观，认为在无政府状态下安全是稀缺资源，只有依靠自助行为保证本国安全，国与国之间没有信任可言，"信任根本无法产生"②。摩根索明确指出政治现实主义六个基本原则之一就是"现实主义坚持认为普世道德原则不能以理论上的一般形式适用于国家行为"，排除信任建立的可能性。在此基础上发展起来的新现实主义将理论大厦建立在国际关系"零信任假设"的基础上。③

自由主义的三种模式上文已经证明不适合东北亚现实，建构主义路径只是强调通过塑造国家间共同偏好来建立信任（下文会详细论及）。由此可见，有关信任的生成逻辑难以从经典理论中找到更多启示。在其他理论讨论中，笔者比较认同社会学的解释。实际上，对于"信任"的探讨最成熟的学科当属社会学。根据"社会学中信任的建立需要理由、偏好与规则三个要素"④，国家间信任的生成也应包含三个要素：利益、制度、偏好。

很多学者都注意到信任建设中利益关系和情感偏好的重要性。信任别国很难解释为什么不怀疑他国会出于自利（self-interest）目的，这首先出于利益考虑。"你信任我，是因为这种信任符合你的利益。反过来，我信任你，也是因为这种信任关系符合我的利益。"⑤ 双边信任作

① 王日华：《中国传统的国家间信任思想及其启示》，《世界经济与政治》2011 年第 3 期。
② 甘均先、毛艳：《论中美关系中的"不信任"问题》，《世界经济与政治论坛》2007 年第 4 期。
③ 王日华：《中国传统的国家间信任思想及其启示》，《世界经济与政治》2011 年第 3 期。
④ Luhmann, N., *Trust and Power*, New York：John Wiley, 1979, p. 33.
⑤ K. W. Abbott, D. Snidal, "Hard and Soft Law in International Governance," *International Organization*, 2000, pp. 56, 421.

为一束关系，源于"礼尚往来"的互惠实践，信任维持的因果逻辑则以"关系性契约"为核心。[①] 经济学意义上的契约有两点含义：首先，双方要同意契约所规定的利益交换内容；其次，双方也都许诺会遵守这一约定本身。[②] 在此基础上，有学者详细分析了"偏好"对建立信任关系的重要性，"国家间信任与两种因素相关：一是对外部世界的认知与评估，包括一国对他国行为、信誉、国际秩序与制度的理性评估和依赖等；二是个人或国家的心理感受，包括领导人或国家的个性特质、心理认知以及情感偏向等。因而，从广义上讲，外部环境与国家心理感受是影响国家间信任生成与流失的两种核心要素"[③]。这里的"外部环境"更多指利益考虑，"国家心理感受"正是情感上的"偏好"。

在这两方面基础上，有学者进而把规则从利益中剥离出来，成为一个单独要素。"国家间信任分三个层面，基于国际交往经验的信任，这种信任来自于国家间互动、国际贸易交换和交易经验的积累，互惠是核心；基于国际行为体具有社会、文化共性的信任，它根源于国际社会履行的义务和合作规则（比如是否会改变现状等）；基于制度的信任，这种信任是建立在非单个国家的规则、国际规范和制度的基础上。"[④] "只有各国际行为体基于信任的理由、偏好和规则的基础上，才能真正建立国际信任。"[⑤]

制度又可分为事前预警制度与事后监督制度。前者如国际原子能机构对于发展核武器国家的事前预警，后者如人权理事会对于受到人权迫害国家进行的事后谴责。事前监督的规则必须建立起来，而且如果要进行预警，这些规则必须有约束力。事后谴责则容易得多，只需要建立第

---

① 曹德军：《关系型契约与中美信任维持》，《世界经济与政治》2015 年第 9 期。
② 曹德军：《关系型契约与中美信任维持》，《世界经济与政治》2015 年第 9 期。
③ 包广将：《东亚国家间信任生成与流失的逻辑：本体性安全的视角》，《当代亚太》2015 年第 1 期。
④ 杨扬：《社会学视角下的国际关系信任理论——兼析东亚区域合作中的互信》，《太平洋学报》2012 年第 7 期。
⑤ 杨扬：《社会学视角下的国际关系信任理论——兼析东亚区域合作中的互信》，《太平洋学报》2012 年第 7 期。

三方，第三方愿意公布这些行为即可。这也再次表明在无政府国际社会里，多边机制是建立信任关系的最好方式之一。"只要一个机制包括两个以上行为体，那么欺骗者就面临声誉代价，因为受到欺骗的国家会把欺骗者的行为告诉其他国家。"①

综上，国家间建立信任关系就要建立和扩大利益关系、建立制度规则、通过开展公共外交等塑造共同偏好。同时，信用也是国家间信任关系建立的重要条件。所谓信用，即历史记录。比如1972年9月，周恩来在与日本首相田中角荣会谈时说道："我们跟外国交往，一向是守信义的。我们总是说，我们说话是算数的。中国有句古话说：言必信，行必果。"随后，周恩来还特别写出"言必行，行必果"六个字送给田中角荣。②中国先秦思想家认为，信用和信誉对一国的综合国力、相对权力、国家安全和战略成败等有着决定性影响③，其直接原因就是能否取信于他国。很难想象一个国家在国际社会中失去信用的情况下能得到他国信任。由此可见，要有效建立信任关系，一个国家还要树立"言必行"的信用。本章认为树立信用的最好方式是行为，其次是私下表态，然后是公开言论。"领导人的公开演讲比私下表态更容易让人对信任产生怀疑，因为公开演讲更容易欺骗群众。"④"相比于公开言论，很多学者更关注私下表态。"⑤除言辞表态外，具体行为是辨明信任的最好方式。

此外，有学者还指出国际秩序对于建立信任关系的重要性⑥。所谓

① Aaron M. Hoffman, "A Conceptualization of Trust in International Relations", *European Journal of International Relations*, 2002, p.390.
② 中共中央文献研究室编：《周恩来年谱：1949—1976》（下），中央文献出版社1997年版，第55页。
③ 王日华：《中国传统的国家间信任思想及其启示》，《世界经济与政治》2011年第3期。
④ Aaron M. Hoffman, "A Conceptualization of Trust in International Relations", *European Journal of International Relations*, 2002, p.386.
⑤ Brian C. Rathbun, *Trust in International Cooperation: International Security Institutions, DomesticPolitics and American Multilateralism*, Cambridge: CambridgeUniversity Press, 2012, p.252.
⑥ 包广将：《东亚国家间信任生成与流失的逻辑：本体性安全的视角》，《当代亚太》2015年第1期。

"国际秩序"是指在一定世界格局基础上形成的国际行为规则和相应保障机制，通常包括国际规则、国际协议、国际惯例和国际组织等，这里国际秩序（或地区秩序）在一定意义上等同于国际（或地区）和平与稳定。由此可见，信任是形成国际秩序的重要因素之一。反过来看，和平与稳定的国际（或地区）环境有利于国家间形成信任关系，一个良好的国际秩序对于国家间信任关系的形成十分必要。反之，如果一个地区处于失序环境中，混乱与猜忌充斥其中，必然不利于国家间信任关系形成。综上，国家间信任关系的生成逻辑可用图6-1表示。

图6-1　信任关系生成逻辑的要素

在上述五个要素中，利益是国家间信任关系生成的前提，因为按照主流国际关系理论，"追求国家利益、实现国家利益是任何国家外交的出发点和落脚点，是外交的目的"[1]，显然利益考虑也是国家间建立信任关系的出发点与落脚点。在实现路径上，如果说在国内由于存在不同程度的政府威权，其信任建设还能依靠一定的所谓"人治"的话，那么在无政府国际社会里，只有依托各种制度才能让不同国家间逐步建立起信任关系。这种制度不仅包括约束力较强的国际组织，也包括双边达成的协议等，其作用在于使不同国家能围绕它们形成相互预期，以便逐步建立信任关系。由此可见，制度是国家间信任关系建立的基础与桥梁。制度只是一个载体，光有制度显然不够。由于偏好代表了一个国家的情感和倾向，不同国家的共同偏好也即意味着这些国家在一些问题上存有共鸣，这是国家之间建立信任关系的重要心理保障。与此同时，如

_____

① 楚树龙：《国际关系基本原理》，清华大学出版社2002年版，第34页。

上所述，很难想象一个国家在信用记录很差的情况下能得到其他国家的信任，这和人与人建立信任关系一样，如果一个国家不遵守已经达成的协议和履行本国做出的承诺，想赢得其他国家的信任几乎就是一句空话。此外，一个稳定的地区秩序也是国家间建立信任关系的重要保障。由此可见，偏好、信用、秩序是国家间信任关系建立的重要保障。

这五个因素互为影响，很难分清楚孰轻孰重。利益考虑虽然是出发点，但如果没有其他四个因素配合，利益基础很容易丧失。制度虽然是基础，但如果没有共同利益作为"压舱石"、没有偏好等其他三个保障条件，建立起来的制度也会走向土崩瓦解。对于三个保障条件而言，如果地区秩序是稳定的、良性的，那么大致可以认为偏好与信用的建立也会相对较好，也即偏好、信用与良好的秩序密切相关。尤其考虑到东北亚地区安全秩序的不稳定现实以及偏好和信用对于构建该地区稳定秩序的重要意义，因此，偏好、信用、秩序对于构建东北亚地区国家间信任关系同等重要。

考虑到东北亚安全局势现实，该区域信任建设有必要采取循序渐进方式，将其分为避免冲突、建立信任、强化和平等三个由低级到高级的阶段，这也符合化解军事冲突、增强安全互信的一般规律。初期重点应放到建立信任感上，"建立信任感措施，不像建立信任措施那样以某种突破口为契机，有具体目的和严格规定，其重点在于加强国家间多边安全对话，以渐进性增加国家间信任感的政治哲学为着力点，在实践上也往往以较为温和的协商一致为基础"①。

在安全信任建构时，要区分其含义的广义与狭义。广义的信任建构指在政治、经济、文化、军事、外交等领域从整体上提高各国间信任而采取措施，狭义的信任建构通常指军事领域里建立的直接涉及改善安全环境的各种措施。考虑到东北亚地区安全互信缺失不仅是安全领域问题所致，还是广义的历史问题、政治因素等互为作用的结果，安全关系往

---

① 牛仲君：《冲突预防》，世界知识出版社 2007 年版，第 70 页。

往是各种关系的晴雨表，因此本章是在广义层面讨论信任建设的。值得指出的是，由于欧安会和东盟在建立军事安全信任上已有诸多经验，在东北亚军事安全领域的信任建设上也应借鉴其有益经验①。

第四节　当前东北亚安全合作被恐惧均衡主导

东北亚区域安全合作中存在多种模式：美国的双边同盟、中俄战略合作伙伴关系、日本对日美同盟的独立与依附、韩国对美韩安全同盟的独立与依附，以及几年前曾经存在的除蒙古国外其他各方参与的六方会谈和一度行之有效的中美大国协调等，这其中没有形成一个压倒性的被地区各国普遍接受的合作模式。相比较而言，近年来东北亚整体区域安全合作往往试图通过大国协调与集体行动推动，围绕朝鲜半岛核问题的解决模式即是如此。但大国协调常常因中美猜忌而不能取得较好效果，集体行动也是如此，各方往往互相指责，最终合作效率低下，甚至无果而终。背后主要根源在于各国间互相恐惧，美国担心中国、中国担心美国、中国担心美日同盟与美韩同盟、美国担心中俄战略合作、朝鲜担心韩国、韩国担心朝鲜，等等。这种担心与恐惧在过去几年呈现有增无减之势。

对中国而言，主要担心有三方面。其一，美日与美韩同盟超出双边范畴而对中国的威胁，这是导致中国与该地区相关国家信任赤字的最大原因。"双边联盟体系可以实现体系内国家排他性的基本安全，但却导致了地区大国间的信任赤字，尤其是中美两国间战略互疑已成为地区安全问题最为深层的原因。"② 其二，该地区核扩散。其三，该地区安全

---

① "赫尔辛基最后文件的有关信任建立措施主要包括重大演习的预先通知和交换观察员，如人数超过25000人、距离欧洲边界250公里以内的重大军事演习必须提前21天预先通知，邀请其他国家派遣观察员参加军事演习、促进军事交流等措施。"参见史晓东《"建立信任措施"视角下的两岸军事安全关系问题探讨》，《台湾研究》2011年第1期。

② 韩爱勇：《东北亚大国协调与复合型安全合作架构的建立》，《当代亚太》2013年第6期。

紧张局势。这三方面近些年均有增无减。正如本书第二章分析的那样，近年来，美日与美韩同盟得到加强，美日韩三边军事合作也得到一定推动。2010 年 3 月韩国"天安"号警戒舰沉没，客观上推动了日韩两国军事上日渐接近。日本自卫队首次派出四名军官全程观摩了 2010 年 7 月举行的美韩联合军事演习，韩国军队也首次派遣观察员参加了该年 12 月举行的美日两国历史上最大规模联合军事演习。2014 年 12 月，韩美日三方签订《情报共享协议（TISA）》，规定韩日两国将以美国为媒介间接共享相关情报①。2016 年 6 月 28 日，韩国、美国、日本海军在夏威夷附近海域以应对朝鲜导弹为名举行了导弹防御（MD）联合军演。2016 年 7 月 8 日，韩美军方同时宣布将在韩国领土部署美国"萨德"系统，这不仅远远超出半岛防御范围，而且在日本将部署该系统背景下，韩国此举会再次实质性推动美日韩三边军事合作。特朗普政府期间明确将中国确定为战略对手，施压韩国与日本在其境内部署中程导弹以及让其一起在南海进行所谓的"巡航"，其针对中国的一面显而易见。

朝鲜新任领导人上台后不到六年时间内进行了四次核试验，大大重挫了该地区国家为防止核扩散而做出的努力。日本与韩国国内主张独立"拥核"的声音再次增大。早在十多年前，日本著名政治人物小泽一郎（Ichiro Ozawa）就公开表示，"我们核项目中有充足的浓缩铀，如果我们被中国欺负、认为有必要，我们能很快制造出 3000—4000 枚核弹头，我们决不能被其他军事大国打败"②。如上文所述，中日存在领土争端是中国在东北亚地区面临的最重要主权威胁。两国历史问题仍没有得到有效解决，当前只是暂时搁置而已。这种背景下，日本任何实质性核武装化倾向都会让中国非常警惕。朝鲜第四次核试验后，韩国国内主张单

---

① 共享方式为，韩国和日本宙斯盾舰探测的情报通过美军陆地转播台交换。

② Brendan Howe，"Three Futures：Global Geopolynomic Transition and the Implications for Regional Security in Northeast Asia"，*Modern Asian Studies*，Volume 39，Issue 4，October 2005，p. 779.

独"拥核"声音再次出现。2016 年 2 月 15 日，韩国执政党新国家党院内代表元裕哲（音译）在国会演讲中呼吁"为应对朝鲜的代表恐怖与毁灭的核武器和导弹，我们也需要从行使自卫权的角度出发用代表和平的核武器和导弹以牙还牙"，2 月 16 日新国家党政策委员会委员长金正勖（音译）也在院内对策会议上表示"为应对朝鲜的核武器，我们也至少需要具备能够开发核武器的能力……目前的《韩美原子能协定》不承认韩国的再处理权限，韩美双方在谈判萨德问题时应该把这一部分内容也考虑在内"①。这显然是中国不愿意看到的，特别是在该地区安全紧张局势有增无减背景下。

美国在东北亚地区最为担心两方面：其一，中国崛起，逐渐排除其在该地区的影响力。米尔斯海默明确指出，"美国在 21 世纪初可能遇到的最潜在危险便是中国将成为东北亚霸权"，"随着中国力量增长，中美两国注定会成为对手"②。亨廷顿从文化和权力两个角度推演出类似结论，"中国的历史、文化、传统、规模、经济活力和自我形象，都驱使它在东亚寻求一种霸权地位"，"中国作为东亚占主导地位地区大国的状况如果继续下去，将对美国核心利益构成威胁"③。

特朗普政府上台后之所以将中国视为战略竞争对手，主要原因包括以下方面。一是误认为中国放弃了"韬光养晦"政策，正在集中全力挑战美国国际地位。如前所述，美国越来越多的战略界人士误认为中国的"一带一路"倡议是地缘战略工具，欲整合欧亚大陆和边缘地带（如日本等大陆地区周边国家），目的是要从这些地区赶出美国，从而称霸世界。更有甚者，他们误认为，中国共产党第十九次全国代表大会上的报告中的"中国模式""为其他国家提供了选择方案"，表明中国不仅自己要走

① 《执政党院内不断呼吁拥核……政界一片哗然》，2016 年 2 月 16 日，［韩］《亚洲经济》（http：//view. asiae. co. kr/news/view. htm？idxno = 2016021609475588065）。

② ［美］约翰·米尔斯海默：《大国政治的悲剧》，王义桅、唐小松译，上海人民出版社 2003 年版，序言部分。

③ ［美］塞缪尔·亨廷顿：《文明的冲突与世界秩序的重建》，周琪等译，新华出版社 2002 年版，第 254、259 页。

与美国不同的道路，还要输出发展模式，联合其他国家共同挑战美国。实际上每个国家都有自己的发展蓝图，也都有权利发展自己的军力。中国有类似"三步走""五年计划"等发展蓝图，以及军力也在不断发展。现在，美国之所以出现这么多的"误认为"，归根结底还是心理问题所致，即无法接受中国快速发展。二是"特朗普想让美国再次伟大，谁阻止美国再次伟大就会受到遏制，（美国认为）中国是其再次伟大的最大阻碍，所以才会出现特朗普用和平遏制对抗中国和平发展。"①

其二，该地区核扩散，以及朝鲜核武器具备打击美国本土的能力。美国这两方面的担心近些年也有增无减。中美实力差距进一步缩小，两国在东北亚地区的地位与影响力正由此前美国占主导地位向中美二元均衡的格局发展。随着朝鲜多次核试验，不仅韩日主张独立"拥核"声音增大，在经济严重困难背景下朝鲜客观上进行核扩散的可能性也不能排除②。与此同时，随着朝鲜一次次运用弹道导弹技术发射卫星，以及多次进行中远程导弹试射，其打击美国本土的能力也在逐步增强。

日本在东北亚地区的最大担心有以下几点：其一，中国崛起，日本在该地区主导地位彻底丧失。自甲午战争打败中国与日俄战争打败俄罗斯以来，日本曾长期获得东北亚主导地位，"二战"结束后，日本仍试图竭力维持这种地位。这其中部分原因或许是"因为日本担心中国在强大后进行报复，因而时刻处于本体性安全危机的困扰中"③。其二，中韩接近。作为该地区最大经济体和第四大经济体的中韩两国，在对日历史问题上立场较为相近，中韩接近将极大削弱日本在该地区的地缘政治地位。其三，朝鲜的核武与导弹发展。这些显然也都有所增大。不仅

---

① 李向阳：《中美关系正在面临重新定位》，2018年10月1日，中国人民大学国家发展与战略研究院网络平台（https：//mp.weixin.qq.com/s/oXZr6LRQ96_yMJrga8KEaQ）。

② 2016年6月27日至7月1日在笔者访问朝鲜时，朝鲜社科院法律研究所所长洪铁化研究员明确指出，因为朝鲜已经退出了《核不扩散条约》，因此如果朝鲜认为有必要就可以向其他国家扩散核技术。虽然这只是威胁的语言，但朝鲜对外进行核扩散的可能性的确不能排除。

③ 包广将：《东亚国家间信任生成与流失的逻辑：本体性安全的视角》，《当代亚太》2015年第1期。

中国实力迅速增强，近几年中日实力对比发生了巨大变化。仅以经济总量（GDP）为例，2010 年中国首次超过日本，分别为 60871.6 亿美元和 57001 亿美元。而到 2018 年，中国经济总量已经是日本的近 3 倍，分别是 136081.5 亿美元和 49709.2 亿美元。而且过去几年中韩在针对日本历史翻案等问题上立场确实更为接近，两国在对日施压上也展现出了一定程度的实质性合作。

　　韩国在该地区的最大担心在于：其一，朝鲜的安全威胁；其二，在半岛问题上以牺牲韩国主导权为代价的中美协调。前者随着朝鲜近几年加速核武器和导弹发展进程，韩国的担心进一步加大。对于后者，韩国的心情是十分矛盾的。一方面，韩国希望中美加强协调，因为唯有如此，半岛问题才能得到有效解决。但是另一方面由于地缘因素和历史上中国对半岛的影响力，韩国又希望中美在朝鲜半岛事务上能相互制衡。韩国《中央日报》2016 年 3 月 18 日刊发的一篇文章比较有代表性。文章指出，美国和中国围绕朝鲜半岛问题表现出的动向颇为可疑，令人不禁怀疑双方是否已经就短期内消除目前严重紧张局势以及从长期出发并行讨论朝鲜（半岛）无核化与和平协定问题达成某种共识。文章称，"就在韩国外交当局大肆吹嘘韩美、韩中关系一切顺利的时候，韩国可能已经沦为两大强国象棋盘上的卒子"①。对于韩国的所谓"担心"，笔者虽然不能苟同，但近些年半岛问题的解决进程仍以中美协调为基调的事实没有改变，比如 2017 年以来随着朝鲜加速核武器和导弹开发，联合国安理会出台的涉朝决议第 2370 号、第 2375 号、第 2379 号决议都是中美密切协调的结果。朝鲜 2018 年以来主动回到谈判桌前和美国讨论无核化问题，中美的合作也至关重要。

　　对朝鲜而言，最大的担心体现在两方面。其一，来自美国的威胁。"考虑到朝鲜对美国盟友的威胁、对美国视为威胁的国家与团体的武力

---

　　①　金英喜：《警惕美国与中国串通》，2016 年 3 月 18 日，［韩］《中央日报》（http：//chinese. joins. com/gb/article. do？method = detail&art_ id = 149362&category = 002005）。

支持，对朝鲜进行政权更替是唯一能让美国满足的最终结果"①，因此长期以来，美国都被朝鲜视为政权安全的最大威胁。其二，冷战结束后随着与韩国实力差距进一步扩大，朝鲜显然担心来自韩国的颠覆与吸收统一。朝鲜这些担心近年来均有增无减。

美韩针对朝鲜联合军演的规模越来越大、越来越向实战方向发展，斩首行动也包含其中。尤其是 2017 年朝美关系紧张的时候，战争似乎一触即发，这肯定会让朝鲜印象深刻。2017 年 4 月在首次中美峰会会谈期间特朗普突然告知中方正对叙利亚进行军事打击，会议结束后即做出可能对朝动武的姿态。特朗普此后多次誓言不惜采取战争手段实现朝鲜无核化。2017 年 8 月 9 日特朗普表示，朝鲜将遭遇世界上从未见识过的怒火（fire and fury），当时他对于"怒火"连续重复了两遍进行强调。2017 年 9 月 19 日在联合国大会的演讲上，特朗普表示如果朝鲜一意孤行，美国将彻底摧毁朝鲜。② 2018 年 2 月 23 日，特朗普公开指出，"如果制裁不能产生朝鲜无核化的效果，美国不得不进入第二阶段"③，暗示采取战争方式。2017 年 12 月 3 日，特朗普政府中比较温和理性的美国时任国家安全顾问麦克马斯特也公开表示，"与朝鲜发生战争的可能性每天都在增加"④。

美国有影响的战略界人士也发出了类似信号。对美国国家安全委员会有较大影响的已退役美国巴里·迈卡弗里将军 2017 年 10 月 9 日指出，"美国的对朝政策正在迅速滑向战争方式，而且战争很可能在 2018

---

① Gregg Andrew Brazinsky, "Tthe United States and Multilateralsecurity Cooperation Innortheast Asia", *Asian Perspective*, Vol. 32, No. 2, 2008, p. 32.

② "Remarks by President Trump to the 72nd Session of the United Nations General Assembly", *The White House*, September 19, 2017, https://www.whitehouse.gov/the-press-office/2017/09/19/remarks-president-trump-72nd-session-united-nations-general-assembly.

③ "Trump Announces Harsh New Sanctions against North Korea", FEB. 23, 2018, https://www.nytimes.com/2018/02/23/us/politics/trump-north-korea-sanctions.html.

④ Ryan Browne and Barbara Starr, "McMaster: Potential for War with North Korea 'Increasing Every Day,'" CNN, December 3, 2017, http://www.cnn.com/2017/12/02/politics/mcmasterpotential-war-north-korea/index.htm.

年爆发"①。2017 年 11 月 29 日，特朗普的朋友（也是其高尔夫球友）、美国国会议员格雷厄姆指出"特朗普已做好准备摧毁朝鲜政权、保护美国，我们绝对不会让朝鲜政权拥有打击美国本土能力"②。2017 年 12 月 17 日，格雷厄姆指出，"美国 2018 年和朝鲜爆发战争的比例在 30%，如果朝鲜再次进行核武器和导弹试验，这个比例将上升到 70%"③。《华尔街日报》2017 年年底陆续公开美国政府正在评估"鼻子流血"（bloody nose）的对朝打击方案，即为了证明美国实现朝鲜无核化决心而攻打朝鲜导弹发射地点，旨在羞辱和警告朝鲜④。在 2018 年年初朝韩实现对话、半岛局势缓和后，《华尔街日报》透露美国政府还在继续评估这种方案⑤。2018 年 1 月 30 日，随着特朗普政府钦定的驻韩国大使车维德因反对"鼻子流血"方案而被撤销提名，外界对特朗普政府可能对朝动武的担心再次响起⑥。随后虽然美朝最高领导人举行了三次会晤，但是困扰两国关系的根本性问题一个都未解决，局势逆转的可能性仍然存在。

与此同时，朴槿惠作为自李承晚总统以来最关注统一的韩国总统，到处推宣统一，不免给人"统一即将来临的印象"。朴槿惠政府时期韩国外交的所有重心几乎均转向在国际上任何角落挤压朝鲜生存空间。文

---

①　"Gen. Barry McCaffrey: US and North Korea 'Sliding Towards War,'" The 11th Hour, MSNBC, October 9, 2017, https://www.youtube.com/watch? v = q-a2fhxB_ G0.

②　Sophie Tatum, "Graham on North Korea: 'We're Headed for War if Things don't Change,'" CNN, November 29, 2017.

③　"Graham on North Korea, Iran: U.S > can Deliver 'Fatal Blows to Really Bad Actors in 2018,'" CBS News, Face the Nation, December 31, 2017, https://www.cbsnews.com/news/graham-onnorth-korea-iran-we-can-deliver-fatal-blows-to-really-bad-actors-in-2018/.

④　"The US is Reportedly Considering a 'Bloody Nose' Attack to Humiliate North Korea — here's How it Could go Down", *Business Insider*, Jan. 9, 2018, http://www.businessinsider.com/us-north-korea-bloody-nose-attack-2018-1.

⑤　Yeo Jun-suk, "US seriously Considering 'bloody nose' Strategy: US experts", Feb 1, 2018, http://m.koreaherald.com/view.php? ud = 20180201000869.

⑥　Steve Mollman, "Victor Cha is Against a Preventive Strike on North Korea and Now won't be US Envoy in Seoul", January 31, 2018, https://qz.com/1193833/victor-cha-is-against-a-preventive-strike-on-north-korea-and-now-wont-be-us-envoy-in-seoul/.

在寅政府上台以来尽管致力于发展朝韩友好，但是其表现出来的对美国政策的依赖让朝鲜感觉韩国缺乏任何独立性。所以 2019 年下半年以来，朝鲜开始公开批评文在寅政府，并拒绝与其再进行对话。同时，朝鲜最高领导人金正恩分别于 2018 年 3 月 25—28 日、5 月 7—8 日、6 月 19—20 日，以及 2019 年 1 月 7—10 日访问中国，不到 10 个月内访问中国四次。习近平主席于 2019 年 6 月 20—21 日访问朝鲜，中朝关系迅速恢复。尽管如此，在朝鲜半岛无核化问题上，中朝还是存在一定的战略分歧。

俄罗斯最大担心体现在三方面：其一，其影响力被排除出东北亚局势之外，"（俄罗斯）积极参与该地区的各种安全对话与合作，其目的在于保证其不被排斥在地区安全事务之外"①。其二，来自美国的压力；"奥巴马政府对俄罗斯区域战略的核心任务在于隔离俄罗斯复兴与中国崛起"②，特朗普政府上台后美俄关系降到冷战结束以来最低点。由此可见，美国在东北亚地区的战略目标不仅要迟缓中国崛起，同样也要迟缓俄罗斯复兴。其三，随着东北亚某些国家的复兴，俄罗斯担心历史上其抢占的领土被这些国家提出主权索求，或者实质性占领。"从俄罗斯领导人的角度看，这种现实和潜在的领土要求，对其东部安全构成威胁。"③

如上所述，近年来在东北亚安全事务上中美协调的重要性加强，俄罗斯地缘影响力确有下降之势。来自美国的压力也有增无减。在俄罗斯西部面临北约已扩展到其"门口"和反导系统已部署背景下，美国在其东部强化与日本的同盟以及欲在韩国部署"萨德"系统，无疑给俄罗斯安全带来更大压力。特朗普政府上台后尽管可能有改善与俄罗斯关系的愿望，但是由于"通俄门"等影响，美国对俄政策已经进入冷战结束以来最强硬的时候，两国高层交往几乎中断。对于俄罗斯所谓担心

---

① 季志业：《俄罗斯的东北亚政策》，《东北亚论坛》2013 年第 1 期。
② 吕平：《奥巴马政府对俄罗斯、蒙古战略透视》，《西伯利亚研究》2013 年第 6 期。
③ 季志业：《俄罗斯的东北亚政策》，《东北亚论坛》2013 年第 1 期。

东北亚相关国家提出领土索求，尽管不太可能发生，但由于俄罗斯"远东地区土地面积为 620 万平方公里，而人口从苏联解体时的 805 万人减少至约 640 万人，每平方公里仅 1 人"①，俄罗斯确实担心邻国居民向该地区扩张。随着韩国"欧亚倡议"与中国"一带一路"倡议实施，客观上会加强与该地区的经济合作与人员往来，这也有可能加剧俄罗斯的担心。

比较而言，蒙古国安全环境有所改善。在与俄罗斯维护传统友好关系基础上，与中国、美国的关系均有所提升。当然，蒙古国在东北亚安全局势上的影响力较为有限。

综上可见，东北亚各国虽然在经贸、政治等领域的双边或者区域关系主要特点并非完全是恐惧文化，但导致东北亚各国安全领域最为担心的局面在过去几年里均有增无减，在军事安全领域呈现出典型的恐惧加剧特点，这些互为恐惧的局面同时上升带来了相对稳定的状态。与此同时，东北亚地区大致维持了相对和平，本章将其称为恐惧均衡导致的和平，这种和平显然呈现出"冷和平"与消极安全状态的特点。

值得指出的是，已经有许多研究指出东北亚冷和平与消极安全状态根源在于核威慑、冷战格局等因素。② 本章之所以指出恐惧均衡也是导致东北亚冷和平与消极安全的一个重要根源在于两方面：其一，恐惧均衡是导致东北亚地区冷战格局、历史问题、领土问题等难以解决的重要原因，固化了该地区的冷和平与消极安全状态；其二，近些年该地区国家间的互相恐惧不减反增，使得该地区安全局势表面上呈现一定稳定性，实质不仅脆弱而且风险极高。2016 年后因朝鲜加速核武器和导弹开发所引发的半岛重大安全危机和"萨德"入韩导致的地区重大安全隐患再次体现出这一点。如何弱化和消除这种恐惧就成为东北亚安全合

---

① 季志业：《俄罗斯的东北亚政策》，《东北亚论坛》2013 年第 1 期。
② 《朝美骂战背后难以破局的东北亚冷和平》，2015 年 2 月 6 日，环球网（http://world. huanqiu. com/hot/2015-02/5613037. html）。

作上亟待解决的问题。

各国恐惧加大的主要原因在于信任缺乏加剧。以同期中美与中日不断攀升的信任赤字为例，郝雨凡等指出，"中美存在的问题很多，但最核心的是在动机和意图上彼此怀疑"①。中美两国攀升的"信任赤字"必然使得两国发生错误"镜像认知"和相互"妖魔化"的可能性增加，直接后果就导致"双方倾向于从最坏前景出发制定针对对方的政策"②。对于中日关系而言，"领导层的交恶和国民感情的遇冷，造成了中日间'负能量'的螺旋式上升。软实力在中日外交中几乎荡然无存"③。尽管 2018 年以来，中日关系开始回暖，但是潜在的结构性问题一个都没解决。

2018 年以来美朝直接对话难以解决实质性问题的症结也在于此。在 2018 年 6 月 12 日美朝两国于新加坡达成原则共识后，当前美朝主要分歧在于到底谁先迈出第一步。朝鲜不可能先放弃核武器，这涉及政权安全。甚至难以先申报，因为一旦申报美国对其核设施将了如指掌，万一届时美国改变政策对其打击怎么办，就像利比亚和伊拉克战争那样；美国也不可能先给朝鲜安全保障，甚至不可能"一步步"解除部分制裁。美国有根深蒂固的"受骗心理"，认为正是朝鲜欺骗才在过去 20 多年发展出了核武器。而且美国政府认为正是由于"极限施压"才让朝鲜愿意和美国对话讨论无核化。由此可见，美朝关于半岛问题的底线都很清楚，美国在没看到半岛无核化实质性进展前不大可能放松对其制裁，朝鲜也不大可能在看到安全得到保障和制裁得以部分解除前放弃核武器和导弹。两者分歧已形成类似"鸡生蛋""蛋生鸡"的"死结"，其最根本原因在于由于历史原因等两国对彼此的印象已经固化，缺乏基本信任。

---

① 郝雨凡、张燕冬：《无形的手》，新华出版社 2000 年版，第 263 页。
② 王鸿刚：《中美"合作伙伴关系"新定位评析》，《现代国际关系》2011 年第 2 期；朱立群：《信任与国家间的合作问题——兼论当前的中美关系》，《世界经济与政治》2003 年第 1 期。
③ 孙晶：《走出不信任与对抗情绪的诡局——从国民感情和软硬实力转化看中日关系》，《人民论坛·学术前沿》2016 年第 5 期。

导致上述各国对外恐惧有增无减和信任赤字不断攀升的背后根源可归结为以下几点。第一，东北亚地区权力转移仍在继续，并有加速之势，地区安全层面结构极不稳定。"权力转移的过程加大了安全困境，同时增加了新的安全担忧。"[①] 有学者甚至认为"美国、日本对中国崛起意图的猜忌主要源于这个"[②]。况且，权力转移本身就会引起各国间的信任变化。这正如朱锋教授指出的那样，在东北亚地区"中国持续崛起所带来的权力变更首先产生的不是政策和战略变化，而是微妙复杂的心态、知觉和认知上的变化"[③]。

第二，各国安全观对立，特别是美国双边同盟与地区其他国家之间的对立，"美日安全同盟是最具破坏性的力量"[④]。"美日对朝鲜的敌视政策是朝鲜半岛动荡的主要根源之一，美日对中国崛起的警惕、防范与制约使东北亚难以建立起各国间真正的信任以及和平、稳定的战略关系，美日对俄罗斯的冷淡也使俄与美日的关系难以真正成为建设性的合作关系。"[⑤] 冷战结束后东西方阵营之间的国家缺乏信任，"尤其反映在中国、俄罗斯对于美日同盟、美韩同盟、美日韩三边安全合作走向的不确定性的担忧"[⑥]。

这归根结底源于各国所秉持的安全观不同，"中俄秉持新安全观，美朝倾向于传统的安全观念，日韩则摇摆于两者之间"[⑦]。在不同安全

---

① Camilla T. N. Sørensen, "Security Multilateral-ism in Northeast Asia: A Lost Game or the Only Way to Stability", *Journal of China and International Relations*, Vol. 1, No. 1, 2013, p. 10.

② Gregory J. Moore, "Constructing Cooperation in Northeast Asia: Historical Northeast Asian Dyadic Culturesand the Potential for Greater Regional Cooperation", *Journal of Contemporary China*, 2013, p. 890.

③ 朱锋：《东亚安全局势：新形势、新特点与新趋势》，《现代国际关系》2010 年第 12 期。

④ 韩爱勇：《东北亚大国协调与复合型安全合作架构的建立》，《当代亚太》2013 年第 6 期。

⑤ 楚树龙：《东北亚战略形势与中国》，《现代国际关系》2012 年第 1 期。

⑥ Gregory J. Moore, "Constructing Cooperation in Northeast Asia: Historical Northeast Asian Dyadic Culturesand the Potential for Greater Regional Cooperation", *Journal of Contemporary China*, 2013, pp. 889, 891.

⑦ 韩爱勇：《东北亚大国协调与复合型安全合作架构的建立》，《当代亚太》2013 年第 6 期。

观支配下，奥巴马政府时期以美国为中心的"亚太再平衡"网络体系将中国视为平衡对象，美国政府的"印太战略"也显示出以中国为目标的意图。以日本为中心的"价值观同盟"网络体系将中国排除在外。朝鲜的安全观使得其不愿意轻易放弃核武器。"这些对冲网络的存在本身就是对他国安全的一种排斥、提防或否定。因而，网络内部国家间获得的本体性安全越多，不同网络之间的本体性安全危机反而越严重，相互提防的各种网络使各国间难以形成一种不设防的心理状态，进而引起了东亚国家间信任的严重流失。"①

第三，历史因素及历史遗留问题。这包括中日历史问题与领土问题，韩日慰安妇问题与领土问题，日俄领土问题，朝韩对峙与统一问题，等等。事实上，安全观对立的部分原因也与历史传统有关。在东北亚安全问题上，美国缺乏多边主义传统。"二战之前，美国与苏联、英国、德国在欧洲的分权就已开始，因此二战后很容易建立一个分权的习惯。而在东北亚则正好与此相反，二战前就是美国主导，二战后美国习惯通过双边同盟进行主导。因此，美国缺乏在这个地区推行多边主义和分权的习惯。"② 事实表明，"二战"结束后的历史遗留问题以及冷战的遗留问题致使该地区信任建设十分困难。

第四，东北亚国家的"面子政治"使得信任建设更是雪上加霜③。由于东北亚各国政治文化以及近代历史沧桑巨变，各国在对外关系中均特别看重"面子"问题。特别是存在历史问题与现实利益冲突背景下，再加上各国内部民族主义普遍上升，各国都有显而易见的"示强文化"，相互间妥协难度加大，有时候"面子"比实际利益的"里子"显

---

① 包广将：《东亚国家间信任生成与流失的逻辑：本体性安全的视角》，《当代亚太》2015 年第 1 期。

② Camilla T. N. Sørensen, "Security Multilateral-ism in Northeast Asia: A Lost Game or the Only Way to Stability", *Journal of China and International Relations*, Vol. 1, No. 1, 2013, p. 12.

③ Gregory J. Moore, "Constructing Cooperation in Northeast Asia: Historical Northeast Asian Dyadic Culturesand the Potential for Greater Regional Cooperation", *Journal of Contemporary China*, 2013, p. 893.

得更为重要。这就增大了相互猜忌,给信任建设进一步带来了难处。

在无政府国际体系作为一个常量的前提条件下,东北亚国家间信任降低与恐惧加剧的直接后果就是该地区安全困境加剧,"而要克服安全困境,只有从加强合作开始,而这又要以加强东北亚国家间的信任为基础"[1]。这再次表明,实现东北亚地区从恐惧均衡向信任均衡转变已经是该地区加强安全合作的当务之急。

第五节　东北亚安全合作如何实现信任均衡?

通过上述信任生成的逻辑可见,东北亚地区在信任建设上已经采取了以下措施。在军事安全层面:其一,相关国家间已建立了直接或间接的沟通渠道,避免因误解而产生冲突。以中国为例,中俄两军于1993年11月建立了国防部长定期会晤机制,1997年11月建立了总参谋部战略稳定磋商机制。2004年10月普京总统访华时,两国元首又同意建立国家安全磋商机制。2015年12月31日,中韩国防部直通电话正式开通。截至2016年1月,中韩国防政策工作会议已召开15次。2019年10月21日,因"萨德"反导系统争端五年后,中韩重启国防战略对话。

中朝近年来尽管因核问题存在战略分歧,两军交流一度受到影响,但2018年以来随着中朝关系大幅回暖,两军关系还可以升温。中央军委委员、军委政治工作部主任苗华2019年10月中旬访问朝鲜。同时,两国1961年签订的《中朝友好合作互助条约》仍然生效。2016年7月11日,在《中朝友好合作互助条约》签订55周年之际,习近平主席和朝鲜最高领导人金正恩互发贺电。《条约》明确规定:"一旦缔约一方受到任何一个国家的或者几个国家联合的武装进攻,因而处于战争状态

---

① 李淑云、刘振江:《信任:东北亚区域安全合作的关键因素》,《外交评论》2007年第1期。

时，缔约另一方应立即尽其全力给予军事及其他援助。"这表明在紧要时刻，两国军事沟通有机制保障。

相比之下，中日军事沟通滞后。1998 年和 2000 年分别实现国防部长互访和两军总参谋长互访，以及 1997 年至 2002 年副部级年度防务磋商举行 3 次后，迄今处于停滞状态。

其二，有关国家对本国的国防战略进行公布。自 2009 年 1 月发布《2008 年中国的国防》白皮书以来，中国每年都会发布国防白皮书。日本政府自 1970 年以来每年都会发布国防白皮书。韩国自冷战后每两年发布一次国防白皮书。

其三，在军事行动或演习前发布信息，让其他相关国家及时了解情况。1994 年 9 月 3 日，中俄两国元首签署了《关于不将本国战略核武器瞄准对方的联合声明》，同年中俄两国还签订了《中俄两国预防危险军事行动活动协定》。

在非军事层面，该地区有关国家间的以下做法有利于信任建设。（1）自贸协定签订，共同利益扩大。2015 年 6 月 1 日，中韩签订自贸协定，2015 年 11 月 30 日正式生效。（2）建立了相关多边机制，有利于各方更多沟通与交流。该地区已经形成中日韩三边对话机制，六方会谈机制也一度承载了东北亚各国对推进多边机制的期待。目前中日韩三边首脑对话已经重启。六方会谈"是新形势下中国第一次从区域构建的角度试图创建东北亚新区域关系与合作框架"①。尽管六方会谈复谈暂时面临重重困难，但各方均普遍认为其是解决朝鲜半岛问题乃至构建未来东北亚多边机制的重要平台。（3）中日 2005 年组成历史研究联合小组，有利于共同偏好形成。（4）相关方在地区重大问题上的协调秩序，这不仅反映在此前多轮六方会谈谈判上，也反映在近些年中美俄等国针对朝鲜半岛核问题的协调上。

---

① 张蕴岭：《在理想与现实之间——我对东亚合作的研究、参与和思考》，中国社会科学出版社 2015 年版，第 246 页。

与此同时，与信任程度较高的地区——比如欧洲与东南亚——相比，东北亚地区信任建设还任重而道远。即使上述已采取的相关措施也只是零星个案，别说普遍推广，就是离占主导的方向也差距甚远。下一步在军事安全层面还需从以下方面入手：建立中日军事沟通机制；推动俄罗斯、朝鲜、蒙古国发布国防白皮书；加大各国在军事行动或演习前信息发布，这方面可邀请其他国家军事观察员参加军事演习以及加强军事人员的互访与交流。各国还应逐步建立可供对方验证军事行动及信息的途径，并推动限制某些特别军事行动的规模、时间或强度。

在非军事领域，则应从以下方面入手。第一，继续扩大该地区利益合作关系。从表面上看，东北亚国家在政治与安全问题上利益兼容性越来越小，利益冲突越来越突出，但实际上这些国家的共同利益呈现扩大趋势。由于各国间互相依赖越来越大，一个不稳定的地区安全局势往往带来各方利益"共输"局面，尤其在经贸领域。应该说在冷战结束以来和平与发展的时代主题背景下，各国几乎都把发展经济提到了与维护安全同等重要的位置。尽管经济依赖并不必然带来信任与合作，但经贸共同利益确实是促进安全合作和信任建设的"重要基础"，"经济合作是东北亚合作中最为迅速、成效最为显著的领域，在东北亚共同利益中最能产生外溢效应"①。这方面要继续做大各国共同经济利益的蛋糕，下一步尤其要注重中日自贸区和中日韩自贸区建设，并逐步以中日韩自贸区带动东北亚自贸区建设。同时，加大中国"一带一路"倡议与有关国家经济合作倡议的对接。

第二，应尽快建立对话制度化的机制，让对话常态化与习惯化。"缺少多边合作传统，在（东北亚）地区和平与安全问题上尚未建立对话机制，使得（该地区）各国难以发现战略利益汇合点，战略互信当然无从谈起。"② 为此，一方面应尽快推动六方会谈重启，另一方面要推动符合

---

① 门洪华、甄文东：《共同利益与东北亚合作》，《外交评论》2013 年第 3 期。
② 门洪华、甄文东：《共同利益与东北亚合作》，《外交评论》2013 年第 3 期。

该地区多边安全合作趋势的新对话机制，尤其是朝鲜半岛由停战协定向和平机制转变的"停和机制"。"对于朝鲜半岛核问题，不能要求朝鲜必须首先'弃核'然后才解决其他问题，而要和其他问题同步解决。"①"停和机制"主要是为了缓解和消除该地区冷战格局，其结果有利于朝鲜半岛无核化的实现，同时也有利于该地区相关国家间的信任建立。

第三，要培养各国具备更多趋同的偏好，调和不同安全观差异。如果东北亚相关国家能建立历史联合研究小组，比如中日韩，那么研究成果就有望缩小各方在历史问题上的差距，也更容易被三国民众所接受。这方面还可以推动由退休高官和著名学者组成"名人论坛"，共同讨论东北亚各国间现实的安全利益分歧并对该地区未来安全秩序进行研究，同时引导舆论。为调和不同安全观差异，要合理安排美国同盟体系与该地区共同安全利益的关系。如前所述，美国同盟体系是其东北亚安全战略基石，任何触动美国同盟体系的安排都不大可能取得成功。这种背景下，务实安排的一种可能是通过"美韩＋X""美日＋X"等三边机制方式，实现美国双边同盟与该地区其他国家的对接。

第四，鉴于一国是否信任他国主要取决于该国对他国信用的判断，各国对彼此的政策应呈现连续性。在这方面，美国与韩国的对朝政策连续性尤其需要加强。同时，已经达成的协议要严格遵守，否则会极大影响其信用，信任也无从建立。

第五，可尝试在该地区形成"中美双领导体制"②，为互信关系建立构建稳定秩序。"历史证明，每个国际体系都是被当时处于领导地位的大国制定规则和管理。"③"共同利益的汇聚及其制度化、所涉各国共担责任、大国承担主要责任已成为国际合作的基本战略路径。"④ 习近

① Camilla T. N. Sørensen，"Security Multilateralism in Northeast Asia：A Lost Game or the Only Way to Stability"，*Journal of China and International Relations*，Vol. 1，No. 1，2013，p. 13.

② 本书最后两章会详细论及。

③ Byeong Cheol Mun，"Organizing International Security in Northeast Asia：Hegemony，Concert of Powers，and Collective Security"，*Asian Perspective*，36，2012，p. 150.

④ 门洪华：《中国东亚战略的展开》，《当代亚太》2009 年第 1 期。

平主席 2016 年 4 月在美国出席会议时也指出，"大国协作是处理重大争端的有效渠道"①。这其中"最主要的还是中国和美国的作用"②。

第六节　结语

本章通过详细梳理东北亚安全近年来发展的悖论，以及既有国际关系理论有关地区和平与安全合作建构的逻辑，指出在东北亚安全上进行信任建设是当务之急。分析可见，东北亚各国虽然在经贸、政治等领域的双边或者区域关系主要特点并非完全是恐惧文化，但导致东北亚各国安全领域最为担心的局面过去几年里有增无减，在安全领域呈现出典型的恐惧加剧特点，这些互为恐惧的局面同时上升带来了相对稳定与相对和平，但这种稳定与和平不仅脆弱，且风险极高。如何实现东北亚安全由恐惧均衡转向信任均衡已成为缓解该地区安全困境、建立信任与合作的重要方向。

文章通过分析指出了国家间信任关系的生成需要五个因素——利益、制度、偏好、信用、秩序，指出东北亚信任缺失的主要原因在于该地区权力转移、各国安全观对立、历史因素及历史遗留问题，以及东北亚国家的"面子政治"等四个方面。为建立该地区信任均衡，在军事安全层面，要推动有关国家间建立沟通机制、推动国防白皮书发布，以及重大军事行动前的信息发布。在非军事层面，需要扩大该地区利益合作关系，尤其要继续做大各国共同经济利益的"蛋糕"，推动中日自贸区和中日韩自贸区建设，并逐步以中日韩自贸区带动东北亚自贸区建设。同时要推动相关国家经济发展战略对接；通过加强多边对话的制度建设建立信任，发挥中日韩三边对话机制和六方会谈的作用，同时也要

---

①　习近平：《大国协作是处理重大争端有效渠道》，2016 年 4 月 3 日，人民网（http://he.people.com.cn/n2/2016/0403/c192235-28070637.html）。

②　［韩］李正男：《韩国对中国在东北亚安全领域角色的认知》，《现代国际关系》2011年第 11 期。

推动朝鲜半岛停和机制启动；要培养各国具备更多趋同偏好，调和不同安全观差异。前者可以通过组建历史问题联合研究小组和东北亚名人论坛得以实现，后者可以通过"美韩＋X""美日＋X"等三边机制的方式，实现美国双边同盟与该地区其他国家安全战略的直接沟通乃至对接。在信用建设上，一方面要增强军事信息透明度，另一方面各国对彼此的政策应呈现连续性，对于已达成协议要严格遵守；此外，为了给互信关系建立构建稳定秩序，可尝试推动形成"中美双领导体制"。

第七章　东北亚多边安全机制的
　　　　　进展与前景

　　中国学界纷纷讨论东北亚多边安全机制建设始于第二次朝核危机爆发和六方会谈举行，"朝鲜半岛核问题带来的直接副产品就是东北亚安全机制问题的升温"①。随着 2018 年以来朝鲜半岛局势和朝美关系出现缓和，特别是三次朝美首脑会面后，学术界对于构建东北亚多边安全机制的讨论又开始积极起来。目前来看，国内研究集中于对建立东北亚多边安全机制可行性与构建路径的分析②，绝大多数研究仍然聚焦于以六方会谈为基础构建东北亚多边安全机制。③ 总体来看，学界对建立东北亚多边安全机制的必要性有共识，但对于构建的路径存在分歧。多数学者认为应以六方会谈为基础，但也有极少数学者认为，"作为一个问题机制而存在的六方会谈，不仅受限于朝鲜半岛局势的发展，还深深受限于中美关系的发展和中日之间的结构性矛盾，

---

　　① 王高峰：《东北亚安全合作的困难与前景分析》，《亚非纵横》2006 年第 1 期。
　　② 典型的如张春：《演进式理性设计与东北亚安全机制的创设》，《世界经济与政治》2009 年第 7 期。
　　③ 有代表性的如林立民等：《东北亚安全机制：现实与前景》，《现代国际关系》2004 年第 4 期；魏玲：《东北亚多边安全机制建设——以朝鲜半岛核问题六方会谈为例》，《外交评论》2006 年第 2 期；蔡建：《六方会谈与东北亚安全合作机制》，《东北亚论坛》2008 年第 11 期；任晓：《六方会谈与东北亚多边安全机制的可能性》，《国际问题研究》2005 年第 1 期；邵峰：《朝鲜半岛核问题的发展前景与东北亚安全机制建设》，《世界经济与政治》2007 年第 9 期；夏立平：《朝鲜半岛的和平统一进程与东北亚安全机制》，《国际观察》2002 年第 5 期；朱锋：《六方会谈的制度建设与东北亚多边安全机制》，《现代国际关系》2007 年第 3 期。

所以这种路径并不现实"①。目前已有研究对于困难与现实可行的路径缺乏深入思考，更缺乏从多边安全机制构建的规律出发，在严谨理论支撑背景下进行扎实的实证研究。本章在考察东北亚多边安全机制发展现状的基础上，以国家利益为视角，从收益与风险两个层面详细分析与论证东北亚多边安全机制构建目前所存在的结构性问题以及下一步的选择。

第一节　核心问题与研究路径

多边安全机制从一般的意义上讲，"可以充当限制成员冲突、恢复和平的渠道，可以树立严格的行为模式作为尺度帮助参与者确定合作方式，同时辨别其他参与者的欺诈行为；可以通过增强有关行为体行为的相互渗透来降低对欺诈的恐惧；也可以通过组织制裁来削弱参与者背信弃义的动机；还可以通过建立信任降低成本"②。也就是说，在平常时期，多边安全机制一旦构建，就能通过建立信任措施、防御性外交等手段促进日常的国际协调，潜在冲突将被控制在最低限度。一旦冲突爆发，借助各国共同建构的原则与具体机制平台，特别是机制建构的共同体身份对当事国的施压以及当事国单独行事的巨大风险性，有利于冲突以最低成本和平解决。

正由于多边安全机制的上述意义与东北亚安全形势的现实严峻性和极大的潜在破坏性，地区内各国对于多边安全机制的讨论从来没有间断过，有关国家更是积极倡导并做了很大努力。韩国是最早倡导建立东北亚多边安全合作机制的国家。出于缓解半岛紧张局势、保持与周边大国接触并平衡其影响的主要目的，从 1989 年 10 月韩国总统卢泰愚在第

---

① 蔡建：《六方会谈与东北亚安全合作机制》，《东北亚论坛》2008 年第 11 期。
② 王杰主编：《国际机制论》，新华出版社 2000 年版，第 215 页；龚克瑜：《如何构建朝鲜半岛和平机制》，《现代国际关系》2006 年第 2 期。

45 届联合国大会发言中提出建立"东北亚和平结构"起，韩国就开始酝酿建立东北亚多边安全机制的构想。1998 年金大中总统上台伊始即提出了与"四方会谈"并行的"六方协商"构想，受到各方瞩目。卢武铉政府提出的"和平与繁荣政策"中，推动建立地区多边合作机制是重要内容；在朝核六方会谈的参与国中，韩国官方最先公开表示了将六方会谈长期机制化的意向。[①] 韩国政府积极姿态的背后也有强大的民意支持。当时的韩国民意调查显示，有高达 80% 以上的韩国学者与普通民众赞同建立东北亚地区多边安全机制。[②]

　　冷战结束后，美国在继续加强双边同盟体系的同时，逐渐认识到单凭自身力量及双边同盟已很难在东北亚安全问题尤其是朝鲜半岛核问题上大有作为，开始对东北亚多边安全机制给予关注。1993 年 7 月，时任克林顿政府负责东亚和太平洋事务的助理国务卿温斯顿·洛德（Winston Lord）多次公开表示，东北亚需要类似于在东南亚建立的安全论坛。2004 年年底，时任美国国家安全事务助理康多莉扎·赖斯（Condoleezza Rice）明确向中国政府提议：提升围绕解决朝鲜半岛核问题而开展的"六方会谈"，使其成为磋商东北亚安全保障问题的永久性框架。[③] 2005 年 9 月，美国时任常务副国务卿罗伯特·佐利克（Robert B. Zoelick）也指出，美国有意将目前的"六方会谈"机制作为建立东北亚多边安全框架的出发点，该框架将组建模仿东南亚的相关组织。[④] 2008 年美国大选期间作为奥巴马"智囊团"的美国布鲁金斯学会（Brookings Institution）发表的长篇报告中提出，美国应将六方会谈机制

---

① 石源华：《"六方会谈"机制化：东北亚安全合作的努力方向》，《国际观察》2005 年第 2 期。

② ［韩］李正男：《韩国对中国在东北亚安全领域角色的认知》，《现代国际关系》2011年第 11 期。

③ Melissa G. Curley and Nicholas Thomas, eds. , *Advancing East Asia Regionalism*, New York: Routledge Press, 2007, pp. 92 – 93.

④ Glenn Kessler, "Zoellick Details Discussions with China on Future of the Korean Peninsula," *Washington Post*, September 7, 2005.

发展为同亚洲大国进行安全合作的机制。①

为了减轻周边国家的不信任与不安感，摆脱过分依赖美国并逐步实现与美对等的需要，冷战后日本对在东北亚地区建立多边安全机制也持积极态度。1994 年，日本防卫问题恳谈会发表《日本的安全保障力量与防卫力量》报告，明确提出要在东北亚开展"以美国为中心的多边合作"②。1996 年 7 月，在东盟地区论坛吉隆坡外长会议上，日本提出要把非官方的中、美、日、俄、韩五国"东北亚安全会议"变为政府层次的安全论坛。1997 年 4 月，日本自民党正式提出以朝鲜半岛为中心，由美国、中国、日本三国定期首脑会晤构筑东北亚多边安全机制。③ 1998 年 1 月，日本提出应在东北亚建立日、美、中、俄四国安全对话框架。2002 年 9 月，日本首相小泉纯一郎访问朝鲜时提出，定期举行朝鲜、日本、中国、俄罗斯、美国和韩国参加的"六国安全会议"，以解决核武器和导弹的军事问题。

早在 1986 年，苏联领导人戈尔巴乔夫就曾提出建立东北亚多边合作安全机制的构想。冷战结束后，建立东北亚或亚太多边安全体系成为俄罗斯东亚政策的一贯方针。1992 年俄罗斯总统叶利钦访韩时，提出召开由中、美、俄、日、韩、朝六国参加的"东北亚多边磋商会议"，以作为建立东北亚集体安全机制的第一步；普京就任俄罗斯总统以来，积极参与"六方会谈"与东北亚安全事务，俄罗斯由全球战略上的安全政策向与本国直接相关的东北亚"多边安全合作"上转移。④ 对于六方会谈机制俄罗斯一贯十分积极，不仅过去参加了多轮六方会谈，而且 2019 年 4 月

---

① "A Plan for Action: A New Era of International Cooperation for a Changed World: 2009, 2010, and Beyond," *Report-Paper of the Brookings Institution Foreign Policy*, November 21, 2008, http://www.brookings.edu/research/reports/2008/11/11-action-plan-mgi.

② 袁洁：《冷战后日本外交政策研究》，硕士学位论文，青岛大学，2006 年。

③ 巴殿君、满海峰：《论东北亚安全机制的建立》，《辽东学院学报》（社会科学版）2006 年第 4 期。

④ 巴殿君、满海峰：《论东北亚安全机制的建立》，《辽东学院学报》（社会科学版）2006 年第 4 期。

25 日在会见首次访问俄罗斯的朝鲜最高领导人金正恩时，普京表示实现无核化需要重启六方会谈。俄罗斯希望以此介入东北亚安全事务，保持东北亚的和平与稳定，以恢复其经济，重振其在世界上的大国地位。①

中国把东北亚区域高层次国际合作设定为战略目标。② 以 1996 年提出的"新安全观"为基础，中国积极倡导在东北亚安全问题上通过合作实现多边安全。1997 年以后，中国先后六次参加旨在解决朝鲜半岛核问题的朝、韩、中、美四方会谈机制，并不断派遣代表团参加东盟地区论坛。特别是 2003 年后，中国投入大量的外交资源促成了"三方会谈"及多轮"六方会谈"的召开。

朝鲜对于在东北亚地区建立多边安全机制曾长期持否定态度，主要担心这样的机制可能给其国内政治带来压力。但 1994 年 9 月，朝鲜开始探讨参加东盟地区论坛的可能性，特别是以 2000 年 7 月加入东盟地区论坛为标志以及对六方会谈的态度，表明它对地区多边安全合作的立场发生了很大变化。尽管朝鲜认为核心安全保障需要和美国双边解决，但也越来越感到通过多边框架维护自身安全的重要性。尤其是 2018 年以来随着朝鲜将战略重心转移到经济建设上以及朝美关系改善，朝鲜越来越重视在国际社会多边场合释放相关信号。比如，2019 年 5 月 21 日，针对美国扣押一艘朝鲜货船，朝鲜常驻联合国代表在纽约联合国总部召开记者会阐述朝鲜的政策主张。过去出现类似的事情，朝鲜惯常的做法是舆论声讨、群众集会，或者武器训练和调动等"激烈"回应。在国际场合采取记者招待会"和平"回应关切对于朝鲜来说是非常罕见的，这实际上是朝鲜"战略重心转移"后其最高领导人开放姿态的反映，也是其致力于对话解决和重视利用多边机制的"缩影"。

蒙古国在冷战结束后不久就极力支持东北亚地区安全保障机制的建

---

① 侯红育：《建立东北亚安全机制的必要性与可行性》，《当代世界》2006 年第 4 期。

② 金强一：《东北亚合作问题研究的新视野：重组区域政治结构》，《延边大学学报》（社会科学版）2007 年第 3 期。

立，并表示愿意参与进去。①

综上可见，尽管各国对如何建立东北亚多边安全机制的看法尚有一定差距，但在政府层面都注意到多边安全机制对本国安全的积极意义。2007 年 2 月东北亚和平与安全机制工作组的成立，表明东北亚国家一度在政府层面将建立地区安全机制的努力正式提上日程。许多学者很早也呼吁，"为了减少种种不确定因素，确保地区和平，在东北亚地区建立安全合作机制具有尤为重要的意义"②。"要从根本上解决该地区的和平与安全问题，就要努力建立东北亚安全与合作机制。"③ 但时至今日，东北亚仍没有建立起合适的多边安全机制。④

本章要讨论的问题是，为什么普遍认识到多边安全机制对于该地区各国的利益以及地区整体利益如此重要，政府层面也已着手努力，但却毫无进展？是由于已有的多边安排——比如东盟地区论坛（ARF）、东盟 + 中日韩（"10 + 3"）等——已能充分解决东北亚存在的安全问题，还是存在构建该地区多边安全机制的结构性制约因素？构建东北亚安全机制难道是一个难以实现的"伪命题"？下一步可操作的路径在哪里？按照主流国际关系理论，"追求国家利益、实现国家利益是任何国家外交的出发点和落脚点，是外交的目的"，⑤ 也是各国在东北亚多边安全机制的取向与构建上的根本动力。"东北亚多边安全机制应该是各方利益博弈与协调的产物。"⑥ 本章试图通过国家利益的视角来回答上述问题。在具体框架上，本章首先回顾与总结有关东北亚的多边机制，其次从安全、经济、国内政治与社会的角度分析该地区各国的利益诉求，指

---

① 张利军：《析冷战后日蒙关系的重新定位及其走向》，《国际政治研究》1996 年第 3 期。

② ［韩］李正男：《韩国对中国在东北亚安全领域角色的认知》，《现代国际关系》2011 年第 11 期。

③ 张东宁：《东北亚区域安全架构：从合作到制度》，《东北师大学报》（哲学社会科学版）2007 年第 2 期。

④ 关于东北亚地区所讨论与期待建立的多边安全机制类型，本章第三节"东北亚多边安全机制及其形成条件"将会详细分析。

⑤ 楚树龙：《国际关系基本原理》，清华大学出版社 2002 年版，第 34 页。

⑥ 李开盛：《东北亚安全机制建构过程中的美国因素》，《世界经济与政治》2007 年第 9 期。

出现有多边安排并不能解决东北亚存在的安全问题，并指出多边安全机制构筑的两种路径：构建正式多边安全机制与聚焦于议题而非机制的专门安排。然后从多边安全机制的概念出发界定地区各国所讨论的东北亚多边安全机制类型及其形成条件。以此为基础，分析东北亚地区为什么迄今仍没有形成讨论中的多边安全机制，并详细分析了上述两种路径对于东北亚地区整体安全利益以及相关国家安全利益的增进与风险。通过分析，笔者认为目前在该地区建立正式多边安全机制并不现实，应把重点从聚焦于机制建设转向聚焦于具体议题的专门安排上，同时为机制建设做好相关基础工作。

第二节　东北亚地区多边机制回顾与各国的利益诉求

从涉及东北亚地区主要国家的多边机制来看，主要有亚太经济合作组织（APEC）、东亚峰会（EAS）、东盟地区论坛、"10 +3"等（见图 7 -1）。

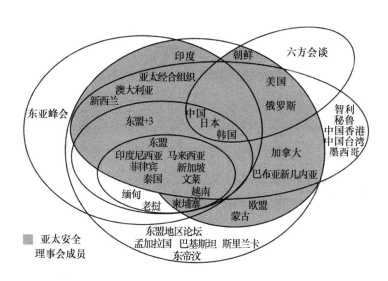

图 7 -1　涉及东北亚国家的多边机制一览

资料来源：笔者整理制作。

　　其他还有四个半官方安全机制：一是 1993 年成立的亚太安全合作理事会（CSCAP），是以亚太地区 10 个国家有关研究所为中心创立的，其下设的"北太平洋工作组"致力于推动东北亚安全对话机制和朝鲜半岛稳定框架的建设；二是始于 1993 年、由美国加利福尼亚大学附属的全球冲突与合作研究所发起的，中、美、日、俄、朝、韩六方官员和学者共同参加的东北亚合作对话会（NEACD），致力于建立信任措施，尤其是在海事、核不扩散、危机预防、透明化等方面；三是由英国国际战略研究所（IISS）发起、在新加坡政府支持下于 2002 年开始举办的香格里拉对话（SLD），旨在适应"9·11"事件后亚太地区安全形势和安全议程的新变化以及第二轨道外交的新发展与防务外交的兴起和转型，这也是亚太地区目前唯一能将各国防务部门高官聚集在一起讨论防务问题和区域安全合作问题的机制；四是北京香山论坛，原称香山论坛，是由中国军事科学学会主办的"国际安全合作与亚太地区安全"论坛。从 2006 年起论坛开始在北京举办，初为亚太地区安全二轨道对话平台。论坛从 2014 年第五届起升级为一轨半，层级规模大幅提升，与会人员扩展为亚太地区和域外相关国家的国防部或军队领导人、国际组织代表、前军政要员及知名学者。自 2015 年第六届起，香山论坛由中国军事科学学会和中国国际战略学会共同主办。2018 年第八届更名为北京香山论坛。

　　上述机制在不同程度上都推动了该地区各国的多边合作，但是对于解决东北亚的安全问题不是"太大"就是"太小"。亚太经合组织、东亚峰会①、东盟地区论坛、"10+3"等官方机制不仅不能专门解决安全议题，在区域范围上也过于宽泛，几乎涉及整个亚太地区。半官方的香格里拉对话和北京香山论坛涵盖的区域也过于宽泛。导致这些机制针对

---

　　① 郑永年指出，可以以东亚峰会为基础建立一个亚洲的安全体系，但他也仅仅是为了论述在亚洲建立集体安全体系建设中纳入中美以及其他亚洲国家的重要性，对于可能遇到的困难与建设路径都没有涉及。详见郑永年《亚洲的安全困境与亚洲集体安全体系建设》，《和平与发展》2011 年第 5 期。

东北亚安全议题的讨论多是泛泛而谈，有针对性的少；道义呼吁的多，切实落实的少。非官方的亚太安全合作理事会与东北亚合作对话会由于主要面对研究机构与个体，后发动力不足，影响渐微，甚至沦为资料交换与学术观点交流的清谈馆，在层次与影响方面相对于东北亚面临的安全问题又"太小"。有学者甚至用"领导无力型、议题不专型和代表性不强型"三大类型对其进行了总结。①

对于广受关注的六方会谈，很多中国学者认为，如何将其与东北亚多边安全合作相联系，是一个值得东北亚各国政府和学者认真考虑的重大问题。②"六方会谈作为一个东北亚主要国家间的政府对话机制，最有可能发展成为东北亚安全机制。"③有中国学者甚至还规划了六方会谈机制化后工作的路线图。④但是，笔者认为，如能成功解决朝鲜半岛核问题，那么六方会谈在构筑东北亚安全机制的过程中可能会发挥更大作用。⑤但在其主要目标都前途未卜甚至相当悲观的背景下，再让其承载其他更困难的目标，显然并不现实。这正如戴维·兰普顿指出的那样，如果六方会谈能够成功解决朝鲜半岛核问题，那么它就有望发展成一个更加正式的多边安全论坛。如果朝鲜半岛核问题得不到解决，这种演变就不可能实现。⑥在六方会谈就朝鲜半岛核问题的和平解决取得实质性进展之前，以此为基础建立东北亚多边安全机制是不可能的。⑦即使成功解决了朝鲜半岛核问题，届时不仅需要对六方会谈进行制度化建设，而且也需要在安全合作的内容上不断

---

① 徐进：《东亚多边安全合作机制：问题与构想》，《当代亚太》2011 年第 4 期。

② 赵跃钦、谢剑南：《浅议朝鲜半岛核问题与东北亚多边安全合作机制》，《国际关系学院学报》2006 年第 6 期。

③ 何志工、安小平：《朝核六方会谈：从应对危机到东北亚安全机制》，《和平与发展》2008 年第 3 期。

④ 王联合：《朝鲜半岛核问题解决路径的三个层次选择》，《现代国际关系》2009 年第 1 期。

⑤ 梁云祥：《美国新政权与六方会谈前景探析》，《东北亚论坛》2009 年第 2 期。

⑥ David M. Lampton, "Paradigm Lost: The Demise of 'Weak China'," *The National Interest*, No. 81, 2005, pp. 73 – 74.

⑦ 林利民：《东北亚安全机制：现实与前景》，《现代国际关系》2004 年第 4 期。

扩展，"这些是不是六方会谈机制所能承载的，从目前来看是值得怀疑的"。①

从各国的主要利益诉求来看（见表7-1），该地区各国在安全利益上普遍关注地区稳定、朝鲜半岛无核化，各国间普遍存在领土纠纷、历史问题以及信任赤字。在经济利益层面，各国普遍关注经济增长以及寻求稳定的能源供应或者能源出口。在国内社会与政治层面，各国普遍存在一定的民族主义以及与日本存在历史问题。民族主义与历史问题反过来进一步固化了相关国家在安全领域存在的问题。这些共同点又可以分为两个层面，安全与国内层面普遍属于各国共同面临的亟待解决的问题，经济层面则属于各国在目前收益的基础上有望继续获利的共同利益层面。相应地，在构筑东北亚多边安全机制上也就有两个路径：一是从共同面临的安全问题切入，迎难而上；二是避开共同面临的问题，从能增进各国共同利益的经济层面入手。

表7-1 东北亚各国利益诉求

	安全利益	其他相关利益	
		经济利益	国内、社会与政治利益
中国	地区稳定/朝鲜无核化/解决与相关国家领土纠纷/管理美国对中国核心利益的侵蚀	经济发展（增长）/为经济增长提供稳定的资源保证/可持续的科学技术发展	对日本对待历史的不满/减轻贫困（提高人民生活水平）/百年耻辱促使民众格外期待中国崛起
美国	核不扩散/全球霸权/阻止东北亚爆发战争/海上航行自由/稳固的联盟/管理中国崛起	经济复苏/中国拥有美国债券的最大份额/向绿色经济发展转变/人民币汇率问题	国内社会压力/周期性四年大选造成政策延续性问题/对孤立还是接触朝鲜的争议/增加就业
朝鲜	先军政治/核武器提供安全保障/美国安全保证/停战协定改为和平协定/实现统一/与韩国海域纠纷	得到更多国际援助/取消制裁/能源供应稳定	政权安全/国家统一，但是避免韩国主导/社会发展和福利并不是政权合法性的动力与源泉

① 刘雪莲：《朝鲜半岛核问题视角下的东北亚安全》，《东北亚论坛》2010年第4期。

续表

	安全利益	其他相关利益	
		经济利益	国内、社会与政治利益
韩国	抵御朝鲜挑衅/朝鲜弃核/停战协定改为和平协定/实现统一/解决和邻国的领土纠纷/巩固与美国的联盟	和中、美、日、俄保持良好的经济关系/能源供应稳定/在东北亚引领科技创新	朝鲜"脱北者"/减轻贫富差距/完善社会福利制度/国内关于对朝强硬与和解的政策分歧
俄罗斯	东北亚稳定/朝鲜弃核/减弱美国在东北亚的影响力/解决与日本在北方四岛上的领土问题	维持世界天然气、原油、矿物质的主要出口国地位/成为经济大国/与上海合作组织保持好关系，特别在经济层面	与美国关系的紧张/强大的能源领域寡头政治/相比于亚洲更多关注欧洲
日本	朝鲜无核化/巩固与美国同盟/解决与中国、韩国、俄罗斯的领土纠纷/减弱中国的崛起	维护科技领域世界领先/避免经济再次不景气/从福岛核泄漏中恢复/债务问题	人口老龄化/政治不稳定/美军冲绳基地/拒绝为"二战"行为道歉/朝鲜的人质绑架
蒙古国	与韩国和朝鲜都保持畅通的沟通渠道/地区稳定/朝鲜无核化/推进东北亚无核区建设/与俄罗斯、中国、日本的战略伙伴关系	大量未开发的自然资源/寻求进一步与地区经济相融合/对俄罗斯的油汽依赖	政治不稳定/采矿业收益的分配问题

资料来源：笔者整理。

从上述与东北亚地区有关的多边机制的回顾与各国的利益考量可见，既然各国在安全层面均面临上述共同问题，普遍关注地区稳定，并在政府层面重视又积极呼吁构筑东北亚多边安全机制，而现有的多边机制都不适合，那么什么样的多边机制最适合该地区及各国的利益诉求呢？也就是说，东北亚各国讨论了十多年的多边安全机制属于什么类型？这种机制仍然没有构筑起来的根本原因是什么？下一步现实可操作的路径在哪里？这就要从学理上分析多边安全机制的概念并在此基础上指出东北亚地区所适合的多边安全机制及其形成条件。

第三节 东北亚多边安全机制及其形成条件

多边安全机制属于多边主义视角下在安全领域的一种国际机制，它既属于多边主义的子范畴，也属于安全合作的子范畴，又属于国际机制的子范畴。所谓多边主义"是一种在广义的行动原则基础上协调三个或者更多国家之间关系的制度形式。也就是说，这些原则是适合规定合适的行动的，它们并不考虑在任何特定事件下各方特殊的利益或者战略紧急情况"①。它包括三个原则：（1）不可分割性原则；（2）非歧视性或普遍性的组织原则；（3）扩散性互惠原则，即国家与国家不追求眼前一时一事的对等收益，而相信随着时间的推移各成员都会获得大致相等的收益。② 所谓安全合作是指行为体为达到安全状态而进行的合作，根据其不同的合作方式一般分为个体安全、集体安全和合作安全③，这里的集体安全与合作安全就是基于多边主义的一种安全合作形式，在此基础上形成的旨在实现安全而由各方达成的具有约束力的制度就是安全机制。对于国际机制，根据斯蒂芬·克拉斯纳（Stephen D. Krasner）的定义，"是国际行为者达成共识的一套原则、规范、规则和决策程序"④。国际合作理论认为，"只有当最低限度的制度性结构支持合作的时候，合作的情景才会呈现"⑤。综上可见，多边安全机制在外延上要包含三个以上国家行为体的制度形式，内涵上指有关行为体在遵守多边主义原则基础上，在安全领域为促进国际或地区合作而达成的一套规范

---

① ［美］约翰·鲁杰主编：《多边主义》，苏长和等译，浙江人民出版社 2003 年版，第 12 页。

② ［美］莉萨·马丁、贝思·西蒙斯主编：《国际制度》，黄仁伟、蔡鹏鸿等译，上海人民出版社 2006 年版，第 37 页。

③ 陈峰君：《两种不同的安全概念与安全战略》，《世界经济与政治》1997 年第 11 期。

④ Stephen D. Krasner, ed., *International Regime*, New York：Cornell University Press, 1983, p. 2.

⑤ Robert O. Keohane, *International Institutions and State Power*, Boulder：Westview Press, 1989, p. 159.

和规则。

从类型学上看，国际安全机制一般被分为四种类型，即同盟（如北约）、合作安全（如东盟地区论坛）、集体安全（如国际联盟和联合国）、安全共同体（如欧盟）。① 从现有的地区多边安全机制看，大致可以分三类：第一类是以防范外部威胁为主、内部相互承担义务且可调动各国军事力量的条约机制，如北约和独联体集体安全条约组织；第二类是以解决内部不安全因素为主、相互只协调立场但不承担义务的松散型机制，如东盟；第三类是介于两者之间，以应对内部不安全因素为主并配有某种集体行动机制，如上海合作组织。② 从现阶段东北亚地区的安全态势及各国间的关系来看，所讨论建立的多边安全机制不可能是类似北约的条约组织，只能是这三者中集体行动机制化程度最低及类似于东盟的、松散的磋商与协调机制。

那么以东盟为参照物，这种机制从形式上讲，要有相对正式的组织形式与稳定的对话机制，比如有固定的秘书处与每年至少一次的对话会；要有相对恰当的规模，太大与太小都不合适，最恰当的就是涵盖该地区所有安全利益攸关国，就东北亚地区而言也就是地理意义上的中国、俄罗斯、日本、韩国、朝鲜、蒙古国以及地缘战略意义上绕不开的美国；就功能而言，过于宽泛只会流于形式，应该专注于安全领域。正是在这个意义上，由于六方会谈没有涵盖蒙古国，而且远远没有形成正式与稳定的对话机制，更不用谈固定的秘书处，也不是专注于普遍的地区安全问题，仅仅是为了解决朝鲜半岛核问题，所以还没有达到东北亚各国所讨论的多边安全机制标准。但无论在形式上、规模上还是功能上，六方会谈无疑是目前与讨论中的东北亚多边安全机制最为接近的"雏形"。这或许是国内外学界普遍以六方会谈为基础纷纷讨论建设东北亚多边安全机制的最主要原因。

---

① 李云龙：《关于建立东北亚安全机制的几个问题》，《新远见》2009 年第 3 期。
② 季志业：《东北亚安全机制：现实与前景》，《现代国际关系》2004 年第 4 期。

关于一般意义上多边安全机制形成的条件，罗伯特·杰维斯（Robert Jervis）指出要具备四条：（1）大国的意愿；（2）互信，即各行为体必须相信其他行为体也具有相互安全的观念和合作意愿；（3）各行为体都愿意维持现状，不以扩张实现安全；（4）战争和单纯追求自身安全成本过高。① 中国有学者综合多边主义、多边合作、安全机制和合作安全四要素及相关要求，指出多边安全机制的形成需要以下几个条件：（1）安全的不可分性和政治意愿；（2）政治互信与普遍组织原则；（3）适度的制度化；（4）互动密度和进程的延续性；（5）互惠性。② 也有学者指出，一个成功的多边安全合作机制需要同时具备四个条件："一是以军事实力作为领导力的基础；二是初始成员不多但具有广泛代表性；三是有充分的利益代表性且有明确的规模界限；四是议题有严格限定、不轻易扩大合作领域。"③

结合上述分析，笔者认为东北亚多边安全机制的形成至少需要以下几个条件：首先，安全利益的互惠性。一方面，国际社会进入现代国际体系，特别是冷战结束进入全球化后，虽然意识形态因素仍不时影响有关国家的对外政策制定，但一般而言，侧重于安全与战略等的国家利益已经成为各国外交行为的最根本出发点。"东北亚多边安全机制能否建立起来归根结底取决于各国的国家利益考虑。"④ 另一方面，这种利益应该是互惠的。如果仅仅是一方或者几方获利，其他方不能从中获利，那么多边安全机制就将难以建立与运行。

其次，各成员国要有基本的互信。在东北亚地区安全的研究中，信任是被提及最多的名词之一。⑤ 地区各国间缺乏政治互信，就难以真正

---

① Robert Jervis, "Security Regime," in Stephen D. Krasner, ed., *International Regimes*, Cornell University Press, 1983, pp. 176 – 178.

② 魏玲：《东北亚多边安全机制建设——以朝鲜半岛核问题六方会谈为例》，《外交评论》2006 年第 2 期。

③ 徐进：《东亚多边安全合作机制：问题与构想》，《当代亚太》2011 年第 4 期。

④ 傅梦孜：《东北亚安全机制：现实与前景》，《现代国际关系》2004 年第 4 期。

⑤ 阎学通、周方银：《东亚安全合作》，北京大学出版社 2004 年版，第 149—150 页。

实现安全利益层面上的普遍互惠性，也就无法建立起真正的多边安全机制。[①] 上一章对于如何在东北亚安全上建立信任关系也进行了详细分析。

再次，有处于实际领导地位的国家。从组织学上讲，多边安全机制能否构建起来的重要因素之一在于是否拥有最先展望未来和最先传播蓝图的领导者，并有能力将这些蓝图贯彻到实际。[②] 在无政府的国际社会与地区社会中，要建立一个有特定内涵外延的多边机制，就需要领导者积极组织、牵头制定规则，必要时规约相关成员的行为。对此，本书的最后两章会详细论述。

最后，也是学界容易忽视的一点，那就是各方在多边安全机制的构建过程中要能容忍双边关系中所存在的问题。任何一对双边关系都会存在这样那样的问题，但是作为多边安全机制的首要目标是为了维护共同安全，这就需要多边安全机制的目标与双边关系中的问题之间的张力要保持在一定的限度内，否则多边安全机制就难以为继。

第四节　建立正式的多边安全机制

以共同面临的问题为切入点迎难而上建立正式的多边安全机制对于解决东北亚的安全问题确实大有裨益。一方面，由于机制的平台存在，相关国家能继续将朝鲜半岛核问题作为该地区安全的核心议题给予足够的关注，这就为最终实现朝鲜半岛无核化提供了动力（incentive）与平台；另一方面，由于机制的存在与各国的联合施压，各国秉持"行动对行动"的原则，将能确保朝鲜半岛核问题的解决方案是综合性的，可以避免某个国家的"切香肠"（salami tactics）策略——通过合纵连

---

① 魏玲：《东北亚多边安全机制建设——以朝鲜半岛核问题六方会谈为例》，《外交评论》2006年第2期。

② 王俊生：《朝鲜半岛核问题与中国角色：多元背景下的共同管理》，世界知识出版社2012年版，第229页。

横、"借力打力"逐渐实现有核国家的目标。此外，一个得到各国共同
承担义务与责任的东北亚多边安全机制通过集体安全的相互承诺，在理
论上也可以提供朝鲜所需的安全保证，有效解决朝鲜的安全关切。

　　但是根据上述东北亚多边安全机制的形成条件，就互惠性而言，在
朝鲜的行为模式没有因融入国际政治与经济体系发生根本性改变前，一
个正式的多边安全机制有可能只会让朝鲜继续以"条件得不到满足就
退出机制"，其他各方很可能因为朝鲜的"一己关切"而牺牲共同利
益，就像前几年的六方会谈时而发生的那样。其结果要么是各方不断承
担朝鲜要价的成本（比如经济与能源的无偿援助），反而在朝鲜半岛无
核化方面得不到实质性回报；要么多边安全机制的形式意义大于实质意
义，正如陷入停滞的六方会谈那样。诚然，在所有参与国中朝鲜的综合
实力最弱，面临的困难最大，对其他国家的实质性需求最多，但一旦多
边机制启动，为了维护机制运行的基本需要，朝鲜实质上就握有一票否
决权。也恰恰是由于朝鲜自身面临的问题之多、筹码最少、与其他参与
方之间缺乏基本的互信，致使其他各方很难以一个声音说话，退出和威
胁退出可能的多边机制在某种意义上就会成为朝鲜实现目标的另一筹
码。从这个层面上看，一个正式的东北亚多边安全机制正常运行需要两
个基本条件：一是朝鲜的行为方式可以预期，这就需要美国应满足朝鲜
相关合理的关切；二是其他国家特别是大国之间存在基本的互信，以便
就违反规则的惩罚措施达成基本共识。这两点在近期内显然难以实现。

　　同时，美国在东北亚地区双边同盟的存在与加强，使之无法在理论
上实现多边机制框架内以普遍原则来处理与其他各国的关系，大机制中
的小集团必然会阻碍成员集体身份的建立，妨碍这个机制朝着实质性多
边和普遍合作的方向发展。① "构建东北亚多边安全机制显然与旧金山

---

　　①　魏玲：《东北亚多边安全机制建设——以朝鲜半岛核问题六方会谈为例》，《外交评论》2006 年第 2 期。

体系所形成的'辐辏'结构（即以美国为中心的联盟体系）相冲突。"[①] 美国拟议中的很多有关东北亚多边安全机制的方案都是在保留美日与美韩双边同盟的前提下进行的。1995 年，约瑟夫·奈（Joseph S. Nye）在著名的"奈报告"（Nye Report）中明确指出美国东亚安全战略具有四大支柱——建立多边安全机制、前沿军事部署、加强双边同盟、扩展与非同盟国的安全联系。[②] 约瑟夫·奈还指出："旨在建立信任措施的地区安全机制只是美国双边军事同盟结构的补充，而不会替代它。"[③] 美国霍普金斯大学东北亚研究中心执行主任肯特·加尔德（Kent Calder）更为直接地指出，"构建中的东北亚多边安全机制应是一个混合型的安全结构，即在保持传统双边同盟的同时，构建一个能够应对挑战的新的多边合作框架"。[④] 这样安排的目的以及之所以成为多边安全机制的核心障碍在于美国的双边同盟主要针对中国。"我们必须保持强大的美日同盟。日本不可能独自与中国进行抗衡。我们美国没有日本，也不可能与中国在亚洲地区抗衡。在与中国不断增长的实力与能力相抗衡这一点上，美日有着共同的利益。"[⑤]

美国更青睐于双边同盟的另一主要考虑是，多边机制"可能增加美国亚洲安全政策的成本与复杂性"[⑥]。而双边安排使得美国——很大程度上也包括其盟友——更容易控制安全局势。[⑦] 正由于此，尽管美国政府主张在东北亚地区构筑多边安全机制，但国内的反对声音一直不绝于

---

①　倪霞韵：《美国构建东北亚安全机制的设想》，《国际资料信息》2006 年第 4 期。

②　Joseph S. Nye, "United States Security Strategy for the East Asia-Pacific Region," *Report of Center for Strategic and International Studies*, Washington, D. C., February 1995.

③　Joseph S. Nye, Jr., "East Asian Security: The Case for Deep Engagement," *Foreign Affairs*, Vol. 74, No. 4, 1995, pp. 90 – 92.

④　Francis Fukuyama, "Re-Envisioning Asia," *Foreign Affairs*, Vol. 84, No. 1, 2005, pp. 75-87. 也可参见夏立平《论美韩同盟的修复与扩展》，《美国问题研究》2008 年第 1 期。

⑤　陈舟：《美国的安全战略与东亚：美国著名国际战略专家访谈录》，世界知识出版社 2002 年版，第 59 页。

⑥　Richard K. Betts, "Wealth, Power and Instability: East Asia and the United States after the Cold War," *International Security*, Vol. 18, No. 3, 1993/1994, pp. 34 – 77.

⑦　Colin Powel, "A Strategy of Partnerships," *Foreign Affairs*, Vol. 83, No. 1, 2004, p. 33.

耳。比如美国前国务卿科林·鲍威尔（Colin Powell）就公开指出在双边同盟存在的情况下，美国的根本利益并非要在东北亚建立正式的多边安全机制。此外，在美国双边同盟加强以及近些年积极推动美日韩三边安全机制的前提下，东北亚多边安全机制即使构筑，领导权也有可能严重失衡，美国通过双边同盟与三边机制影响多边安全机制的决策。由此可见，美国"这种排他性的双边军事同盟严重制约了东北亚安全合作机制的建立和发展"①。

就领导权而言，由于该地区大国林立，彼此利益诉求差异较大，对地区领导权的争夺很可能会使得具体的安全问题成为彼此博弈的砝码，最终多边安全机制不仅不能解决地区整体与各国面临的具体问题，反而可能沦为各方尔虞我诈、争权夺利的场所，对改善地区安全环境无益。该区域内不仅日俄争夺对地区的领导权，而且"二战以后，美国视东北亚为与西欧和中东并重的一个关键地区，认为保持美国在该地区的支配地位，是实现其全球战略目标的关键"②。由于面临一系列悬而未决的问题，特别是朝鲜半岛核问题与朝鲜半岛冷战格局问题，东北亚地区地缘政治的变化最能牵动大国格局的变化。"后冷战时代的东北亚安全问题是国际关系中最复杂、最敏感，也是最有全球性战略意义的政治领域。"③所以，无论是对视保持世界霸权地位为核心国家利益的美国，还是对世界第三大经济体的日本和政治与军事大国的俄罗斯来说，对于最有可能引领该地区未来走向的多边安全机制的领导权一定会尽力争夺，且短期内难分上下，具体要解决的问题反而有可能成为一只"假兔子"。

那么地区内中小国家韩国、蒙古国、朝鲜能否发挥类似于东盟在东亚区域一体化中的"小马拉大车"的领导角色呢？答案是否定的。从东盟的经验来看，要承担这一角色不仅自身规模不能和大国差距太大，

① 蔡建：《六方会谈与东北亚安全合作机制》，《东北亚论坛》2007年第11期。
② 吴心伯：《东北亚的抉择：地缘政治与地缘经济》，《国际经济评论》2001年第5期。
③ 杨鲁慧：《东北亚大国关系中第三方因素及地区安全共同治理》，《东北亚论坛》2012年第4期。

而且与相关大国在战略关系上要保持一定的平衡。蒙古国自身规模显然太小，韩国与朝鲜在与中美的战略关系上出现严重失衡。

就多边安全机制的目标与双边矛盾的张力来看，一个稳定有效的正式多边安全机制"首先要建立在相同的风险与安全认知上，进而萌生共同解决所面临安全问题的意愿，最后通过制度性的合作实践形成稳定的解决问题机制"①，而东北亚地区各国在安全上不仅缺乏明确的共同目标，缺乏一个机制应有的凝聚力，反而最大的挑战存在于其内部国家之间。② 届时内部成员之间巨大的矛盾所引发的争吵很可能会使得该机制最终走向瘫痪。"东北亚地区的主要问题在于，中国、日本、俄罗斯、美国以及韩国之间分歧太大，以至于只有当这些国家都面临同一问题，且这个问题影响巨大，足以使其抛弃战略敌意并共同致力于寻找彼此都可接受的解决方案之时，它们才会共聚一堂并努力实现共同的目的。"③ 东北亚地区各国近期内显然找不到这样共同面临的问题。

此外，一个东北亚正式的多边安全机制对该地区其他安全问题的解决也不利。由于朝鲜核问题处于地区安全问题的核心位置，无论从合法性的角度还是从各国首要关切的角度，一个正式的多边安全机制都必然要将搬走朝核这块大石头作为首要和核心议题。这样一来，该地区其他安全问题不仅都有可能被朝鲜半岛核问题所"绑架"，而且经济与社会问题也很可能继续被安全问题绑架。也就是说，正式安全机制一旦形成，如果朝鲜半岛核问题得不到解决，其他所关心的问题都很有可能一无进展。如表7-1所示，在安全层面本地区除了朝鲜半岛核问题外，相关国家间还面临巨大的历史问题、领土问题、互信问题；在经济、社会、政治等层面，各国之间也存在诸多问题。这些问题目前被具有易爆

---

①　金淳洙、韩献栋：《非传统安全合作与东北亚安全共同体的构建：基于中日韩环境安全合作进程的评价》，《当代亚太》2010年第5期。

②　刘永涛：《东北亚地区主义语境下的中美关系》，《国际观察》2008年第3期。

③　Dick K. Nanto，"East Asian Regional Architecture: New Economic and Security Arrangements and U. S. Policy," CRS-26, April 15, 2010, http://fpc. state. gov/documents/organization/142760. pdf.

性与潜在巨大破坏性的朝鲜半岛核问题暂时夺去了"风头"，但它们对地区安全与相关国家安全的影响从长远来看一点不比朝鲜半岛核问题轻缓，某种问题的破坏性甚至更为严重。

目前，朝鲜半岛核问题的解决面临结构性障碍，解决朝鲜半岛核问题还看不到尽头。一方面，核武器作为朝鲜"威慑超级大国美国和韩国力量的最好办法、确保其政权安全的最好办法，也是获取经济利益及荣誉的来源"[1]。朝鲜不可能轻易放弃。另一方面，作为全球性霸权国与东北亚地理层面的域外国家，美国自特朗普政府上台后展现了解决朝鲜半岛核问题的一定诚意，主要原因在于朝鲜核武器和导弹发展加速。仅仅在2017年，朝鲜就进行了3次洲际导弹试射。尤其是第三次、也即2017年11月29日朝鲜试射的"火星-15"导弹，按照高弹道飞行试验原理换算，其射程可覆盖到美国东部地区。"有评估说朝鲜最快于2018年春就能发展出可打击美国本土的实用型导弹。"[2] 2017年9月3日朝鲜成功进行了创纪录的大当量氢弹试验，爆炸威力超过美国在广岛所投原子弹的四倍。在导弹的小型化上也迈出了关键一步。这都让美国战略界感到解决朝鲜半岛核问题时间不多。

因此，美国特朗普政府上台后，将朝鲜半岛核问题解决列为最重要外交议程[3]，"尽管特朗普在总统竞选期间并没有过多强调朝鲜问题，但当他入主白宫后听从了奥巴马的建议，将朝鲜半岛问题作为白宫的首要外交议程"[4]。2017年3月1日白宫官员表示，"特朗普认为朝鲜是美

① John D. Negroponte, "Annual Threat Assessment of the Director of National Intelligence for the Senate Armed Services Committee," February 28, 2006, http://www.dn.i gov/testimonies/20060228_ testimony. htm.

② "Worrying Update to U. S. Assessment of North Korea Nuclear Threat," *CBS News*, July 26, 2017, https://www.cbsnews.com/news/north-korea-nuclear-icbm-in-2018-us-dia-intelligence-assessment.

③ Olivia Enos, "We Need to Prepare for Instability in North Korea", Feb 20th, 2018, https://www.heritage.org/asia/commentary/we-need-prepare-instability-north-korea.

④ Patrick M. Cronin, "5 Myths About Trump's North Korea Policy", February 23, 2018, http://foreignpolicy.com/2018/02/23/five-myths-about-north-korea-policy-trump/.

国最大的、最直接的安全威胁"①。2017 年 12 月 7 日，美国时任国务卿
蒂勒森在《纽约时报》发表署名文章，指出"朝鲜是美国国家安全最
大的威胁"②。2018 年 1 月 17 日，美国国务院负责半岛事务的马克·兰
博特（Mark Lambert）重申，"特朗普政府将朝鲜核威胁视为美国国家
安全的第一号威胁"③。但尽管如此，面对 2018 年以来朝鲜在半岛局势
缓和和无核化问题上主动做出的诸多贡献，特朗普政府仍然没有丝毫放
松对朝制裁的意思。2018 年 3 月 8 日，在特朗普决定接受与金正恩举
行首脑会晤后，不仅反复重申将继续推进"极限施压"政策，而且将 4
月 17 日与日本首相安倍晋三会晤的主题确定为"如何继续保持国际社
会对朝鲜的极限施压"④。这种背景下，也令人质疑美国是希望对话平
衡和客观地解决朝鲜半岛核问题，还是希望最终逼迫朝鲜屈服签订
"城下之盟"，或者是希望"逼死"朝鲜。而且学界普遍认为"半岛局
势的适度紧张某种程度上也能服务于其东北亚的其他利益"⑤。

　　由此可见，上述原因不仅导致东北亚多边安全机制难以构建，而且
即使在近期内通过所谓理性设计构建起来⑥，也很可能最终难以运行而
走向失败。届时各国可能会认为多边安全机制的合作都无法解决该地区

---

　　① Karoun Demirjian, "Speaker Ryan Offers AIPAC Policy Pledges, Announces Trip to Israel",
The Washington Post, March 21, 2016, https://www.washingtonpost.com/news/powerpost/wp/
2016/03/21/speaker-ryan-to-offer-aipac-policy-pledges-announce-trip-to-israel/? utm ＿ term ＝.
e86124489400.

　　② Rex TIllerson, "I am Proud of Our Diplomacy," *The New York Times*, December 27, 2017.

　　③ "Press Briefing with Acting Deputy Assistant Secretary Robert Scott, Special Representative for
North Korean Policy Mark Lambert, and Acting Deputy Assistant Secretary Sandra Oudkirk U. S. Policy
on North Korean Activities in Africa", January 17, 2018, https://www.state.gov/r/pa/ime/africa-
mediahub/rls/277495.htm.

　　④ "Trump, Abe to Discuss 'Maximum Pressure' on North Korea at April Meeting", 04/02/
2018, https://www.politico.com/story/2018/04/02/trump-shinzo-abe-meeting-494434.

　　⑤ 而且冷战结束后，美国认为它在本地区所面临的挑战来自朝鲜半岛和中国。一个拥有
核武器的朝鲜和作为军事大国崛起的中国都会冲击对美国有利的力量对比。美国在解决这两个
问题时是相互联系的。参见 [美] 艾什顿·卡特、威廉·佩里《预防性防御：一项美国新安
全战略》，胡利平、杨韵琴译，上海人民出版社 2000 年版，第 103 页。

　　⑥ 对于多边安全机制理性设计的路径，可参见张春《演进式理性设计与东北亚安全机制
的创设》，《世界经济与政治》2009 年第 7 期。

的安全问题，那么只能通过实力原则。也就是说，该地区安全形势有可能会由于军备竞赛等而更为恶化，这样将使得各国对于该地区安全形势的前景更为悲观。究其根源，各国对这类机制的讨论与设计主要"是为了回应朝鲜核危机等面临的安全问题而产生的，就是说它是对付'不安全'的产物。因为其原初动机的制约，这类机制很难在积极意义上获得区域安全。或者说，它是为了避免'不安全'状况，而不是为了安全"①。

第五节　聚焦于具体议题的建构路径

上述分析表明，对于东北亚多边安全机制建设，问题并不在于相关国家对这种合作有没有足够的理解，而在于在这一地区还没有形成能够促使这些国家实现实质性安全合作的环境。② 通常构成一个"区域"所需要的关键因素在东北亚地区极度缺乏。各国都倾向于相互牵制，东北亚各国战略指向的转换所遇到的界限，事实上证明了该地区安全国际合作遭遇到难以突破的障碍。③ 因此，议论了十多年的东北亚多边安全机制建设事实上没有实质性进展。但面对该地区近几年安全形势的进一步复杂化，又迫切需要地区各国另辟蹊径与有所作为。

区域合作与国际机制的创设具有两个重要组成部分：其一，如何认识其历史演进背景及其机遇之窗；其二，在此基础上对国际机制予以理性的设计，包括如何处理历史遗产、如何应对当前的危机、如何设计机制本身以及如何使机制能有效应对未来的挑战。④ 主张东北亚应建立正式的多边安全机制，包括以六方会谈为基础进行推进的论述，普遍认为

---

① 郑永年：《亚洲的安全困境与亚洲集体安全体系建设》，《和平与发展》2011 年第 5 期。

② 金强一：《论中国的东北亚区域战略》，《延边大学学报》（社会科学版）2004 年第 2 期。

③ 金强一：《东北亚合作问题研究的新视野：重组区域政治结构》，《延边大学学报》（社会科学版）2007 年第 3 期。

④ 张春：《演进式理性设计与东北亚安全机制的创设》，《世界经济与政治》2009 年第 7 期。

朝鲜半岛核问题是东北亚安全机制建立的机遇之窗，"朝鲜半岛核问题的出现，既是东北亚安全合作机制缺失的说明，也是建立东北亚安全合作框架的一个有利时机"。① 这种多边安全机制构筑路径主张在面对核心障碍因素时应迎难而上。上述分析表明，这种路径近期内显然行不通。

不同于以解决问题为导向建立多边安全机制的路径，还有一种以聚焦各国的共同利益为视角、以增进各国收益为切入点的多边机制构筑路径。罗伯特·基欧汉（Robert O. Keohane）指出，"促进国际机制形成的激励因素取决于共享或者共同利益的存在"②。本章认为目前东北亚各国应该把多边安全机制建设的视角着眼于能增进共同利益的具体议题上，而非安全机制建设本身。由此以来，第一，各方都可以迅速实现收益。东北亚地区不仅是世界经济中最富活力的地区，也是"经济上互补性最强的地区"③。区域内中国的市场、俄罗斯与蒙古国的能源、日本与韩国的资金和技术以及朝鲜未开发的市场与资源，决定了在该地区通过着眼于经济合作议题，有望能迅速开展对话、协商、合作，并能增进各方的共同利益。

第二，提升信任建设与培养合作的习惯。如前所述，从建立多边安全机制的顺序来讲，首先要建立信任措施，然后在此基础上发展预防性外交机制，最后建立解决冲突的多边安全机制。从东北亚滞后的多边安全机制建设来看，目前的当务之急是"建立和促进信任，进而建立信任机制的探讨"④。从信任作为一种关系的维度来看，"信任既是合作的

---

① 刘昌明：《论东北亚安全合作的困境及其民族主义根源》，《山东社会科学》2008 年第 4 期。

② ［美］罗伯特·基欧汉：《霸权之后：世界政治经济中的合作与纷争》，苏长和译，上海人民出版社 2001 年版，第 96 页。

③ 池元吉、田中景：《建设"中日韩经济合作体"的必要性及建议》，《世界经济与政治》2000 年第 10 期。

④ 李淑云、刘振江：《信任：东北亚区域安全合作的关键因素》，《外交评论》2007 年第 1 期。

前提条件，也是成功合作的产物"①。罗伯特·基欧汉也指出："新的国际机制的创设也许由旧机制所培育出来的相互信任感而得到促进。"②因此，尽管存在一定的不确定性，但着眼于能共同收益的具体议题，比如经济领域内议题的合作，显然能在一定程度上增进有关国家间的信任，也能够培养多边合作的习惯。

第三，定期会面保持沟通畅通，在地区核心安全问题与双边安全问题解决前，相关方的对话仍能继续。随着世界范围内的冷战终结与国际政治的发展，东北亚地区具有地缘政治与区域经济合作双重内涵，在地缘政治因结构性障碍因素无法推进的前提下，通过地缘经济层面的合作，相关国家的对话不仅仍能继续进行，而且也会从其他层面推动地缘政治层面的合作。由于着眼于能共同收益的具体议题，各方都能从具体的合作中收益，所以各方很可能会有充分的动力进行定期会面，沟通就变得畅通起来。这样一来，大家能坐到一起，在讨论、辩论、谈判的过程中促进了各参与方对其他国家的信息、意图和信念的更多了解，减少错误认知，实现观念和偏好的逐渐趋拢，进而为塑造"我们共有"的集体身份铺路。各方在这一过程中也可以逐渐把各自的安全顾虑摆在桌面上谈，这就为双边安全问题的化解提供了一个平台，并为消解敌意带来了可能。最终就会逐渐缩小地区所有参与方的共有目标与双边关系问题间的张力。

第四，如上所述，由于存在诸多安全问题和各方战略考量不同，该地区在核心的安全问题——朝鲜半岛核问题上往往难以合力而为。但朝鲜半岛核问题又是促进地区经济合作与未来高层次安全合作必须搬走的"大石头"。聚焦于经济议题的多边合作，不仅使得朝鲜能逐渐培植信心与参与地区多边合作的习惯，而且在朝鲜更多依赖双边合作的现实背

---

① ［波兰］彼得·什托姆普卡：《信任：一种社会学理论》，程胜利译，中华书局2005年版，第82页。

② ［美］罗伯特·基欧汉：《霸权之后：世界政治经济中的合作与纷争》，苏长和译，上海人民出版社2001年版，第96页。

景下，多边合作中的双边合作，更有利于引导朝鲜的发展与调整。就双边而言，美国、日本、韩国缺乏对朝鲜施加实质性影响的渠道，而由于历史因素、地缘特点、经济关系以及战略因素等，中国和俄罗斯对朝鲜的影响力较大，特别是在金正恩 2011 年年底上台以来重视经济发展与改善民生的背景下。2019 年 12 月底在朝鲜劳动党七届五中全会上，金正恩再次强调当前朝鲜面临的主要任务是经济建设，这是其自 2018 年后第五次在国家重大政治活动上强调经济工作，足见其重视程度。出于保持稳定和控制风险的考虑，朝鲜在逐渐摸索经济调整与开放的过程中，很有可能会首先向相对比较信任、关系比较友好的中俄两国开放，特别是作为传统友好邻国的第二大经济体中国。近年来，朝鲜因经济困难、能源和粮食严重短缺，进口的粮食、原油等 50% 以上来自中国，中国已成为朝鲜主要的物资供应国。[①] 在朝鲜的对外贸易中，中国市场的比重于 2004 年至 2006 年间增加到 39%，2007 年后继续上涨，截至 2009 年已达到 53%。在 2010 年 3 月 "天安" 号事件后，朝韩贸易基本停滞的情况下，中国市场的比重进一步增大。[②] 2018 年应该已经达到朝鲜外贸的 90% 左右。这样一来，通过双边关系，中国就可以采取相应的方式，逐渐引导朝鲜走上经济调整与对外更加开放的道路。

同时，这也有利于朝鲜的经济发展与稳定。经济问题始终无法根本解决，已成为朝鲜自冷战结束至今面临的诸多问题的核心根源之一。

聚焦于具体的经济议题而非多边安全机制本身的地区安全机制建设路径同样并非尽善尽美。其一，东北亚的核心安全议题特别是朝鲜半岛无核化，有可能长久不决。其二，对于可能的核扩散升级缺乏机制化的管理平台，正式多边安全机制的缺乏可能使得保持继续讨论此类议题的诱因缺失，核扩散的风险加大。

---

① 朴光姬：《中国与朝鲜经贸关系转型中的困境及对策》，《东北亚论坛》2012 年第 3 期。

② 《韩报告称去年韩朝贸易仅为中朝一半差距或继续扩大》，2011 年 3 月 23 日，环球网（http：//world. huanqiu. com/roll/2011-03/1581971. html）。

但从收益与风险的角度综合评估，既然近期内无论能否建立起正式的多边安全机制都不太可能在朝鲜半岛无核化问题上实现突破，而且多边安全机制可能的"多对一"公开施压模式也不符合中朝传统友好关系，朝鲜因此更可能紧握"核筹码"不放，所以聚焦于具体的经济议题对于有关国家在朝鲜弃核的利益权重上并没有明显损失。对于可能的核扩散的管理，由于目前多边目标与双边关系间的巨大张力，正式的多边安全机制也没有显示出比目前存在的六方会谈具有更多的优势。反而，通过着眼于具体的经济议题，从中长期来看，不仅能满足朝鲜经济发展的核心关切，而且能培植与培养朝鲜多边合作的信心与习惯，对于通过对话与外交途径最终促使朝鲜实质性弃核显然有着积极的意义。而且，聚焦于经济议题还可以实现地区整体经济的融合与共同发展，从长期来看，在这个过程中通过利益实现的互惠性、信心的构建、多边合作习惯的培养、多边共同目标与双边矛盾张力的缩小等，还能有效促进东北亚地区多边安全机制的最终建立与有效运行。因此，聚焦于具体的经济议题尽管存在以上诸多不足之处，但从收益与风险的角度看，显然收益大于风险。

第六节　结语

通过本章分析可见，东北亚的多边安全机制在朝鲜半岛核问题没有得到解决的前提下很难建立。如果多边安全机制绕开本地区的核心安全问题——朝鲜半岛核问题，那么它又会在本地区与世界范围内失去合法性。但是，如果正式的多边安全机制讨论朝鲜半岛核问题，那么这样的多边机制很可能仅仅服务于朝鲜的安全，对其他国家而言不具有互惠性。而且多边安全机制仅仅在相关国家双边关系保持良好的情况下才能很好地建立与开展工作，这一点在东北亚显然十分缺乏，原因包括霸权政治、历史问题、领土纠纷等。这些问题又激发了相关国家国内的民族主义，使得通过让步与适应来实现集体安全的难度增大。

　　除了建立正式的多边安全机制悲观的前景外，本地区也存在充足的动因促使各国合作。在具有安全意义、各方能共同受益的经济议题上的合作，能逐渐给成员国带来日益增多的利益。这对于合作的合法性与动力都大有裨益，对于信任建设和培养合作的习惯以及保持沟通的畅通也都非常有帮助，显然也有利于解决棘手的安全问题。因此，本章指出对东北亚安全环境乃至长期来看多边安全机制构建最有影响、也最切实可行的路径是绕开共同面临的安全问题，聚焦于能明显增进各方共同利益的具体议题，特别是与经济有关的非传统安全领域。对此，相关讨论会在下一章详细展开。

第八章　如何逐步推动东北亚安全机制构建

有关东北亚地区多边安全机制构建是一个老话题，上一章详细分析了其构建时所面临的障碍因素。但面对该地区难以解决的安全困境，以及新时期中国外交战略与周边战略的紧迫需求，如何务实地对其进行推动已经成为理论界与政策界的当务之急。本章从基本原则与具体政策等方面，思考与分析了如何在推动东北亚多边安全机制建设上逐步破除障碍因素，打好基础工作，最终实现从"不可能"到"可能"。

第一节　结构性障碍、构建必要性与契机

一方面，朝韩冷战对峙问题、中日钓鱼岛争端和历史问题，以及日俄领土争端、韩日领土争端和历史问题等双边问题均属结构性矛盾；另一方面，该地区多边安全机制构建起来的首要考验将是如何处理朝鲜半岛核问题这块"硬骨头"。如上一章所述，朝鲜半岛核问题处于该地区安全问题的核心位置，无论从合法性角度还是从各国首要关切角度，该地区多边安全机制一旦建立必然会触及这一问题。在朝鲜半岛核问题上，朝鲜继 2012 年 4 月在其修订的宪法序言中申明"拥核国家"后，2013 年 3 月又把"核武力建设"确定为党正式路线。① 此后，朝鲜也反

---

① 《朝鲜决定"经济建设和核武建设并行"》，2013 年 3 月 31 日，新华网（http://news. xinhuanet. com/world/2013-03-31/c_ 115224979. htm）。

复指出，"核武器不是交易的筹码"。尽管 2018 年以来，金正恩多次公开承诺将致力于实现半岛无核化，但是在 2019 年 7 月 11 日朝鲜公布的新修改宪法全文中继续载明其"拥核国家"地位。可以预见，没有巨大的利益诱导与压力并举，朝鲜半岛无核化的实现将非常困难。美国作为东北亚地理层面的域外国家，尽管缺乏证据显示其在主动推动朝鲜半岛局势的紧张，但其一直在利用该地区局势的适度紧张服务于其整体战略是不争的事实。这样一来，拟议中的多边安全机制如果聚焦朝鲜半岛核问题，极有可能又是旷日持久的拉锯战。如果绕开这一问题讨论其他问题，美韩日是否同意？

　　既然构建东北亚多边和平安全机制存在这么多障碍因素，当前为什么又要推动建立呢？这主要由于以下几个紧迫原因。第一，近几年东北亚地区的安全形势进一步复杂化，已经影响到地区各国的共同利益，迫切需要"另辟蹊径"引导地区局势走出困境。（1）相关国家间存在的根深蒂固的历史问题、领土问题、信任缺失问题等并没有消减迹象，反而持续发酵。（2）该地区除了美国、俄罗斯、中国三个核大国外，朝鲜经过六次核试验后相关技术已经相对成熟，韩国和日本主张"自主拥核"的声音也更加高涨。（3）该地区的格局正在酝酿着意义深远的变化：中国崛起，美国相对衰落与战略东移，中美在该地区的竞争客观上增强；朝鲜通过核问题试图把自己塑造成一个可以左右全局的因素；韩国通过经济成就、软实力、积极外交以及加强韩美同盟等也加大了引导该地区走向的力度；美俄因新形势下蒙古国愈加显现的地缘政治价值进一步加强了与其的关系。

　　第二，落实新时期中国周边战略的需要。2013 年 10 月 24—25 日，我国史无前例地高规格召开周边外交工作座谈会。习近平、李克强等七大常委悉数出席，其规格之高前所未有，显示出新一届中国领导人对周边外交的高度重视。在这次座谈会上，习近平强调，"无论从地理方位、自然环境还是相互关系看，周边对我国都具有极为重要的战略意义"①。

---

　　① 习近平：《让命运共同体意识在周边国家落地生根》，2013 年 10 月 25 日，新华网（http：//news. xinhuanet. com/2013-10/25/c_ 117878944. htm）。

2014 年 11 月 28—29 日召开的中央外事工作会议上进一步确立了周边外交的重心地位。习近平主席在讲话中指出要完善我国对外工作的战略布局，他指出要布局七个方面，其中第一个就是要抓好周边外交工作。可以说，以习近平为首的新一届中国政府将中国外交战略已经由此前的"大国外交"一个重心调整为"大国外交"和"周边外交"两个重心，并相继在东南亚、南亚、中亚三个次区域推出了具体政策。中国在这三个次区域推动这些政策主要得益于两个基本因素：该地区较为稳定的安全环境与该地区存在的多边机制。较为稳定的安全环境又深深得益于多边机制的存在，这尤其体现在东南亚的东盟和中亚的上合组织，南亚的南亚联盟也起到一定的积极作用。

相比于上述三个次区域，东北亚地区安全困境十分严重且长期难以逐步缓解的重要原因在于多边和平安全机制缺失与各国间多层面有效沟通严重不足，对此在前面章节中已经详细论述。这已严重制约了中国在东北亚地区推行区域政策从而更好地落实周边战略的目标。从习近平主席上任中国国家主席后的前两次单独出访国家分别是韩国和蒙古国，均处于东北亚地区，可以推测中国有可能试图通过双边关系加强来落实在该地区的周边战略。但双边关系对推进地区战略的局限性是显而易见的，特别是中韩与中蒙关系又存在一定的不稳定性。因而通过构建多边安全机制，双边与多边多管齐下，中国的周边战略规划在东北亚地区才能更好地逐步落地生根、变成现实。

第三，与伊朗核问题不同，朝鲜半岛核问题解决的难度要大得多。从解决朝鲜半岛核问题的角度出发，需要弱化东北亚冷战格局。在目前背景下要弱化东北亚冷战格局异常困难，东北亚多边安全机制的建立是一个很好的突破口。

此外，一个好的政策或者战略构想必然要符合本国利益与其他相关国家的共同利益。推动建立东北亚多边安全机制就是这样。如上一章所论述的那样，韩、俄、美、日、蒙古国、朝鲜等国均明确表达过希望其建立的期望，也都在不同程度上进行过推动。过去东北亚区域合作滞后

的主要原因在于朝鲜半岛紧张局势高居不下以及美国通过强化军事同盟
造成该地区分裂，这些在新时期都在发生变化。2018 年后的朝鲜半岛
局势呈现出冷战结束以来最为缓和与活跃的局面。对于后者一方面由于
美国实力相对下降，希望日本和韩国发挥更大独立作用；另一方面，日
韩随着实力增强，表露出希望更多加强区域合作的迹象。总体来看，美
国主导东北亚是在"二战"结束后中日韩均非常虚弱的情况下的特殊
现象。从长历史的角度来看，随着中日韩的崛起以及区域内自主意识增
强，加强区域内的合作是大势所趋。作为本地区规模最大的国家，中国
理应积极引导和推动。

第二节　预期目标、目标分解及构建原则

面对东北亚多边安全机制构建所面临的巨大障碍，在推动建立时首
先需要确定有限理性的目标。本着"饭要一口一口吃，路要一步一步
走"的务实原则，应将机制的推进进程分解为不同的阶段，并根据不
同的阶段进行具体的目标分解。东北亚多边安全机制最终应实现以下两
个目标。其一，维护东北亚地区的和平与稳定，同时又能在这个过程中
逐步解决包括朝鲜半岛核问题在内的朝鲜半岛安全问题。这就表明，和
其他任何多边机制一样，拟议中的东北亚多边安全机制既是目的，同时
也是解决问题的手段。

其二，在六方会谈复谈面临困难的情况下，该机制可以取代六方会
谈的部分功能，减轻因六方会谈停滞而带来的负面影响。专注于朝鲜半
岛无核化已经让六方会谈举步维艰，如果再承担东北亚多边安全机制构
建，六方会谈实际上会不堪重负。应逐步将这两个虽互相联系却又区别
很大的目标分配给两个不同的机制去承担，未来六方会谈可专注于朝鲜
半岛无核化问题的解决。

为了逐步务实推进，在具体构建时要进行"目标分解"，一步一个
脚印地去实现东北亚多边安全机制的建立。这就要求任何时候既要发挥

主观能动性创造条件，更要根据具体客观情况制定各阶段的目标，注重早期收获。本章认为东北亚多边安全机制建设进程可分为两个阶段：营造氛围阶段与安全机制化推进阶段①。在营造氛围阶段应围绕实现以下几个更为具体的目标展开。其一，通过这一机制交流信息，弥补该地区多层次交流和有效沟通严重缺失的不足；其二，管控危机，特别是针对朝鲜半岛的相关安全危机；其三，塑造集体身份，只有频繁地通过制度化的对话交流，该地区集体身份才有望逐步建立起来；其四，逐步将朝鲜拉入国际社会，培养与提升其和国际社会合作的信心与习惯，从而为该地区核心安全问题之一的朝鲜半岛相关问题的逐步解决创造条件。

安全机制化推进阶段，则应努力实现以下更为具体的目标。（1）应推动东北亚地区的相关热点问题顺利得到解决，或者更为可控。这其中，届时朝鲜半岛无核化的目标应最终实现，包括中日钓鱼岛问题在内的领土问题则应更为可控。（2）随着在论坛的领导权上中美双领导体制的形成，该地区的冷战格局应得到实质性弱化。

考虑到上述障碍因素，在营造氛围阶段需牢牢把握以下基本原则。第一，不触动美国在该地区的双边同盟安排。从根本上讲，美日与美韩同盟的未来走向主要取决于中美权力转移的前景。当中国在该地区的影响力大幅超过美国时，也就意味着美国在该地区的利益维护不得不依赖与中国的合作，那么中美合作对美国的意义就会超过美日同盟与美韩同盟。② 当前以及未来相当长一段时间，中美在该地区的实力对比仅仅处于相对均衡态势。

---

① 目标分解的依据之一在于中美权力转移的趋势与速度。对此可参见王俊生《中美双领导体制与东北亚安全：结构失衡与秩序重建》，《国际政治研究》2013 年第 4 期。

② 以前美国影响力大幅超过中国时，美国对美日同盟与美韩同盟的控制超过对其的利用；目前正在形成中美二元均衡格局时，美国对美日同盟和美韩同盟的利用超过对其的控制。比如面对日本更加独立于美日同盟的倾向，2014 年 4 月奥巴马访日时作为美国总统首次明确表示钓鱼岛适用于《美日安保条约》，主要原因在于目前利用日本牵制中国成为美国更为重要的战略需求；如果中国在该地区影响力上略微领先美国——这在未来很可能出现，美国控制美日与美韩同盟的一面会更加让位于利用其遏制中国的一面。

第二，不触动领导权分配问题。如上所述，各国对东北亚多边安全机制领导权"花落谁家"高度敏感，目前仍缺乏令各方都接受的务实性安排的条件。甚至可以认为，在成立阶段如果触及领导权分配问题，该机制几乎没有成功的可能性。

第三，要始终牢记该阶段的目标着眼于具体利益增进和维持其召开本身，不能奢求要解决具体问题。也就是说，先暂时撇开问题，而着眼于各方能收益的方面。面对该地区众多结构性障碍如果在营造氛围阶段目标定位在解决问题上，必然导致其难以为继。同时，召开多边机制本身就能发挥危机管控、塑造集体身份、建立互信等几个更为具体的作用。

第四，讨论的议题与朝鲜半岛核问题适度脱钩，机制建设进程避免被朝鲜半岛核问题"绑架"。朝鲜半岛核问题的形成原因非常复杂，从根本上需要将"弃核"与消除冷战格局同步推进，这都难以在短期实现。从这个意义上讲，看待朝鲜半岛核问题，任何时候都要排除一夜之间就能解决问题的想法。如果每次机制召开时均讨论朝鲜半岛核问题不仅会冲淡各方对其他问题的关注，而且因为该问题在相当长时间内的无法解决最终很可能使得机制瘫痪。

此外，由于东北亚多边安全机制构建具有重要意义，但其构建又面临巨大障碍，某些障碍甚至是结构性的，在推动构建时还要坚持"战略视野"的原则。也即面对巨大的障碍因素，甚至看起来似乎是"不可为而为之"，推动建立东北亚多边安全机制应从地区各国共同利益和中国周边战略实现的高度去看待。可以预料，各国在推动建立这一机制过程中将面临诸多挑战与挫折，甚至有可能在付出巨大外交资源的情况下遭遇暂时中断乃至退步，这就需要不能计较一时得失，而是从战略高度和长时段角度进行推动。

第三节　推动多边经济合作为安全
机制建设营造氛围

之所以要强调推动多边经济合作，除了上一章论述的当前东北亚多边机制建设应着眼于共同收益的方面外，还有以下现实考虑。

1. 有利于半岛局势的持续缓和，有利于东北亚的和平稳定。朝鲜战略重心转移到经济建设上是本轮半岛局势缓和的最大动力。过去缓和动力主要是外部诱引，2018 年以来是朝鲜想变，这是我们的最大机会。这表明要推动朝鲜不再走发展核武器老路，应积极营造环境，促使其将国家战略重心继续聚焦于经济建设。2019 年以来随着朝美对话陷入僵局，朝鲜 2019 年已经试射了十几次导弹，表达了不满。区域经济合作有利于鼓励朝鲜继续向经济发展的方向走下去。

2. 从朝美主要结构性矛盾看，美国对朝鲜政权有根深蒂固的偏见，其印象相比于小布什 2001 年将其界定的"邪恶轴心"并无多大改观，这是美国不愿解决朝鲜相关关切的最根本心理因素。通过鼓励朝鲜积极参与国际合作有利于塑造美国所期待的"正常"国家形象，从短期看利益或许并不明显，但假以时日，对美国真正愿意解决朝鲜核心关切意义重大。

3. 有利于东北亚经济的稳定。众所周知，东北亚地区是和北美、欧洲并列的世界三大最活跃的经济体之一。但是中日韩的经济相互依存度指标只有 19.4%，而北美国家是 40.2%，欧盟国家更是高达 63.8%。这不仅导致亚洲经济容易受到欧美制约，也成为亚洲经济增长不稳定性的重要原因。目前全球经济发展低迷，2019 年 7 月国际货币基金组织已经把全球经济增速下调至 3.2%，为过去十年来的最低水平，因此东北亚国家更应加强合作。

具体可以：（1）争取朝鲜加入亚洲基础设施投资银行；（2）推进中俄朝和中朝韩三边经济合作；（3）可考虑在亚投行下专门设立"东北亚建设资金"，专注于该地区相关项目投资，尤其是互联互通建设；（4）成立东北亚地区能源论坛。前三个设想在本书的第五章已经做过详细论述，这里重点讨论第四个方面。

在朝鲜面临的经济问题中，能源短缺特别是石油短缺又是其核心症结。朝鲜能源供给不足的直接表现是一次能源消费量由 1991 年的 2192 万吨标准油下降至 2009 年的 1591 万吨标准油。朝鲜是贫油国，东北亚

地区油气探明可采储量 5635.95 亿桶油当量，朝鲜油气储量最少，仅为
50 万桶原油。① 苏联解体前，朝鲜几乎所有的工业原料（包括发电、制
造业、化肥等）都是石油，苏联能满足朝鲜对石油的所有需求。在苏
联解体、俄罗斯切断对朝鲜的石油供应后，缺少外汇的朝鲜工业发展立
刻陷入了极大困难，很多工业部门只得关闭，国民经济濒于崩溃。② 由
此可见，尽管朝鲜每年的石油总需求量数字很难统计，但是石油赤贫的
现实表明，能源安全特别是石油供应安全是少数几个与朝鲜核心利益休
戚相关并有望吸引朝鲜积极参与的议题。正是在这一意义上，有学者指
出，如果东北亚有关国家加强在能源领域的合作和地区建设，诸如石油
或天然气输送管道等基础设施建设，并由此向朝鲜提供能源，促进其经
济发展，则有望成为解决朝鲜半岛核问题的一种催化剂。③

　　东北亚是世界上相对独立的能源单元，存在一个较为完整的"资
源—市场""能源生产—消费""充足的资金、技术、劳动力供应—流
通"的区域能源体系。④ 各国在能源的勘探、开发、提炼、运输和使用
等各个环节各具优势，通过合作以及发展制度性机制来实现能源优势互
补并获取共同利益是显而易见的。⑤ 该地区也是能源与地缘政治结合最
紧密的地区之一，油气进口来源具有相似性，运输路线具有重叠性，同
时也是近期能源需求增长最快的地区之一。⑥ 通过能源合作，不仅能带
动各国的经济发展，也能服务于东北亚的地区安全。"特别是东北亚战

---

　　① 　在可采储量中，以天然气为主，其次为原油和凝析油，三者比例关系分别为 61.77%、
35.93% 和 2.3%，主要赋存于俄罗斯东部及中国华北和东北地区。参见王春修、贾怀存《东
北亚地区油气资源与勘探开发前景》，《国际石油经济》2011 年第 11 期。
　　② 　这些观点源自作者于 2012 年 10 月 19—24 日随中国社科院亚太与全球战略研究院代表
团访问朝鲜期间与朝鲜相关方面的交流而得出的。
　　③ 　倪建平：《俄罗斯能源战略与东北亚能源安全合作：地区公共产品的视角》，《黑龙江
社会科学》2011 年第 1 期。
　　④ 　杨旭涛、唐彦林：《国际机制理论与东北亚能源外交》，《东北亚论坛》2008 年第 5 期。
　　⑤ 　倪建平：《俄罗斯能源战略与东北亚能源安全合作：地区公共产品的视角》，《黑龙江
社会科学》2011 年第 1 期。
　　⑥ 　王春修、贾怀存：《东北亚地区油气资源与勘探开发前景》，《国际石油经济》2011 年
第 11 期。

略能源领域方面的合作，若能成功，存在引领该地区传统安全合作的可能性，如海洋资源、石油资源、核能源等。"① 事实上，鉴于朝鲜半岛核问题久拖不决，加之能源在东北亚安全中的地位愈益突出，"将能源问题纳入东北亚多边安全机制中也已成为美国各界的共识"②。

东北亚地区从油气资源的角度可以分为两个板块：居于北部的是俄罗斯远东地区和东西伯利亚的广大产油区，南部则是本地区的石油进口和消费大国——中国、日本和韩国（见表 8 - 1）。由于该地区缺乏多边能源合作网络，甚至没有对能源事务的共同规划，使得地区内石油出口国与消费国之间即使有共同的利益，也无法很顺利地进行合作。一方面，这导致了中、日、韩互相竞争俄罗斯的石油供应，致使三国的石油供应成为零和游戏，损害了三国的经济利益；另一方面，俄罗斯作为不对称依赖的石油供应者一方尽管在石油需求国的相互竞争中能在定价等方面取得主动权，但由于缺乏稳定的制度支撑，经济高度依赖石油出口使它一直不能实现石油资源的经济利益最大化。东北亚作为当今世界上石油需求最大的地区，主要从中东而不是俄罗斯进口。中国对石油的进口依存度达到近 50%，日、韩更是将近 100%③，其中，中国从中东进口石油占总进口量的 40%，韩国和日本则分别为 82% 和 87%。作为石油储量世界第六、产量第一、出口第二的俄罗斯④，向近在咫尺的世界最大石油消费区——东北亚出口的石油不到其出口量的 30%。⑤ 由于东

---

① 仇发华：《西欧与东北亚地区多边安全合作的比较研究》，博士学位论文，复旦大学，2006 年。

② 参见倪霞韵《美国构建东北亚安全机制的设想》，《国际资料信息》2006 年第 4 期。另外一点共识是不主张将朝鲜纳入未来东北亚多边安全机制之中，这个是笔者不能同意的。目前，朝鲜经济的发展模式和发展程度严重脱离全球经济一体化进程，这不仅使朝鲜在全球和东北亚地区进一步边缘化，其行为更为捉摸不定，而且也不利于区域的整体合作。

③ 杨旭涛、唐彦林：《国际机制理论与东北亚能源外交》，《东北亚论坛》2008 年第 5 期。

④ 王兵银：《俄罗斯缘何关注朝鲜半岛局势》，《当代亚太》2003 年第 5 期。

⑤ 俄罗斯能源出口量的 60% 都输向欧洲，向东北亚国家的能源出口不到其出口总量的 30%。参见罗威《俄罗斯的能源政策及其对东北亚能源安全的影响》，《经济导刊》2011 年第 12 期。

北亚地区尚未建成天然气供应网络，作为天然气储量、产量和出口量均居世界第一位的俄罗斯甚至无法向区域内其他国家输送天然气。①

表 8-1　　东北亚地区油气剩余储量分布（单位：亿桶油当量）

国家/地区	总计	所占比例（%）
俄罗斯东部	3319.77	88.81
中国东北和华北	412.27	11.03
日本	4.20	0.11
韩国	0.95	0.03
蒙古国	0.78	0.02
朝鲜	0.005	0
总计	3737.98	100

资料来源：王春修、贾怀存：《东北亚地区油气资源与勘探开发前景》，《国际石油经济》2011年第11期。

由此可见，一旦在该地区构筑能源多边合作的制度平台，不仅作为石油供应国的俄罗斯能实现可持续的收益，而且石油消费国也能获得稳定的石油供应。中国、日本和韩国均面临石油进口过于依赖中东地区的战略风险，共同面临"马六甲困局"的困扰。中、日、韩在石油稳定供应的基础上，经济的进一步发展也能成为俄罗斯经济崛起的载体。俄罗斯领土的2/3在亚洲，占全俄土地面积3/5的远东和西伯利亚地处东北亚，远东经济的复苏和振兴直接关乎俄整个经济的发展。②从表8-1可见，除朝鲜外，蒙古国也只有少量油气发现，这两个经济发展落后的国家也正致力于经济发展，该地区能源多边合作也有望会使蒙古国和朝鲜参与到地区经济的发展中，共同获益。同时，如果东北亚地区能够建

① James Brooke, "At a Cost, Siberian Pipeline to Send Oil to the Pacific," *New York Times*, January 22, 2005.

② 周茂荣：《俄罗斯与东北亚天然气合作》，《东北亚论坛》2008年第4期。

立石油和天然气网络，该管道经过朝鲜和韩国，也有望促使朝鲜变成区域合作的积极参与者。这其中，安全担忧可能会影响能源合作，俄罗斯的油气管道在经过朝鲜铺设到韩国与日本时也一定会考虑到安全因素。但国际合作的实践与理论认为，只要相互的相对利益可以获得保障，国与国之间就可以在某一领域进行合作，即使彼此对未来存有不确定感，即使对可能造成的危险与潜在威胁有忧虑，国与国之间也可能进行合作。① 2011 年 8 月 24 日，俄罗斯时任总统梅德韦杰夫会见到访的朝鲜最高领导人金正日时，双方曾经就过境朝鲜向韩国输送天然气项目成立三方委员会也已明确达成一致。在朝鲜境内铺设管道意味着朝鲜将不再仅依靠核武器争取国家利益，它也可以在经济上受益。由此可见，该地区通过能源合作，不仅能满足中、日、韩日益紧张的能源需求，而且也能带动俄、朝、蒙的经济发展，还能增加韩国对朝鲜的依赖度，有利于缓解整个地区的安全紧张局势。

在推进多边经济合作上，要尤其重视中俄的带动作用。中俄关系是目前朝鲜半岛相关国家关系中最好的一对关系。俄罗斯作为安理会常任理事国以及东北亚地区大国，中俄共同推动相关多边合作能起到较好的带动作用，而且有时也比双边合作更能打消有关国家的顾虑。

第四节 逐步推动多边安全机制建设

推动多边安全机制建设也应分为两个阶段：初步阶段与中长期阶段。初步阶段应充分考虑到当前朝鲜半岛局势发展的现实，着眼于应该做什么与能做什么。2018 年以来，半岛局势出现前所未有的缓和态势。与此同时，2019 年 2 月 27—28 日美朝首脑峰会无果而终，迄今美朝对话与半岛局势一直处于僵持状态，不确定性增大。当前，推动多边机制开展国际合作不仅有利于为多边安全机制构建打下基础，而且也有利于

① 傅梦孜：《东北亚安全机制：现实与前景》，《现代国际关系》2004 年第 4 期。

助推朝鲜半岛问题解决。

当前美朝主要分歧在于以下几方面。（1）无核化与安全保障实现顺序。（2）无核化概念，美国实质是朝鲜无核化，朝鲜则是半岛无核化。（3）"增量"和"存量"，朝鲜迄今为止的举措表明不再有"增量"，对如何处理"存量"不置可否。美国要求朝鲜不仅不能有"存量""增量"，而且其核技术人员等都要彻底管理好。（4）美国要求先有"一揽子"方案（也即"大交易的路线图"），然后再谈具体执行步骤。朝鲜希望"分阶段、同步走"走，其他走一步看一步。上述分歧中，（2）和（3）因国际上存在较大共识，有望在实际执行时达成默契。但（1）和（4）极可能始终困扰美朝对话与半岛局势发展。这也表明美朝双方对未来解决目标存在共识，但对如何执行存在根本性分歧。

这些分歧仅靠美朝双方直接会谈难有乐观结果。（1）朝鲜不可能先放弃核武器，这涉及政权安全。甚至难以先申报，因为一旦申报，美国对其核设施将了如指掌，万一届时美国改变政策对其打击怎么办，就像利比亚和伊拉克战争那样。（2）美国也不可能先给朝鲜安全保障，甚至不可能"一步步"解除部分制裁。美国有根深蒂固的"受骗心理"，认为正是朝鲜欺骗才在过去20多年发展出了核武器。而且美国政府认为正是由于"极限施压"才让朝鲜愿意和美国对话讨论无核化。

由此可见，美朝关于半岛问题的底线都很清楚，美国在没看到半岛无核化实质性进展前不大可能放松对其的制裁。朝鲜也不大可能在看到安全得到保障和制裁得以部分解除前放弃核武器和导弹。两者分歧已形成类似"鸡生蛋""蛋生鸡"的"死结"，仅靠美朝直接对话很难解决。

面对上述困境，出路在于美朝直接对话与国际合作同时推进。一方面半岛核心问题在于美朝之间，需要两者直接谈。另一方面之所以强调国际合作：（1）从美朝主要分歧上看主要在于信任缺失，解决思路无非是第三方介入或提供多边机制，国际合作对此有利；（2）半岛问题是地区和国际问题，涉及美韩同盟、大国关系、朝韩关系等，需要国际合作。

这方面有学者有意无意地把过去解决半岛问题挫败归因于六方会谈属本末倒置。六方会谈只是框架而已，过去失败的原因是美朝均缺乏解决问题的诚意。2018 年以来美朝展现了解决问题的一定诚意，双方直接对话较好，但国际合作质量不高，不仅中美合作和俄美合作如此，中韩合作也是如此，当前急需推进国际合作。从过去看，朝鲜半岛核问题解决最好时也是国际合作最好时，如 2005 年达成《9·19 共同声明》。

具体推进方式可以参考中国提出的"双轨制"，即半岛无核化与和平机制构建同时推进。这两者相互促进，没有无核化实现很难建立和平机制，没有和平机制构建又很难实现无核化。同时，这两个又是不同问题。为此可建立两个工作组分别承担上述目标：一是中美朝韩四方会谈，聚焦于半岛和平机制构建；二是中美朝韩俄日六方会谈，聚焦于半岛无核化。这两个工作组可服务于建立国际合作的需要。将来应同时推进三个对话：朝美对话、四方会谈、六方会谈。

四方会谈和六方会谈的开启不仅有利于半岛问题的解决，而且对于逐步推进东北亚的多边安全机制也有积极意义。需要指出的是，为解决朝鲜半岛问题而推进的四方会谈与六方会谈不会自动转化为东北亚多边安全机制。这里还需要在朝鲜半岛问题解决出现曙光后，要及时地将其引导到多边安全机制建设的轨道上。

综上可见，在机制定位上，在东北亚地区建立一体化程度较高的多边安全机制并不现实，应该推动建立机制化程度较低的安全合作论坛。考虑到目前该地区已经存在"香山论坛"以及由美国加利福尼亚大学发起的东北亚合作对话会（NEACD）等半官方论坛①，因此东北亚安全

---

① 一是 1993 年成立的亚太安全合作理事会（CSCAP），是以亚太地区十个国家有关研究所为中心创立的，其下设的"北太平洋工作组"致力于推动东北亚安全对话机制和朝鲜半岛稳定框架的建设；二是始于 1993 年、由美国加利福尼亚大学附属的全球冲突与合作研究所发起的、中、美、日、俄、朝、韩六方官员和学者共同参加的东北亚合作对话会（NEACD），致力于建立信任措施，尤其是在海事、核不扩散、危机预防、透明化等方面。

合作论坛应是官方的、高级别的一个和平机制。如果是非官方或者层次不高，就很难实质性缓解该地区安全困境，也很难实现中国周边战略在该地区的预定目标。

考虑到上述困难，即使是机制化程度较低的论坛也很难一下子凭空建立。因此在具体构建路径上，届时可从激活六方会谈所设立的东北亚和平与安全机制工作组开始。2007年2月13日朝鲜半岛核问题第五轮六方会谈第三阶段会议闭幕时通过了《落实共同声明起步行动》文件，六方同意设立五个工作组，东北亚和平与安全机制工作组就是其中之一。因此可以从六方会谈内的已有架构开始，然后向"东北亚安全合作论坛"过渡，再向"东北亚安全合作机制"过渡。路径可以这样：东北亚和平与安全机制工作组会议（比如六方会谈参与国驻华大使参加）—六方会谈参与国的朝鲜半岛事务副代表专门讨论东北亚和平安全机制构建—六方会谈参与国的外交安全高官对话（参与级别为外交部副部长级和国防部副部长级）—六方会谈参与国的外交安全"双部长论坛"（国防部长＋外交部长）—推进"6＋1"，也即六方会谈六国＋蒙古国，正式成立"东北亚安全合作论坛"。在此基础上可考虑举行定期的七国元首峰会。

在具体参与方上，应涵盖中美俄日韩朝蒙七国。中俄日韩蒙的参与资格没有争议，关键是如何看待朝美参与？实际上，面对严重安全困境与结构制约，半岛问题彻底解决任重道远。但从长远看，必须将朝鲜纳入地区合作中来，必须扩大朝鲜与该地区国家共同利益的融合，这是实现半岛"永久和平"必不可少和至关重要的一环。经验表明，孤立朝鲜无助于该地区安全环境改善。而且朝鲜也是朝鲜半岛相关问题的直接当事方。朝鲜参与还可逐渐培养和提升其与国际社会合作的信心与习惯，有利于逐步推动实现朝鲜半岛无核化；美国在亚洲的驻军主要在东北亚地区的日本和韩国，韩国战时指挥权也在美国手中，通过这种同盟安排，美国实质上分享了日韩两国的部分主权。同时，美国在该地区拥有巨大影响力，如果将其排除在外，也无助于该地区安全环境改善。

在具体运作上，应以轮值的方式在各国召开，也即各国拥有平等的领导权。当然，中国作为地区大国理应承担更大的责任，应主动推进机制的运行。同时，专门议题与机制建设并行。每年可就某一议题专门讨论。议题既可以是传统安全领域，也可以是非传统安全领域。议题选择要秉持"先易后难"的原则。讨论议题与朝鲜半岛核问题适度脱钩，机制建设进程避免被朝鲜半岛核问题"绑架"。随着论坛召开，推进机制建设。要注重早期收获。比如，没有共同声明就发布联合声明，增加各方观点的互相碰撞。

考虑到难度，还应全方位进行推进。可因此同时考虑成立"东北亚安全合作智库论坛"与"东北亚安全合作名人论坛"。中国智库与其他六国的智库一直保持着密切交流，届时每个国家只需选择一个智库牵头，比如由中国社会科学院牵头，整合该国其他相关智库参与即可。"东北亚安全合作名人论坛"也有现成基础。东北亚作为"关系型"社会文化，"名人"对相关国家政策与舆论有较大影响。这些名人主要以有较大政策影响与社会影响的前高官与著名学者为主。

从参加的积极性上来看，其他六国中韩国可能最为积极，其次是俄罗斯，然后是蒙古国。由于整体竞争性关系，日本与美国最为担心中国会主导这一机制。反过来讲，如果美国参加，那么日本参加的障碍就小得多。而如果美、日、韩、俄、蒙都参加，那么朝鲜在权衡利弊后很可能会参加。由此可见，这一论坛能否成功召开的关键在美国，因此要积极与美国进行沟通，打消其顾虑，争取美国的积极支持。

同时，要发挥韩国的积极作用。如上所述，东北亚各国中，韩国是最早倡导建立东北亚多边安全机制的国家，态度最为积极。韩国的主要目的在于缓解半岛紧张局势、保持与中美俄日四大国接触并发挥关键的均衡影响。因此，在推动建立东北亚多边安全机制上，中国可以与韩国积极协调，并利用美韩同盟的关系，促使韩国积极做美国的工作。而且对于当前的半岛局势，中韩合作也至关重要。韩国是 2018 年后半岛局势缓和的最积极推动者。朝美对话最大问题是缺乏基本信任，考虑到中韩与美国和朝鲜的关系，中韩合作是填补朝美"信任赤字"缺失的有效选择。

对朝鲜而言，必须采取让利与施压并举的措施。该论坛从根本上讲符合朝鲜利益。中国一方面应该对朝鲜做充分的沟通工作，打消其后顾之忧。在必要的承诺上该给的一定要明确给，比如合理的安全关切等。在这方面也可考虑同时通过俄罗斯做其的工作。另一方面，中国也要表现出一定的战略定力，应向朝鲜传递出中国推动该机制建设的坚定意志，让其明白其即使不参加中国也会推动召开。一旦如此，朝鲜面临的国际压力特别是心理压力料将很大。实际上，朝鲜国务委员会委员长金正恩作为"80"后在欧洲留过学的年轻领导人开放自信，自上台以来，频频公开讲话、带领第一夫人出席活动、乘坐飞机出国、公开会见记者等。同时，自其上台以来更加致力于打破国际孤立，希望塑造有利的国际形象。

第五节　结语

总之，尽管面临种种困难，但是建立东北亚多边机制已经到了需要纳入中国外交战略特别是周边战略规划的时候了。考虑到上一章所分析的东北亚多边安全机制建设的障碍，本章认为其建设路径可分为两个阶段：营造氛围阶段和具体推进阶段。营造氛围阶段，一方面考虑到上一章所分析的当前应该着眼于从各方能收益的具体经济议题入手，另一方面也考虑到经济合作相对敏感度低，同时尤为重要的是考虑到当前朝鲜半岛局势发展的需要，本章主张先从多边经济合作入手。具体而言，就是：（1）争取朝鲜加入亚洲基础设施投资银行；（2）推进中俄朝和中朝韩三边经济合作；（3）可考虑在亚投行下专门设立"东北亚建设资金"，专注于该地区相关项目投资，尤其是互联互通建设；（4）成立东北亚地区能源论坛。

在东北亚多边安全机制的具体推进阶段又可以分为初步阶段与中长

期阶段。目前阶段在继续推进朝美对话的基础上，可以推进四方会谈和六方会谈。这不仅可以继续培养各方合作的习惯与培养集体身份，而且尤为关键的是可以逐步推进半岛问题的解决。在半岛问题解决进入良性轨道后，本章主张应适时推动向东北亚多边安全机制转换，这可从激活六方会谈所设立的东北亚和平与安全机制工作组开始。通过合理阶段过渡，最终正式成立"东北亚安全合作论坛"。

　　这里需要指出的是，考虑到当前半岛局势发展的需要，"营造氛围阶段"与"东北亚多边机制建设的初步阶段"可以同时推进，并行不悖。

第九章　构建东北亚安全区域领导机制必要性探析

上述各章节对东北亚安全的研究都直接或间接地指出了该地区的领导体制问题，以及其中所面临的中美合作缺失与中美关系对立的状态。[1] 本章意在探讨：该地区安全问题频发且难以解决是否与中美合作缺失有关，有多大关联？中美在引导该地区安全结构优化上应扮演何种角色？国际社会已有的类似合作对于中美合作有何启示？如何建构中美新的地区角色以获得与地区内其他国家"多方共赢"的效果？本章以东北亚安全结构以及其中的中美合作为研究对象，在解决思路上提出了"双领导体制"的概念，并结合具体案例对这一概念加以阐述，主要讨论其构建的必要性。

第一节　双领导体制形成条件

近年来，美国在重返亚洲的战略下，进一步加强了与日本和韩国的同盟，发展和提升了与中国许多其他周边国家的关系，加大了对中国的

---

① 袁鹏：《寻求"双重稳定"：中美关系与东北亚局势紧张的相关性及破解之道》，2013 年 9 月 10 日，现代国际关系研究院网站（http：//www. cicir. ac. cn/chinese/newsView. aspx？ nid = 2212）；黄凤志、金新：《中国东北安全利益的多维审视》，《东北亚论坛》2011 年第 2 期；[日] 浦野起央：《21 世纪亚洲的选择》，梁云祥、梁星译，中国社会科学出版社 2003 年版，第 10 页。

围堵，两国在东北亚的对峙进一步加强。"天安号"事件发生后，美国与韩国单方面举行高强度联合军演。更有甚者扬言要借此给中国传递一个"信号"，炒作"乔治·华盛顿"号航母驶入黄海参演，由此引发中国强烈不满，中美双方博弈升级，进一步恶化了地区整体局势。在中日钓鱼岛争端上，美国纵容并鼓励日本右翼力量，导致中日钓鱼岛纠纷一度愈演愈烈。中美对峙不仅对于解决该地区安全问题毫无助益，反而已成为该地区和平与稳定必须亟待解决的问题。如何把中美合作纳入东北亚安全结构已引起相关学者的关注。袁鹏教授指出了中美关系稳定与东北亚地区稳定之间的关系。"东北亚地区真正的和平稳定，有赖于中美之间形成长期战略稳定关系；而中美长期战略稳定格局的塑造也取决于中美在东北亚地区的有效合作。""这种'双重稳定'的追求，将有助于中美关系和东北亚安全格局同时突破瓶颈，带来真正意义上的和平与稳定，从而为中美在更广泛意义上的亚太地区形成新的合作框架。"①

但是针对如何将中美同时纳入东北亚安全秩序，加强中美合作，学界并没有太多关注。针对"双领导体制"，此前只有赵全胜教授和顾炜教授提到过，但是两者指向完全不同。赵全胜教授指出，随着综合国力的日益增强，中国在国际经济、贸易和金融领域中开始发挥领头羊作用。与此同时，美国作为全球范围内唯一超级大国，在军事、安全及政治领域仍然发挥着决定性的领导作用。并提出了"中美双领导体制"的概念。② 由此可见，赵全胜教授的"双领导体制"指的是美国在安全领域起到领导作用，而中国在经济领域起到领导作用。这和周方银教授提出的"二元格局"类似。本章的"双领导体制"概念与顾炜的讨论比较类似，讨论的是地区整体秩序③。

---

① 袁鹏：《寻求"双重稳定"：中美关系与东北亚局势紧张的相关性及破解之道》，2013 年 9 月 10 日，现代国际关系研究院网站（http：//www.cicir.ac.cn/chinese/newsView.aspx? nid = 2212）。

② 赵全胜：《中美关系和亚太地区的"双领导体制"》，《美国研究》2012 年第 1 期。

③ 顾炜：《双重领导型地区秩序的构建逻辑》，《世界经济与政治》2017 年第 1 期。

"领导"属于管理学范畴，由"领"和"导"组合而成，《现代汉语词典》的解释是"率领并引导"。[①]目前学界关于地区领导国家应具备的条件没有专门分析，有限和零碎的分析仅限于对成为世界领导国家所应具备的基本要素。

第一，应具备比其他成员国更强的综合实力。"一个必然的逻辑就是：基于国家实力分布之上的国际权势等级结构，根本上决定了国际体系总是由一个或若干个领导国家来支配或曰领导。"[②]"有一点是肯定的，那就是'世界领导'这一概念具有显而易见的等级和垂直结构。"[③]推延至地区范围，一个国家要成为地区领导首先应建立在相比于区域内其他国家具有实力优势的基础上。

第二，愿意为各国共同关心的事务提供"公共产品"。"世界领导者本身所具有的合法性，不仅是因为它得到了体系成员对其提出的观念意识的认同，还基于它对整个体系所做出的贡献。"[④]"世界领导不是炫耀权力，而是行使权力；它使得世界舆论有一种让具备该能力的国家（主体）组织解决全球问题的要求，它是建立领导权合法性的基础。"[⑤]这表明一个国家要成为地区领导，不仅靠硬实力，也靠软实力。给区域内其他国家提供相关"公共产品"是软实力的重要来源和表现。

第三，国际体系的有力支撑。[⑥]国际体系是由诸多相互作用的国际行为体组合而成的整体，主要包括国际机制与国家。表现在地区层面主要指地区内的机制安排与各相关国家。这表明，一个国家要成为地区领导者，应该得到区域内绝大多数国家的支持。

---

① 中国社会科学院语言研究所词典编辑室编：《现代汉语词典》（第6版），商务印书馆2012年版，第827页。

② 宋德星、程芬：《世界领导者与海洋秩序》，《世界经济与政治论坛》2007年第5期。

③ Goerge Modelski, *Exploring Long Cycles*, Boulder, Colorado, 1987, p. 129.

④ 宋德星、程芬：《世界领导者与海洋秩序》，《世界经济与政治论坛》2007年第5期。

⑤ George Modelski, "Long-Term Trends in World Politics," *Journal of World-Systems Research*, Vol. 11, No. 2, 2005, pp. 195–206.

⑥ 宋德星、程芬：《世界领导者与海洋秩序》，《世界经济与政治论坛》2007年第5期。

概而言之，所谓的"双领导体制"应具备三个条件：第一，双方应具备比其他成员国更强的综合实力；第二，愿意为各国共同关心的事务提供"公共产品"；第三，国际体系的有力支撑。也即，其一，是否具有客观现实条件；其二，该地区其他国家的看法；其三，当事国的意愿，也就是中美两国是否有此意愿①。顾炜在《双重领导型地区秩序的构建逻辑》一文中也指出"地区秩序的构建分为内外两个方面。内部构建需要注意两大国之间的关系、两大国与众小国之间的关系以及地区整体三个方面"。"而在外部构建的过程中，需要控制地区外部因素的影响，协调地区内各国对待外部因素的政策，促进相同政策的制定和实施。"②

由此可见，在东北亚地区提出"中美双领导体制"的概念不同于已有的"中美共治"或"中美共管"。"共治"或"共管"更多强调大国政治与霸权政治，强调通过实力进行控制。"中美双领导体制"显然不是要建立"中美双霸权"，因为在双领导体制下"不只是领导者一个要素的行为过程，而是领导者、被领导者等要素相互作用的结果"③。这个过程中特别强调领导者要通过提供"公共产品"等塑造软实力，以使被领导者愿意追随领导者。"中美双领导体制"概念和"中美两极"也不同，"两极"更多是描述客观实力的一种分布，比如阎学通教授认为，"中国崛起和美国战略重心转移正在使东亚地区走向两极化"④。

"领导"和"秩序"紧密相关，美国国际政治学者乔治·莫德尔斯基（George Modelski）的国际政治长周期理论就是建立在世界领导和世界秩序这一对紧密相关的核心概念上。"领导和秩序作为一体两面，揭

---

①　两国关系的具体形态也会影响到双领导体制的构建前景与具体形式。比如，竞争强化背景下的双领导体制与竞争较弱背景下的双领导体制显然会有区别。因此这里可以"竞争到合作"为纬度，对双领导体制的具体情况做更精细划分。但限于篇幅，本章集中于从学理角度讨论东北亚安全秩序大变化下的特征与出路。

②　顾炜：《双重领导型地区秩序的构建逻辑》，《世界经济与政治》2017年第1期。

③　朱毅：《领导者的两种影响力》，《党校教学》1987年第1期。

④　阎学通：《世界权力的转移：政治领导与战略竞争》，北京大学出版社2015年版，第68—71页。

示了长周期中每个周期性阶段的循环进化过程。"[①] 事实上，在一个无政府的地区社会中，秩序建立起来的最关键因素和最重要标志就是成功构建了领导体制。

国际关系事务中的双领导体制并非全新事物，"二战"后欧洲事务中的法德双领导体制与上合组织中的中俄双领导体制最具代表性。

第二节　欧洲事务中的法德与上合组织中的中俄

作为相邻的两个大国，历史上的法德关系一直处于"安全困境"与争霸野心的纠缠和较量中。自 1756 年七年战争以来，普法之间明争暗斗，在法国资产阶级革命、拿破仑战争、1870 年德意志统一战争、第一次世界大战和接踵而来的第二次世界大战中，两国均分属敌对阵营，战争接连不断。第二次世界大战结束后，法德放弃了在欧洲争霸的战略，实现和解，在欧洲事务上成功构筑了"双领导体制"。此后半个多世纪里，不论是欧洲一体化重大政策措施的出台与通过，还是重大矛盾和危机的化解与妥善处置，几乎都是法德联手促成的结果。"法德关系起到了欧洲一体化的发动机、火车头和方向盘的作用，是欧洲名副其实的双核心。"[②]

考察当初推动法德抛开历史恩怨、走向双领导体制的动因，主要有以下因素。第一，两国具备构建双领导体制的强大基础。这不仅表现为两国相对于欧洲其他国家实力的绝对优势地位，[③] 也表现为两国互有优势的二元均衡结构促使双方均有强烈战略需求走向双领导体制。1957

---

① 宋德星、程芬：《世界领导者与海洋秩序》，《世界经济与政治论坛》2007 年第 5 期。
② 伍贻康：《法德轴心与欧洲一体化》，《欧洲》1996 年第 1 期。
③ 具体到欧陆事务，英国是一个例外。英国虽然从地理上属于欧洲国家，但是对于欧陆事务一直保持矛盾的心态，这正如英国前首相丘吉尔的一句名言那样，"我们和欧洲在一起，但从不属于欧洲"。参见崔洪建《英国：退出欧盟？》，《世界知识》2012 年第 23 期。

年，欧共体建立时德国经济实力和经济竞争力最强，占欧共体六国总量中的比重近40%，超过法国50%。① 但法国作为战胜国在政治和战略地位上高居德国之上，作为战败国的德国需要借重法国提升国际地位。而法国想要在世界舞台上扮演大国角色，也需借重德国经济实力。正因为此，即使密特朗刚就任法国总统时曾流露放弃法德双领导的想法，但政治现实很快使他改变态度。"这说明法德轴心关系是两国共同利益需要。"②

第二，"二战"结束不久爆发的冷战格局也有利于法德双领导体制的构建。一方面，美国前沿对付苏联需要联合西欧，"在国际制度建立以前，是美国霸权的需要为法德和解奠定了基础"③。另一方面，联合自强也是主要原因。西德总理阿登纳1958年首次会晤法国总理戴高乐时指出："美国和苏俄这样超级大国的存在终究是一个事实。这就是为什么必须首先加强法德联合的原因。"④

第三，两国通过构建双领导体制为地区提供的公共产品，不仅首先突出地体现为大大降低了欧陆再次爆发大战的可能性，而且两国联手推动的欧洲一体化进程也使得其他欧洲国家在经济上获益匪浅。1958—1970年，欧共体成员间的贸易额增加了6倍。1970年，六国的国民生产总值已超过苏联。到1995年，欧盟的国民生产总值增长至7.5万亿美元。⑤ 伴随着这种优势互补和共同发展带来的绝对繁荣，欧洲其他国家愿意支持法德共同领导推动欧洲发展。

法德双领导体制的成功还需特别提及政治人物的积极推动。这典型

---

① 时寒冰：《欧债真相警示中国》，机械工业出版社2012年版，第54页。
② 伍贻康：《法德轴心与欧洲一体化》，《欧洲》1996年第1期。
③ 宋伟：《国际合作：理论与实践的考察：以战后法德关系为例》，《欧洲》2002年第2期。
④ ［德］康拉德·阿登纳：《阿登纳回忆录》第3卷，上海外国语学院德法语系德语组译，上海人民出版社1973年版，第505页。
⑤ 宋伟：《国际合作：理论与实践的考察——以战后法德关系为例》，《欧洲》2002年第2期。

地反映在被誉为"欧洲之父"的罗伯特·舒曼身上。早在 1950 年 5
月，时任法国外长的舒曼就发出了以法德双领导体制重建欧洲的历史性
宣言。然而，第二次世界大战刚结束，法德间的仇恨在民众中还未消
除，舒曼的思想在法国并没得到理解，但他继续坚持并在很多地方作报
告宣传法德联合思想。经过不懈的努力，1957 年的《罗马条约》终于
将欧洲带回到这位"欧洲之父"的思路上。可以说，"如果不是有这一
代领导人近乎神奇的信念，冷战后的法德一代就无法在'共同的欧洲'
这一语境中产生"①。法德两国领导人良好的个人关系也至关重要。比
如，很大程度上源于戴高乐将军和阿登纳总理间非常默契的私人关系，
《爱丽舍条约》作为法德"双领导体制"形成的契约基础才得以于
1963 年 1 月签署。②

　　两国有意识地管理分歧与机制化建设也推动和巩固了法德双领导体
制的建立。在法德双领导体制刚建立时，两国对于如何处理与北约以及
与美国的关系存在较大分歧③，但两国通过定期防务对话、共同研制新
型战斗机、联合军演等，缩小了分歧与深化了互信。法德双领导体制由
领导人的观念、到纸上条文、再到逐步落实，一整套配合默契、可操作
的有效运行机制也功不可没。在这一机制中，两国大使、各级官员直至
政府和国家首脑间定期和不定期的会晤磋商，从正式官方会谈到私人互
访和互通电话，随时随地交流信息和交换意见，商定对策和拟订方案，
及时做出决策。④

　　中俄在上海合作组织中建立的双领导体制也有类似之处。上海合作
组织（SCO）前身是"上海五国"会晤机制。1996 年 4 月，中国、俄

---

　　① ［法］多米尼克·马亚尔、郑理：《欧盟建立过程中的法、德联合和跨大西洋关系》，
《国际观察》2011 年第 1 期。

　　② ［法］多米尼克·马亚尔、郑理：《欧盟建立过程中的法、德联合和跨大西洋关系》，
《国际观察》2011 年第 1 期。

　　③ 方连庆等主编：《战后国际关系史（1945—1995）》，北京大学出版社 1999 年版，第
216 页。

　　④ 伍贻康：《法德轴心与欧洲一体化》，《欧洲》1996 年第 1 期。

罗斯、哈萨克斯坦、吉尔吉斯斯坦、塔吉克斯坦五国元首在上海举行会晤，"上海五国"会晤机制正式建立。2001年6月，上海五国元首举行第六次会晤，乌兹别克斯坦以完全平等身份加入，六国签署了《上海合作组织成立宣言》。"在上合组织的建设与发展中，中俄构建的双领导体制至关重要。"① 如果说美国全球霸权和北约东扩是中俄联手推动上合组织的外部驱动力的话，加强边境安全就是其重要内驱力。因跨界民族问题与历史因素，该地区各国的边境安全问题错综复杂，需要包括中俄在内的各国联手合作。两国在该地区实力上优势互补的二元均衡结构也推动了双领导体制的建立。俄罗斯虽欲主导上合组织，但无力承担解决成员国面临的经济和社会发展问题。中国虽然经济实力雄厚，但中亚作为俄罗斯的传统"后院"深受俄罗斯各方面影响。构建双领导体制就成了双方在该地区利益实现的现实途径。

对于该地区其他国家而言，中俄双领导体制避免了地区分裂和"不得不"的选边站。通过中俄的共同保障与互相平衡，这些苏联解体后新独立的国家更加确立了它们的独立主权国家地位。② 文化与经济上高度的互补性也使得中俄可以联手推动地区融合与经济共同发展。③ 这些原因使得中俄双领导体制的构建得到了其他相关国家的支持。

从最初推动讨论建立军事信任与解决裁军问题的"4+1"边境谈判机制到"上海五国"的形成，再到上合组织的建立，首先体现了中俄两国领导人的高瞻远瞩与审时度势。中俄对存在的相关分歧也进行了有效管理。仅以组织定位为例，俄罗斯对上合组织的定位更偏向于具有一定与西方对抗能力的地缘政治力量，成为俄罗斯与西方讨价还价的筹码。中国则更希望上合组织能为成员国间的安全和经济领域的务实合作

---

① 《上海合作组织扩员猜想　中俄"双核心"密切配合》，2010年6月17日，中国新闻网（http://www.chinanews.com/gn/news/2010/06-17/2347078.shtml）。

② ［俄］维塔利·Y.沃罗比约夫：《需要担心中国在中亚影响上升吗？》，《现代国际关系》2013年第2期。

③ 张战、李海君：《论上海合作组织的合作愿景》，王明昌译，《河北经贸大学学报》（综合版）2011年第1期。

服务，加深中国与其他成员国的交往。但两国并未因此形成尖锐矛盾，而是充分照顾对方考虑，采取了模糊定位、"摸石头过河"的方法。事实上，上合组织每一步战略构想的实现与组织内重大事务的解决，无一不是中俄以对方的配合与合作为前提。

在机制建设上，除了中俄两国已建立起的密切对话机制外，在上合组织内也已建立起国家元首、总理、总检察长、安全会议秘书、外交部长、国防部长、经贸部长、文化部长、交通部长、紧急救灾部门领导人、国家协调员等会议机制。每个会议机制的运作，均有相应的文件予以规范。截至2019年6月，上海合作组织共举行了19次元首会议。

尽管中美关系的性质与法德和中俄大为不同，中美在东北亚的合作与法德和中俄分别在欧洲事务与上合组织中构建双领导体制时所面临的国际与地区环境也不同，以中美双领导体制推动东北亚建立类似欧盟与上合的一体化或区域化组织更不现实，但通过中美联手推动东北亚相关安全问题的解决与建立更稳定和可预期的地区安全秩序，与法德和中俄的目标有异曲同工之处。中美能否在东北亚建立起双领导体制，首先取决于两国相比于其他国家是否具备突出的实力优势、两国实力对比是否形成了二元均衡格局，以及两国是否愿意为东北亚地区提供公共产品。

第三节　大国合作攸关东北亚秩序走向

实际上，在秩序构建和重塑过程中，大国始终发挥着关键作用，中美两国关系走向直接攸关东北亚安全秩序前景。"从经验上看，国际体系的稳定性取决于体系中起主导作用的大国之间的关系。"[①] 刘丰教授甚至认为，"特定体系中的大国之间通过竞争与合作确定彼此之

---

① 刘丰：《东亚地区秩序转型：安全与经济关联的视角》，《世界经济与政治》2016年第5期。

间的利益分配以及相应的行为规则和规范，由此形成国际秩序"①。在道义上，大国引领秩序建立的原则或许充满争议，但它却一直是现代国际秩序演进过程中的客观现实，"这对几乎所有人而言都是不言自明的"②。事实上，所有近现代国际体系的形成都能找到"大国引领"的影子。拿破仑时代结束后，英国、俄国、普鲁士、奥地利四个主要战胜国通过1815年维也纳会议《最后议定书》确立战后的欧洲秩序安排，即奥地利首相兼外交大臣梅特涅提出的"欧洲协调"，确立了大国主导引领和协调共治的机制。后来无论是在国联还是在联合国，大国引领和大国合作都得到了更加制度化的体现。《联合国宪章》将维护国际和平与安全的主要责任交与安理会，并规定中、法、苏（俄）、英和美为安理会常任理事国，赋予它们其他联合国成员所没有的权利。

　　"二战"后东北亚安全秩序的形成和走向与大国的作用也息息相关。东北亚地区的大国比较集中，包括中国、美国、俄罗斯、日本，但俄罗斯与日本能发挥的影响力较为有限。从东北亚地区实力分布来看，除了领土面积外，中美在各个层面几乎都位居前两位（见表9-1）。考虑到动态的军事能力，尽管俄罗斯是世界上名列前茅的军事大国，但安全力量重点部署在欧洲地区，限制了其在东北亚的影响力。正如张蕴岭教授指出的那样，"东北亚地区问题并非其所关注的重中之重，与中国的协作旨在增进其自身利益。俄罗斯的战略重心在欧洲"③。日本虽然是世界第三大经济体，但历史因素与美日同盟限制了其在东北亚发挥积极和独立的影响力。尤其是近年来随着中国崛起，日本对美国依赖更为加强，使得"无论日本多么重要，也只能是美日联盟的一根辐条"，

① 刘丰：《东亚地区秩序转型：安全与经济关联的视角》，《世界经济与政治》2016年第5期。
② 王鸿刚：《现代国际秩序的演进与中国的时代责任》，《现代国际关系》2016年第12期。
③ 张蕴岭：《东北亚地区关系：格局、秩序与前瞻》，《东北亚学刊》2017年第2期。

"鉴于日本作为美国东亚地区力量的追随者，它将难以成为地区领导"。[①] 韩国也是如此，尽管经济和国际影响力发展迅速，但对美国安全上的依赖，使其难以发挥独立作用，"相当长的时间内在国际事务、地区事务中无法摆脱被动和从属状况"[②]。由此可见，中美关系的走向对于东北亚安全秩序走向有着直接影响。"毋庸置疑，中美在新秩序的构建过程中是合作者还是竞争者抑或对抗者，将直接攸关新秩序的成败。"[③]

表 9 - 1　　　　　　　　东北亚国家的基本实力分布

国别	领土 （万平方公里）	人口 （千）	国内生产总值 （2018 年，亿美元）	军费开支 （2018 年，亿美元）
美国	937（3）	327167.4（2）	205443.4（1）	6488.1（1）
中国	960（2）	1392730（1）	136081.2（2）	2500.1（2）
俄罗斯	1707.54（1）	144478.1（3）	16575.5（4）	613.9（3）
日本	37.8（5）	126529.1（4）	49713.2（3）	453.9（4）
韩国	10.329（7）	51635.3（5）	16194.2（5）	430.7（5）
朝鲜	12.3（6）	25549.8（6）	—	—
蒙古国	156.65（4）	3170.2（7）	130.7（6）	0.96（6）

资料来源及相关说明：（1）领土与采用中国外交部的资料。（2）人口、国内生产总值（GDP）数据来自世界银行 2018 年的数据。其中 GDP 方面缺少朝鲜的数据。资料来源：ht-tps：//data. worldbank. org/indicator/SP. POP. TOTL？ most_ recent_ value_ desc = true；https：//data. worldbank. org/indicator/NY. GDP. MKTP. CD？ most_ recent_ value_ desc = true。（3）军费开支数据来自斯德哥尔摩国际和平研究所的数据。其中缺少朝鲜的数据。资料来源：https：//www. sipri. org/databases/milex。

① 李庆四：《美国与东北亚地区安全：困境、动因及影响》，《东北亚论坛》2009 年第 1 期。
② 吕超：《中国确立东北亚安全环境的战略选择》，《世界经济与政治》2008 年第 7 期。
③ 袁鹏：《全球大变局与世界新秩序》，《现代国际关系》2016 年第 10 期。

从国家关系互动角度看，"二战"以来的东北亚安全秩序与大国合作密不可分，包括中俄合作、美俄合作、中美合作等。冷战期间大国间合作与竞争泾渭分明，中国与苏联曾经长期合作与以美国为首的西方阵营展开竞争。进入 20 世纪 80 年代，中国曾经与美国建立"蜜月期"关系，合作抵抗苏联霸权。冷战结束后，在东北亚安全问题上，中美合作、中俄合作、美俄合作总体上并行推进，中美俄也曾一度开展紧密的三方合作，这典型体现在 2003—2008 年为解决朝鲜半岛核问题而召开的多轮六方会谈上。美国通过与联盟外的中国和俄罗斯展开合作，不仅弱化了体系外大国中国和俄罗斯对美国使用权力的反感，而且有助于该地区各国对体系的合法性认同。

但是近年来，美国与俄罗斯的关系已降至冷战以来最低点，与中国合作的动力不仅不足，而且有将中美关系"冷战化"的迹象。特朗普政府上台后，在经贸问题上对华发起贸易战，在台湾问题上踩压中国底线。2017 年 12 月出台的《美国国家安全战略报告》更是把中国和俄罗斯、朝鲜、伊朗并列为美国的对手。截然不同于此前美国此类报告中把中国视为"合作伙伴"的基调，2017 年《美国国家安全战略报告》显然把中国作为了假想敌。这就导致迄今两国即使在最应该合作的朝鲜半岛核问题上也几乎没有任何实质性成果。中美关系的这种变化不仅会对相关具体问题的解决产生重大影响，也会对东北亚安全秩序走向产生重要影响。

从中美关系的互动发展看，未来主要有以下几种可能。第一，中美建立起成熟的新型大国关系。按照中国外交部的解释，中美新型大国关系"应该建立在平等互信、包容互鉴、合作共赢的基础上"，中美"要走一条和传统大国冲突对抗的老路子不一样的新路子，要开创一条大国间能够长期和平相处、合作共赢的符合时代要求的新路子"①。也就是

---

① 《中美建新型大国关系　不走传统大国对抗老路》，2013 年 5 月 30 日，新华网（ht-tp：//news. xinhuanet. com/world/2013-05/30/c_ 124783957. htm）。

说，成熟的新型大国关系并不意味着两国没有竞争与分歧，但竞争将是良性的竞争，分歧将是在合作背景下的分歧，中美两国届时将真正实现互相尊重对方的核心利益。这就意味着在攸关中国核心利益的东北亚相关安全问题上，比如钓鱼岛问题等，美国将逐渐不持立场。在中韩合作上，美国也不再起到破坏性作用。美国将与中国相向而行和形成合力推动朝鲜半岛问题向共赢方向发展。美国将逐渐接受中国在东北亚地区影响力增大和与东北亚国家利益进一步融合的事实，在地区安全秩序上更加尊重中国作用。最终在东北亚安全秩序上，美国将逐渐放弃全面主导的态势，和中国形成某种形式的高质量合作态势。

第二，中美关系继续呈现出既合作又拆台的态势。这表明美国一方面将在全球气候问题、经济发展、解决朝鲜半岛核问题等议题上强调与中国合作，另一方面将积极利用并介入中国与周边国家的某些分歧来分散中国的战略关注，延缓和迟滞中国的发展与崛起。鉴于两国在这种态势下都想斗而不破，中美关系的这种竞争性尽管不能排除在东北亚地区因某一方战略误判致使中美兵戎相见的可能性，但两国在东北亚地区大体上能维持一个相对和平的态势。值得注意的是，这却会进一步增大两国本已存在的广泛信任赤字，也会变相纵容鼓励日本在领土问题上向中国"无理"声索。如果美国在安全上继续"拉拢"韩国对付中国、韩国又甘愿被"拉拢"，这还会影响到中韩实质性合作。

如果日韩两国在美国的错误信号下踩到中国底线，与中国的关系将不可避免陷入紧张。考虑到中国影响力届时会继续提升，来自中国的压力也必然会增大。届时日本与韩国也很有可能在美国的幕后推动下，发展小多边联合制华。这其实也符合美国的一贯做法，美国在东北亚地区想要的局面是分而治之，便于美国主导该地区。这种背景下，中美在东北亚安全秩序上很难开展实质性合作，考虑到中国与日韩两国的紧张关系，由它们推动秩序演进的能力也将很有限。届时，该地区国家的多边合作将主要是议题导向型——就具体议题进行合作，但是地区安全秩序等战略性问题上的合作很难展开。"中美很可能在一些战略节点问题上形成长期僵持局面，两国彼此都无法将自身的意志和诉求单方面地强加给对方。"① 届时东北亚安全事务上中美高质量合作难以建立，安全秩序将维持在目前这个局面。

第三，中美关系进入全面的恶性竞争状态。如上所述，2017 年年底出台的《美国国家安全战略报告》基调与美国此前几任政府对华合作是主流截然不同，行文中充斥着将中国作为"对手"的情绪，这本质上源于美国对中国崛起的焦虑。随着中国的持续发展与崛起，美国对中国的焦虑很可能将进一步加深。如果美国决策层和战略界固守历史上守成国对崛起国的围堵思维，那么随着中国的发展，中美关系有可能更逼近"全面摊牌"阶段。届时，鉴于东北亚地区是中国的周边地区，无论是对于崛起国实现崛起还是对于守成国遏制崛起国，都具有特殊意义。再考虑到东北亚地区的巨大战略意义，那么中美在这一地区的竞争将更为白热化，两国的摊牌也很可能首先在该地区爆发。

这种背景下，美国有可能出于战略误判直接站到与中国有领土和历史纠纷的日本一方和中国对峙，甚至直接出面在安全上主导构建以围堵中国为目的的美日韩"联合反华阵线"。届时，中国会发现东北亚地区烽烟四起，和平发展的努力和权利已被全面阻隔，进行反制的动机将大大增大。这种背景下，东北亚安全秩序极有可能出现美日韩和中俄朝对峙的两极格局局面，也不能排除爆发冲突或者战争的可能性，然后借由这些冲突与战争决定出由中美两国中的一个成为主导。总之，届时东北亚安全秩序不仅不存在形成中美高质量合作的可能性，而且局势会十分混乱，不稳定性和不可预期性都将大大增加。

奥巴马政府时期尽管中美两国存在温差，但大体上都在努力致力于第一种可能，也即致力于建立中美新型大国关系。2013 年 6 月在美国加利福尼亚州安纳伯格庄园举行的首脑会晤上，习近平主席强调中美要建立"新型大国关系"，不走新兴大国与老牌大国必定冲突的老路，走

---

① 朱锋：《中美战略竞争与东亚安全秩序的未来》，《世界经济与政治》2013 年第 3 期。

出一条前无古人、后启来者的新路。奥巴马虽然没有直接使用"新型大国关系"的概念进行回应，但也强调建立"新型合作模式"。但鉴于美国战略界高涨的对华竞争思维，奥巴马政府时期的亚太再平衡战略"将矛头直指中国，在热点问题上采取明显偏袒中国邻国的干预立场"①。美国主导推进"跨太平洋伙伴协议"（TPP）强力介入东亚经济一体化，抵消中国在该地区的经济地位等，这也为特朗普政府将中国直接列为"对手"埋下了伏笔。

进入特朗普政府时期后，中国仍在致力于第一种前景，但美国却固守第二种前景，并有滑向第三种前景的迹象，也即与中国进入全面恶性竞争状态。尽管如此，笔者认为未来继续滑向第三种前景的概率并不高。（1）中美两国利益紧密交织。纵观国际关系史，还没有出现过霸权国与崛起国像中美两国这么具有难分难解、密不可分的利益关系，中美维持和发展着强大的经贸、社会、文化伙伴关系，"发生大的对抗"在两国国内都会遇到巨大阻力。（2）中国强大且仍在快速增长的军事能力（包括可靠的对美核威慑力量），使得美国在对华冲突中不可避免地要付出巨大代价。而且美国受制于在其他地区问题上的牵制，也无力调集所有力量全面遏制中国。况且，"中美在西太平洋的力量对比将越来越有利于中国"②；由此可见，中美战略竞争即便是"结构性"的，仍然难以演变为传统意义上的"大国对抗"，更难以滑向争霸进程中的"新冷战"，而"很可能是客观反映两国实力对比、反映各自变化了的战略利益需求及中国崛起所带来的东亚安全秩序变革进程的战略竞争关系"③。

综上，从中美关系互动发展趋势看，东北亚安全秩序将主要集中在"中美高质量合作"与"维持目前局面"两种可能性。下一章将分析指

① 门洪华：《四大力量博弈与东亚秩序》，《国际政治研究》2015 年第 5 期。
② 吴心伯：《论亚太大变局》，《世界经济与政治》2017 年第 6 期。
③ 朱锋：《中美战略竞争与东亚安全秩序的未来》，《世界经济与政治》2013 年第 3 期。

出源于影响东北亚安全秩序稳定的相关因素所发生的显著变化，使得维持目前的局面将越来越难。从本质上讲，美国主导的东北亚安全秩序与冷战时期美苏两极结构终结、美国成为唯一的霸权密切有关，它是特殊时期特殊条件下形成的，随着环境变化它将难以为继。中美两国加大在东北亚安全秩序上的合作将是大势所趋。但是就中美两国在东北亚地区的合作而言，具体形式可以多种多样，笔者为什么主张"双领导体制"呢？

第四节　东北亚地区构建"双领导体制"的意义

关于中美在东北亚地区加强合作的必要性在学界已经有诸多探讨。"中美两国都无法按照自身意志单独塑造地区秩序，也无法简单地由两国的实力、意志和战略选择来主导东亚区域秩序的演化，更无法单方面推动地区安全朝着自身意愿的方向发展。"[1] 既然没有一家能主导新秩序的构建，就只好依赖合作，在这方面中国学者有着较强的共识。周方银教授认为，"从长期来说，只有同时把中美都包括在内、能够有效照顾到中美重大关切又不挑战中美重大利益，为中美未来长期在安全领域发挥作用留下较大空间的东亚地区安全架构才是可持续的"[2]。中美在东北亚地区构建双领导体制对于广泛的中美关系与中国利益维护有着积极意义。

第一，可以成为摆脱大国政治悲剧的"试金石"。如果说法德双领导体制是欧洲事务的两个车轮的话，欧洲事务就是法德关系的延伸；如果说中俄双领导体制是上合组织的两个车轮的话，上合组织就是中俄关

---

① 朱锋：《中美战略竞争与东亚安全秩序的未来》，《世界经济与政治》2013 年第 3 期。
② 周方银：《东亚二元格局与地区秩序的未来》，《中国社会科学院国际研究学部集刊》2014 年，社会科学文献出版社 2014 年版，第 118 页。

系的延伸。同样，如果中美在东北亚地区能构建起双领导体制使其成为解决该地区安全问题的两个车轮的话，那么东北亚就能成为中美关系的延伸与"试验田"，特别是在目前中美两国仍有不少人对两国关系的未来发展比较悲观的情况下。美国战略圈对华战略悲观最典型的表现为进攻性现实主义理论，并认定中美注定将成为对手。[1] 在中国，2010 年的一篇题为"中美是敌大于友的关系"的文章广为流传，也最具代表性。该文从经济、安全、政治三个层面全面总结了中美的核心利益是冲突性的、两国关系主要特点是"敌大于友"，认为中国应该在战略上抛弃认为美国是朋友的虚幻想法。[2] 从近几年美国在中国周边的布局来看，美国当前的对华战略也更多是制约，并非权力分享。[3] 同时，近几年美国对来自中国的"威胁评估"已从传统的意识形态争议和人权争议，越来越转向中国的"能力"与"意图"，认为中国在东北亚的"力量和影响增长必将挑战其在该地区的地位"[4]。

实际上，中国在该地区着眼于维护和巩固本国安全和发展利益，无意排除美国将该地区变成本国势力范围。"中国一直力避和美国全面对抗，在努力超越与既成大国美国之间的'修昔底德陷阱'"[5]。中国安全利益的当务之急仍是避免与美国正面冲突。[6] 中国领导人提出中美共建"不冲突、不对抗、相互尊重、合作共赢"的新型大国关系，也表明中国不愿接受或者发起一种高度对抗态势的战略竞争。美国在东北亚地区看起来最为担心的问题就是随着中国崛起，其在该地区影响力被逐渐排

---

① John J. Mearsheimer, *The Tragedy of Great Power Politics*, W. W. Norton & Company, 2001, pp. 401, 404.

② 阎学通:《中美是"敌大于友"的关系》,《国际先驱导报》2010 年 3 月 23 日。

③ 王俊生:《中美"信任赤字"问题再探:以美国在中国周边的战略布局为视角》,《教学与研究》2012 年第 7 期。

④ 李庆四:《美国与东北亚地区安全:困境、动因及影响》,《东北亚论坛》2009 年第 1 期。

⑤ 袁鹏:《全球大变局与世界新秩序》,《现代国际关系》2016 年第 10 期。

⑥ Joanthan D. Pollack, "China and the United States Post-9 /11," *Orbis*, Vol. 47, No. 4, Fall 2003, pp. 618 – 621.

除。米尔斯海默就曾指出，"美国在 21 世纪初可能遇到的最潜在危险便是中国成为东北亚霸权"①。"美国在东北亚的主要战略利益是防止出现霸权主义国家。"② 门洪华教授也指出，"美国最为担心的是中国在东亚乃至亚太的影响力超过自己，进而导致美国失去东亚乃至亚太主导地位。美国忧虑中国崛起带来的严峻挑战，把维系其主导的地区均势不被打破视为东亚战略底线"③。毫无疑问，中国如果想排除美国、主导东北亚安全秩序建设，会直接导致与美国的正面冲突。因此，两国争夺东北亚的领导权不仅不现实，而且将极大地增加中美信任赤字。反之，通过两国在该地区塑造双领导体制可以培育善意与信任，有利于中美在全球范围内走出历史上"大国政治的悲剧"。

从地缘政治上看，东北亚对中国来说是关乎核心利益的重要战略区域，对美国来说并不具有生死攸关意义。朝鲜半岛到台海一线是美国亚太战略的"第一岛链"，而不是作为战略"红线"。④ 美国在该地区的安全利益除了要维护经济利益外，更多是霸权需要促使其维护领导地位。因此，以尊重美国作为另一领导角色的前提下，中美双方存在双领导的空间。该地区既有安全机制的缺失与安全问题解决上缺乏"领头羊"的现状也给中美构建双领导体制留下了缺口。⑤

第二，可以避免中国在该地区承担过多责任的危险。一方面，因客观实力、地缘因素，以及利益关联的直接性与紧迫性，今后中国不能不出面在东北亚地区相关棘手安全问题的解决进程上承担更大角色；另一方面，考虑到美国的霸权心理与"树敌"心态，单独承担过多责任有可能招致并强化美国对中国的敌人意象，因此最合理的安排就是与美国

---

① ［美］约翰·米尔斯海默：《大国政治的悲剧》，王义桅、唐小松译，上海人民出版社 2003 年版，序言部分。

② 钮菊生、孙广琦：《冷战后东北亚国际秩序的重构》，《国际观察》2008 年第 6 期。

③ 门洪华：《四大力量博弈与东亚秩序》，《国际政治研究》2015 年第 5 期。

④ 袁鹏：《中美关系与东北亚安全》，《世界经济与政治》2007 年第 9 期。

⑤ 美国曾想介入上海合作组织，一直未能如愿。因为在上合组织既定框架内合作的空间比较狭窄。

构建双领导体制，联手推动相关安全问题的解决。事实上，中国单独领导该地区相关安全问题的解决也未必能获得地区内其他国家的支持。韩国最新的一项调查显示，韩国人对中国成为亚洲主导国家持不安态度者居多。"70%以上的韩国人对中国崛起抱有负面情绪。这样的结果表明，中国的崛起还未获得东北亚国家的支持。"①

第三，可以与美国在东北亚的联盟体系进行对接。法德通过在欧洲事务上构建双领导体制，打破了历史上欧陆事务截然二分的敌我阵营，双方均实现了与传统上对方盟友的友好对接。中国通过与俄罗斯在上合组织中构建双领导体制也顺利实现了与俄罗斯传统"后院"国家的友好对接。同样，中国如果能在东北亚地区成功与美国构建起双领导体制，也有望实现与美国在该地区盟友体系的友好对接。"中国与美国在该地区的同盟关系，尤其是美日同盟的关系与冷战后的俄罗斯与北约关系一样，迟早要实现对接，否则就无法实现中美之间的战略稳定乃至整个东北亚地区的真正安全。"② 长期以来，中国与日本和韩国的政治安全关系一直难以实现突破的重要原因之一就在于中美对峙。"中美双领导体制的构建还有可能在该地区促成一个由中美主导、多方共同参与的多边管理框架，实现美日韩同盟安全体系与中国的对接，为突破长期制约该地区发展的冷战结构创造条件。"③

第四，可以有效遏制影响地区安全的共同威胁。法德通过双领导体制有效遏制了双方对彼此的"敌人意向"与欧洲再次分裂成两大敌对阵营，中俄通过在上合组织中的双领导体制有效遏制了影响地区安全的"三股势力"。中美在东北亚构建双领导体制能有效遏制该地区大规模杀伤性武器的扩散和极端右翼势力的抬头等。2017年以来，面对朝鲜

① ［韩］李正男：《韩国对中国在东北亚安全领域角色的认知》，《现代国际关系》2011年第11期。

② 袁鹏：《中美关系与东北亚安全》，《世界经济与政治》2007年第9期。

③ 袁鹏：《寻求"双重稳定"：中美关系与东北亚局势紧张的相关性及破解之道》，2013年9月10日，《现代国际关系研究院网站》（http：//www.cicir.ac.cn/chinese/newsView.aspx?nid=2212）。

加速核武器和导弹发展进程，中美通过更具实质性的合作有效遏制了危机蔓延与升级，对促成当前的对话局面也发挥了积极作用。

再比如，因为美国因素，"冷战期间限制了日本在地区内发挥领导作用，并且减弱了其他国家对日本成为政治和军事大国的安全担忧"①，这一点即使在今天也具有现实意义。"通过强化美日同盟，将日本完全纳入其战略轨道，对谋求政治和军事大国地位、试图担当东亚领导的日本起到了一定程度的规范和制约作用。"② "通过发展中美关系牵制日本的力量和战略倾向，是更加合理的政策选择。"③ 美国的确担心日本可能重新崛起为与其分庭抗礼的大国，日本走向不可遏止的军国主义更是美国要竭力避免的，因此要严加控制日本脱离美日同盟。④ 中国"也不希望看到日本脱离美国体系后过早地与中国在该地区展开恶性竞争"。⑤在阻止日本历史翻案上，作为第二次世界大战时同受日本侵略的受害国，中美客观上具有共同利益。比如，2007 年美国众议院通过 121 号决议，对日本在第二次世界大战期间慰安妇问题组织听证，这极大地触动了日本右翼的神经。美韩的同盟关系对于遏制朝韩两国再生战火也有一定意义。

第五，可以减少两岸统一中美国因素的掣肘。伴随着中华民族复兴步伐，越来越多的学者开始讨论两岸统一时间表。有美国智库认为，"统一的时间在 2021 年，中共建党 100 周年前后"⑥。时殷弘教授也指出，"两岸在 15 年内很有希望实现法理上的统一"⑦。这就牵涉到越来越迫在眉睫的如何处理美国因素的掣肘。中美双领导体制一旦建立，表

---

① 刘丰：《安全预期、经济收益与东亚安全秩序》，《当代亚太》2011 年第 3 期。
② 王缉思：《美国在东亚的作用：观点、政策及影响》，时事出版社 2008 年版，第 73 页。
③ 王缉思：《美国在东亚的作用：观点、政策及影响》，第 73 页。
④ 李开盛：《东北亚安全机制建构过程中的美国因素》，《世界经济与政治》2007 年第 9 期。
⑤ 袁鹏：《中美关系与东北亚安全》，《世界经济与政治》2007 年第 9 期。
⑥ 《台学者：美智库认为两岸统一时间在 2021 年前后》，2013 年 9 月 4 日，新华网（http://big5.xinhuanet.com/gate/big5/news.xinhuanet.com/tw/2013-09/04/c_ 125320563.htm）。
⑦ 时殷弘教授在 2013 年 9 月 6 日"韩国统一论坛"会议上发言时的观点。

明双方的权力与利益不仅是竞争性的，而且是共享性的，这既可以培育两国信任，也可以塑造与扩大两国在更广泛的东北亚地区的共同利益。届时美国利用台湾因素掣肘两岸统一的成本和代价将大大增加。

中美在东北亚安全议题上进行双领导并非要排除其他国家的作用，更不是要恢复大国政治而忽视中小国家的作用，而是基于国际安全的客观规律和该地区安全结构面临的客观问题，以及各方的共同利益所提出的思路。很显然，东北亚地区作为世界上最敏感的安全地带与该地区问题解决进程的事实上"群龙无首"不仅显然不相符合，而且中美作为客观上的两个主导国家因在该地区对领导权的争夺所产生的广泛猜忌与竞争，非但不能进行实质性合作，反而是互相"拆台"。这进一步增加了该地区安全问题解决的难度，也事实上增强了两国业已存在的广泛猜忌。

这样的安排也存在一定的阻碍因素。其一，美国的私利可能对解决问题不利。对区域外的美国来说，很可能会继续把东北亚安全局势变成实现其全球战略目标的工具。东北亚地区保持一定程度的紧张特别是该地区国家间的相互猜疑，可以服务于美国在该地区的军事存在，并控制盟友日韩。"一切矛盾的根源在于美国霸权利益要求与地区内其他国家对安全的追求所发生的冲突。"[1] 其二，日本不会心甘情愿地接受中美双领导体制。百余年来日本自视为东北亚安全格局的主导者，"二战"后日本接受了美国的领导地位，但让日本接受中国的领导地位，并非易事。其三，如何安抚俄罗斯。俄罗斯的亚太战略重点在东北亚。俄罗斯试图通过更多地参与东北亚安全事务，扩大其在该地区的影响力。俄罗斯的东北亚战略是其面对北约东扩平衡东西方战略的重要手段。[2] 中美在东北亚地区构建双领导体制会让自视为该地区大国的俄罗斯有被排斥感，有可能间接影响到中俄战略伙伴关系的发展。

---

① 李庆四：《美国与东北亚地区安全：困境、动因及影响》，《东北亚论坛》2009 年第 1 期。

② 吕欣：《解析当代俄罗斯东北亚安全战略》，硕士学位论文，吉林大学，2012 年。

从收益与风险对比的角度看，不管是否在东北亚地区建立起双领导体制，美国的私利都会对地区安全局势产生负面影响，双领导体制建立后有望能更好地管理美国的私利。日本近年来在与中国实力对比渐失优势的背景下，更加注重利用美日同盟与中国争夺在该地区的领导权。中美双领导体制的建立有利于管理日本的消极竞争。中国与俄罗斯在中亚地区分享领导权，在独联体地区尊重其领导权，那么在关乎中国核心经济利益与安全利益的东北亚地区，在尊重俄罗斯利益的前提下，俄罗斯也理应理解中国建立领导权的诉求。这也应该是成熟的中俄战略伙伴关系的应有之义。

第五节　结语

从东北亚目前的结构安排上来看，不仅离散型的特点导致各方仍然秉持丛林法则，而且既有的格局主要表现为以美国为首的双边军事同盟安排。中美不仅没有构建双领导体制，反而在丛林法则与同盟关系支配下，屡屡对立。这恰恰是东北亚地区各种安全问题频发且难以解决的根本原因之一。通过本章的分析可见，中美双领导体制是中美在该地区安全问题上进行实质性合作的理想模式。本章主要是从构建的必要性出发，先论述了"双领导体制"的概念理论，同时结合欧洲事务上的法德和上合组织中的中俄对其进行阐述。然后以此为基础，讨论了中美关系构建双领导体制的意义。

对于中国而言，国际秩序建设是任何一个大国外交必须回答的问题，更是崛起大国必须严肃对待的重大议题。布赞（Barry Buzan）指出，"一个真正成功大国的标志，取决于该国能够在多大程度上促进稳定的国际秩序"①。"在历史上，任何一个崛起的大国都在不同程度上重

① ［英］巴里·布赞：《中国崛起过程中的中日关系与中美关系》，刘永涛译，《世界经济与政治》2006 年第 7 期。

塑了一个或者多个地区的秩序。长期来看，中国的崛起不仅仅是中国在国际社会中发展到更高层次的一种状态，更是对整个地区秩序的重塑。"① 对中国来说，必须先有能力引领周边次区域的秩序构建，才有能力引领周边秩序的构建，进而才能谈到引领国际秩序与全球秩序。在这一进程中，中国还必须打破秩序构建过程中与冲突和战争相伴的历史传统。在东北亚安全上与美国构建"双领导体制"，将使中国能更好地引领该地区的安全秩序，有利于中国崛起。这正如布赞指出的那样，"对于崛起国来说，与主导国一起建立双重领导型地区秩序，是其崛起过程中的一个有利阶段和发展方向，有助于崛起国摆脱地区性纠葛，以更便捷地追求更高地位和更大影响力"②。在这个意义上，中国构建中美双领导体制的目的正如伊肯伯里指出的那样，"中国并不是在彻底改变现行国际秩序，而是在通过调整国际秩序规则寻求从当前国际秩序中取得更多权力和话语"③。

由此可见，中美双领导体制符合中国的战略利益。从"双领导体制"构建的要素来看，本章的分析已经探讨了中美实力远超该地区其他国家，因此"中美双领导体制"能否得以构建需要讨论两国近年来的实力是否更趋均衡、美国的意愿，以及该地区其他国家的看法。同时，如果"双领导体制"具备构建的基础，那么构建面临的障碍和机遇分别是什么？构建的路径又是什么？这些都会在下一章进行详细讨论。

---

① 张春满：《秩序失范、中美关系与东亚新秩序》，《国际关系研究》2014 年第 4 期。
② 顾炜：《双重领导型地区秩序的构建逻辑》，《世界经济与政治》2017 年第 1 期。
③ 肖晞：《国际秩序变革与中国路径研究》，《政治学研究》2017 年第 4 期。

第十章　双领导体制构建路径的理论探析

　　是否要在东北亚地区构建双领导体制以及如何构建，涉及该地区的秩序问题，因此要考察相关影响因素。地区秩序是相对于全球秩序而言的，正如门洪华教授指出的那样，"一般而言，全球秩序即我们经常提及的国际秩序，地区秩序则与其相对照，是在地区各国的互动过程中产生的，又可以被看作存在于全球秩序和国内秩序之间的一种'秩序模式'"①。分析东北亚安全秩序变化与否需要参照国际秩序变化的一般规律。

　　有关国际秩序形成与演进的动力一直是国际关系学者研究的重要议题。考克斯认为，"国际秩序"概念的存在有其特定历史条件，那就是已经制度化的民族国家体系。② 基辛格指出，"一个长期稳固的国际秩序有赖于两大支柱支撑：第一根支柱是受到广泛认可的国际合法性，第二根支柱是一个权势均衡又或力量均衡的存在"③。实际上，这两根支柱就是自由主义与现实主义所分别长期坚持的秩序观。

　　现实主义强调在实力作用下所达成平衡的规律，在这方面最典型的

---

① 门洪华：《地区秩序建构的逻辑》，《世界经济与政治》2014 年第 7 期。

② Robert W. Cox, "Social Forces, States and World Order: Beyond International Relations Theory", in Robert Keohane (ed.), *Neorealism and Its Critics*, New York: Columbia University Press, 1986, pp. 204 – 254.

③ 肖晞：《国际秩序变革与中国路径研究》，《政治学研究》2017 年第 4 期。

是沃尔兹等的新现实主义理论。但越来越多的学者认识到制度的重要性。"在什么要素对国际秩序产生重要影响的问题上，权力结构的基础性作用是无疑的。但权力不能单独解释国际秩序的运行和转换，其他因素对权力运行逻辑和方式的影响同样至关重要。权力与其他变量的相互作用，形成了具有体系合法性的秩序/权威。"① 自由主义认为这种所谓的"其他形式"就是制度。伊肯伯里（G. John Ikenberry）就认为"制度战略在领导国的秩序建设和随后出现的战后秩序中发挥越来越重要的作用"②。实际上从"二战"后至今的国际秩序来看，国际社会成员国越来越重视规则制定权。霸权国通过一系列制度安排，目的在于减少霸权成本。其他国家在实力有限的背景下希望通过制度提升影响力并约束霸权国。这些观点也得到了国内学者的支持，时殷弘教授认为国际秩序的构建依赖于"世界性的国际权势分布"、"国际规范体系"和"跨国价值观念体系"③。

上述分析回答了有关国际秩序的两个核心问题：构建主体与构建机制。其一，国家仍是国际秩序构建的最重要主体。虽然越来越多的国际组织、跨国企业、跨境流动的"国际公民"等在国际秩序形成与演进中也在扮演越来越重要的作用，但在不同地区区别很大。在后现代国家、跨国流动频繁和国际机制发达的地区，比如欧洲，非国家行为体起到的作用较大。而在传统安全问题还没解决、主权诉求突出的地区，比如本书讨论的东北亚地区，非国家行为体起到的作用相对较小。即使在后现代国家，在讨论地区安全问题时，国家仍起到绝对的主导作用。

其二，国际秩序的形成要素有两个：国家实力与合法性。一个秩序的形成首先在于权力的分布，这是秩序稳定性的基础。但如果这个"秩序"得不到认同，比如该地区其他国家对"秩序"普遍不满，毫无

---

① 于海洋：《权力结构与协商规范：东北亚区域体系的历史变迁及其启示》，《东北亚论坛》2018 年第 4 期。

② 肖晞：《国际秩序变革与中国路径研究》，《政治学研究》2017 年第 4 期。

③ 时殷弘：《中国崛起与世界秩序》，《现代国际关系》2014 年第 7 期。

疑问这个"秩序"要么难以维持下去,要么维持下去的成本将非常高昂。正因为如此,即使实力再强大的国家,在地区与国际问题上也越来越重视合法性问题,这也是冷战后西方国家力推所谓"软实力""巧实力"等的重要动因。合法性的表现形式就是或明或暗的相关机制的存在,这种存在对相关国家的行为具有一定约束力,保障了国际与地区局势走向具有一定的可预期性。

综上,本章对东北亚安全秩序稳定与变化的分析指标在于两个:国家实力和合法性认同。尽管没纳入分析指标,但还要强调国家利益对于本章分析的重要性。从国家利益视角分析国际关系几乎是亘古不变的变量,对于国际秩序研究也是如此。"过去几百年间,各个主权国家为维护和拓展本国利益而展开激烈竞争,正是这种竞争成为现代国际秩序演进的重要动力。"① 在一个无政府与资源有限的国际社会,国家实力变化自然会要求更多话语权与更多利益,这会导致观念与目标变化,观念与目标变化自然会推动行动上的变化。"一个国家出于谋求和维护国家利益的考虑,对于现存体系中的利益分配方式和秩序总会采取维护或者变更的态度。"② 这一演进规律可归结为"实力变化—利益变化—目标变化—战略变化—秩序变革"。

第一节 东北亚安全秩序上的
美国主导力下降

美国主导在东北亚安全秩序上长期发挥着重要作用。伊肯伯里指出,"尽管东亚地区国家关系历经各种发展变化,但美国领导的'轴辐

---

① 王鸿刚:《现代国际秩序的演进与中国的时代责任》,《现代国际关系》2016年第12期。

② 刘丰:《东亚地区秩序转型:安全与经济关联的视角》,《世界经济与政治》2016年第5期;刘丰:《国际体系转型与中国的角色定位》,《外交评论》2013年第2期;刘丰:《国际利益格局调整与国际秩序转型》,《外交评论》2015年第5期。

体系'始终是维持地区稳定的不变基石"①。吴翠玲（Evelyn Goh）指出，"美国在东亚地区的霸权并非完全依赖于自身超强实力，更重要的是获得了地区国家对这种霸权的支持和欢迎"②。笔者认为造成这种现象的原因对于联盟外的国家主要是实力在发挥作用，中国、俄罗斯、朝鲜等即使不想接受，但面对美国主导的联盟体系在军事安全上占有较大优势，也不得不接受。对于联盟内的韩国与日本，除了实力因素外，也从中获得了安全、经济发展乃至战略上的好处，因此对其接受并拥护。

但近年来，美国在东北亚地区实力结构上的优势在下降，这突出反映在中美权力结构对比上。

1. 中美权力结构在全球层面出现此消彼长，这会对两国在东北亚地区的权力结构带来影响。有许多学者论述过中美权力结构的变化。吴心伯教授从制造业、全球货物贸易、对全球经济增长的贡献、国际总储备（外汇储备、黄金储备、特别提款权等）等方面论证了这一变化③。还有学者从贸易层面指出，"2006 年，美国是全球 127 个国家的最大贸易伙伴，中国则是 70 个国家的最大贸易伙伴。到 2011 年，中国跃升为 124 个国家的最大贸易伙伴，而以美国为最大贸易伙伴的国家数量下降为 76 个"④。不少学者还认为"中美力量对比的变化还体现在发展态势上，美国当前处在相对衰落态势"⑤。

2. "在全球范围内的优势并不意味着美国在地区事务中拥有霸权，地区结构可能与全球结构并不一致。"⑥ 美国在世界上每个地区的安全

---

① G. John Ikenberry, "American Hegemony and East Asian Order," *Australian Journal of International Affairs*, Vol. 58, No. 3, 2004, pp. 353 – 367.

② Evelyn Goh, *The Struggle for Order: Hegemony, Hierarchy, and Transition in Post-Cold War East Asia*, Oxford: Oxford University Press, 2014, pp. 5 – 6.

③ 吴心伯：《论亚太大变局》，《世界经济与政治》2017 年第 6 期。

④ 《中国超过美国成为多数国家最大贸易伙伴》，2013 年 12 月 27 日，观察者网（https://www.guancha.cn/economy/2013_12_27_195361.shtml）。

⑤ 吴心伯：《论亚太大变局》，《世界经济与政治》2017 年第 6 期。

⑥ Robert S. Ross, "The Geography of the Peace: East Asia in the Twenty-first Century," *International Security*, Vol. 23, No. 4, Spring 1999, p. 83.

影响力是不同的，大致与距离本土的远近成反比。也就是说，距离美国本土越远，因大规模军事投放能力受限等因素，美国影响力越小。在东北亚，美国如果离开与日韩两国的同盟，一旦该地区爆发大规模军事冲突，美国实际上除了有限的空袭与临时派遣海军外，难以展开进一步的行动。"美国在东北亚主要通过地区内国家发挥作用。"① 同时，"美国作为全球性大国力量难以集中投入东北亚地区，这些都进一步抵消了其力量优势。"② 考虑到东亚还包括东南亚，美国与泰国和菲律宾还存在同盟关系，美国在东北亚的军事实力肯定低于其综合实力的50%。

对于中国而言，"由于东北亚被视为攸关中国生存、安全及发展的周边重大利益区，因此，尽管从力量对比上不如美国，但中国始终更为重视在该地区的战略投入"③。中国作为地理上的东北亚大国，不仅不存在因距离而导致力量抵消问题，而且近年来军事实力大幅提升。"中美军事力量对比正在朝着对中国有利的方向发展。"④ 也正因为如此，美国甚至有专家指出，"中国正在西太平洋地区发展超过美国和其盟友的常规军事力量"⑤。

在东北亚地区不仅中美实力在发生变化，而且该地区的韩国、日本也都在发展，俄罗斯也处于复兴进程中，朝鲜在完成了所谓"军事大国"目标的基础上正在向"经济大国"进行"战略重心转移"，这些都表明美国过去在该地区的实力优势地位在逐渐缩小。"在可预见的将

---

① 李庆四：《美国与东北亚地区安全：困境、动因及影响》，《东北亚论坛》2009 年第 1 期。

② 韩召颖、黄钊龙：《中国崛起、东亚格局和东亚秩序：现状与未来》，《现代国际关系》2017 年第 9 期。

③ 袁鹏：《寻求"双重稳定"：中美关系与东北亚局势紧张的相关性及破解之道》，2013 年 9 月 10 日，现代国际关系研究院网站（http：//www. cicir. ac. cn/chinese/newsView. aspx? nid = 2212）。

④ 胡波：《中美在西太平洋的军事竞争与战略平衡》，《世界经济与政治》2014 年第 5 期。

⑤ "Annual Report to Congress: Military and Security Developments Involving the People's Republic of China 2018," Department of Defense, https：//media. defense. gov/2018/Aug/16/2001955282/-1/-1/1/2018-CHINA-MILITARY-POWER-REPORT. PDF; Robert O. Work, " So, This Is What It Feels Like to Be Offset," Speech at Center for a New American Security, June 21, 2018, https：//www. youtube. com/watch? v = U9iZyDE2dZI.

来，美国仍将是本地区最主要的行为者和秩序塑造者，但除非其力量优势的下降趋势得到扭转，否则其在地区格局中的作用将不可避免地持续下行。"①

与此同时，该地区国家对美国主导的安全秩序的合法性认同也在发生变化。"二战"后美国主导的东北亚安全秩序从合法性认同上看主要由以下因素构成。其一，雅尔塔体系与"旧金山秩序"。雅尔塔体系得名于1945年年初美、英、苏三国政府首脑在苏联雅尔塔（今属俄罗斯克里米亚）举行的雅尔塔会议，其对东北亚安全秩序的影响有以下几方面。（1）联合国的建立，"现代国际秩序演进中的最重大事件是联合国及全球治理架构的创建"②。东北亚国家均加入了联合国，联合国安理会五个常任理事国中该地区占到三个，即中国、美国、俄罗斯。（2）冷战期间美日韩与苏中朝两极格局的形成对该地区秩序形成了深远影响，时至今日美日和美韩同盟关系及美日韩三边安全合作，以及中俄朝相对紧密的关系均与此不无关系。（3）朝鲜半岛一分为二，随后发生的朝鲜战争进一步固化了朝韩的分裂格局。（4）外蒙古国的独立。

旧金山秩序也即"对日和平条约"形成的秩序安排，它是由1951年9月8日包括日本在内的49个国家在美国旧金山签订的，1952年4月28日生效。在旧金山和约签署五个小时后，日美签署《日美安全保障条约》，构建起了美国对日本实行半占领的"旧金山体制"。其影响有：（1）奠定了美日军事同盟关系③，日本成为"半主权"国家，也即经济上独立但安全上严重依赖美国。（2）违背《开罗宣言》《波茨坦公告》的相关规定，《旧金山和约》对日本经由侵略扩张战争所得到的领土只规定"放弃"，但不规定"归属"，给东北亚地区留下了一系列领土问题，如日俄北方四岛问题、日韩独岛（日称"竹岛"）问题、中日

---

① 吴心伯：《论亚太大变局》，《世界经济与政治》2017年第6期。
② 王鸿刚：《现代国际秩序的演进与中国的时代责任》，《现代国际关系》2016年第12期。
③ 在日本冲绳县，实际上美日同盟的法律条文甚至高于日本宪法，这也是美军占领日本的影响，也是美日同盟关系的体现。

钓鱼岛问题等。①

其二，美国在东北亚地区的同盟关系。因为雅尔塔体系与《旧金山和约》，"二战"后美国在东北亚地区形成了与韩国和日本紧密的同盟关系，其中日本是美国在亚太地区最重要的盟友。冷战结束后，日本国内也曾出现通过加强东亚合作来发挥日本主导作用的提法，但最后还是转向加强美日同盟。张蕴岭教授认为，"今后尽管美日关系还会调整，但在相当长一段时期内，日本还需依托日美同盟来做大日本，这是大趋势"②。美日同盟主要针对中国，"后来因为朝鲜战争，美国决定加快同日本结盟，而且明确该同盟针对中国"③。这也使得东北亚安全秩序从冷战至今都是分裂的。

近几年上述合法性认同面临的挑战表现在以下几方面。第一，日本对雅尔塔体系的挑战越来越大。日本不甘心仅做经济大国，开始向所谓"正常大国"方向发展，着重发展军事力量。2012年安倍晋三再任日本首相后，公开提出修改日本宪法，改"自卫队"为"国防军"，对外政策上将重心从经济转向安全。这既是日本国内政治演变的结果，也是日本保守势力对地区安全环境变化的反应。作为东北亚地区的大国与关键战略重心，日本这一走向必然会对东北亚安全秩序产生影响。特别是考虑到"在历史问题上日本没有为二战期间的侵略罪行真诚道歉，地区内其他国家没有参与清算过程，日本侵略罪行远没有得到彻底清算，也没有构建一个普遍参与的新合作机制"④，日本走向军事大国必然引起地区内其他国家的警觉并产生连锁反应。"日本安全政策的重大变化、军事力量的提高以及在地区安全事务中作用的增大，不仅加剧了一些地区国家对日本走向的担忧，也使地区地缘政治环境更加复杂。"⑤

---

① 朱海燕、刘凤华：《东亚地区秩序演变视角下的日本外交》，《历史教学（下半月刊）》2013年第9期。

② 张蕴岭：《东北亚地区关系：格局、秩序与前瞻》，《东北亚学刊》2017年第2期。

③ 牛军：《中美关系与亚太安全秩序的演变》，《当代美国评论》2018年第1期。

④ 张蕴岭：《东北亚地区关系：格局、秩序与前瞻》，《东北亚学刊》2017年第2期。

⑤ 吴心伯：《论亚太大变局》，《世界经济与政治》2017年第6期。

　　同时，随着朝鲜半岛核问题等悬而未决，地区内相关国家对于美国一边主导该地区安全秩序，一边不愿真心实意解决该地区相关问题也表示不满。越来越多的国家认为美国在利用该地区安全局势适度紧张服务于其战略安排。"美国的根本目标在于维持自己在东亚的优势地位并防止被排除在地区之外，而非促进东亚地区主体性的发展。"① 同时，美国长期奉行的单边主义和霸权作风，比如特朗普政府上台后动辄对日韩的贸易战，也令包括盟国在内的很多东北亚国家感到不安。

　　第二，朝鲜半岛秩序可能发生巨大变化。朝鲜自 2006 年进行首次核试验后，截至 2017 年年底已进行了六次核试验和多次导弹试验，其中包括三次洲际导弹试验，在核武器与导弹技术上取得了较大突破。这种背景下，2018 年 4 月 20 日在朝鲜劳动党中央委员会第七届第三次全体会议上，朝鲜最高领导人金正恩宣布"朝鲜将集中全部力量发展经济，提高人民生活水平"。朝鲜外交也正在从封闭走向活跃的局面。朝鲜最高领导人金正恩分别于 2018 年 3 月 25—28 日、5 月 7—8 日、6 月 19—20 日，以及 2019 年 1 月 7—10 日访问中国，不到 10 个月内访问中国四次，把中朝关系推向一个新的高度。金正恩分别于 2018 年 4 月 27 日、5 月 26 日、9 月 18 日与韩国总统文在寅举行了三次首脑会晤。2018 年 6 月 12 日，金正恩与特朗普举行了新加坡首脑会晤，这是历史上朝鲜最高领导人首次与美国现任总统举行会晤。此后，2019 年 2 月 27—28 日，朝美在越南河内举行第二次首脑会晤。2019 年 6 月 30 日，特朗普与金正恩在韩朝非军事区见面。朝鲜与国际社会的其他高层互访更是十分活跃。美国时任国务卿蓬佩奥先后四次访问朝鲜。2018 年 5 月底 6 月初，朝鲜劳动党中央委员会副委员长金英哲访问美国，这也是18 年来朝鲜最高级别的官员访问美国。朝鲜半岛局势的这些变化从根本上代表了包括朝鲜和美国在内的有关国家对于"二战"以来该地区的局势越来越不满。各有关国家频繁的互动有可能会对东北亚安全格局

---

① 王学玉、李阳：《东亚地区主义的停滞》，《国际观察》2013 年第 5 期。

产生意义深远的影响。

第三，美国有走向孤立主义倾向，为国际社会提供公共产品的意愿降低，与盟友的关系也在调整中。冷战结束以来，特朗普政府之前的美国历届政府在《国家安全战略报告》中都对美国走向孤立主义倾向发出警告，认为这将严重影响美国国际地位。但在特朗普政府2017年12月发布的《国家安全战略报告》中尽管指出"美国要和志同道合的伙伴一起"，但明显透露出很强的孤立主义倾向。特朗普政府上台后不到两年，还先后退出巴黎协定、联合国教科文组织、联合国人权理事会等。"美国优先"更是导致其贸易摩擦与军费分担几乎涉及整个同盟体系。2018年以来美国暂停与韩国的几次联合军演虽然主要是为了解决朝鲜半岛问题创造氛围，但此举也让"日韩两国越来越质疑美国是否能履行对他们保护的承诺"[1]。

在东北亚地区，实际上不仅特朗普政府有从韩国减少甚至完全撤军的想法，美国学术界近年来也一直存在这种声音。比如美国乔治敦大学的梅惠琳（Oriana Mastro）教授曾指出，"随着科技发展，比如信息化带来的精确打击等，军事同盟带来的前沿驻军的军事技术意义已经不大。而且国外驻军的花费远比在国内更高，也会造成与驻在国居民的一些社会问题"，"这种背景下，驻军更多是同盟关系的一种象征，但'象征'是可以替代的"[2]。特朗普政府虽然已经下台，但美国国内的"孤立主义"基础仍然存在。

尽管从美国的秩序观来看，其希望继续主导东北亚安全秩序，但上述分析可见，对美国而言，继续主导东北亚安全秩序不仅力量越来越不逮，而且从合法性上也遇到了越来越多的认同危机。有意思的是，这些认同危机不仅来自外部，而且也来自美国政府本身。

---

① Bates Gill, "US Relations with Asia under Trump: Taking Stock", AUG 2018, https://www.internationalaffairs.org.au/australianoutlook/us-relations-with-asia-under-trump-taking-stock/.

② 笔者2016—2018年在北京和华盛顿与其多次交流得出的观点。

第二节　东北亚安全秩序重塑中的
中国角色困境

尽管近年来中国越来越强调在地区秩序走向上要发挥越来越大的作用，但是即使中国进一步发展，也难以撇开美国实现角色提升，更遑论单独主导东北亚安全秩序。从实力结构上看，尽管中国与美国差距在缩小，但后者仍会长期占据较大优势。1. 中美军事实力差距仍会较大。"长期以来，美国的军费开支一直维持在占世界军费开支总额 40% 以上的水平。一国在既定时间的军事力量是其前期军事建设的累积性结果，而并不是当年国防开支的结果。加上美国对国际公域（海洋、天空与太空）的有效控制，综合来看，美国在军事安全领域的优势颇为巨大和稳定。""中国的军事现代化建设和反介入能力的提高，虽然有助于增强中国的防御能力，但在一个相当长的时期内尚无法从根本上撼动美国在本地区的军事优势，特别是不足以在地区安全结构中占据优势地位。"① 美国很长一段时间内在军事实力、全球力量投送能力、战略威慑能力以及全球快速常规打击能力等诸多方面将对中国继续保持绝对优势。

2. 美国的同盟体系扩大了其力量优势。如果以同盟国数量作为衡量大国的战略影响力和资源动员力的标准，中美更是处于完全不对等的地位。"美国今天在全球拥有 64 个同盟国，而中国只有 1 个。"② 在东北亚地区中国与俄罗斯和朝鲜建立的紧密关系程度难以和美国与日韩两国建立的同盟关系相提并论。美国可以较容易地调整自己的政策以便利用同盟体系等战略资产全面增强对付中国的战略能力。

综上可见，"从二战前、二战时期一直到二战后，数代美国人付出

---

① 周方银：《东亚二元格局与地区秩序的未来》，《中国社会科学院国际研究学部集刊》2014 年，社会科学文献出版社 2014 年版，第 111 页。
② 朱锋：《中美战略竞争与东亚安全秩序的未来》，《世界经济与政治》2013 年第 3 期。

鲜血和生命所积攒起来的东亚影响力不可能因为中国的崛起而在短期内被动摇"①。"一个简单的事实是，在新兴大国尚未全面超越守成大国以前，守成大国有着更强的实力与权力资源，在与新兴大国的关系上有着更多的战略选择权。"②

此外，中国在周边的其他问题上，比如台湾问题、南海问题上也面临较大的外部压力，这些压力因地缘相近和影响因素存在重叠，也极有可能传导到东北亚地区从而分散中国的资源与实力。"中国为了自身经济和安全利益的发展，努力改善自身周边安全环境、稳定中国主权与领土利益的强烈需求和沉重负担，则是美国所没有的。"③

从合法性认同上看，一方面，冷战结束以来，中国在东北亚地区的影响力在迅速上升，这典型反映在经济影响力上。中国目前"是东北亚地区除域外大国美国外的所有国家——日本、韩国、朝鲜、蒙古国、俄罗斯的最大贸易伙伴"④。由于经贸与安全的紧密关系，这显然会增大中国在东北亚安全秩序走向上的影响力。但与此同时需要注意的是，经济上影响力的扩大也很可能会增加相关国家对中国使用经济手段服务于安全目标的担心，影响对中国在安全领域角色的认同，这在韩国对于因"萨德"问题导致的中韩纠纷上可以看出来。但不管怎么样，伴随着中国军事实力增长与经济影响力上升，该地区相关国家普遍意识到中国在安全上越来越重要应该是基本共识。国际权威民调机构盖勒普对包括东北亚国家在内的 134 个国家的民意调查显示，"对美国领导力的好感度已从 48% 下降到 18%，对美国国际领导地位的支持与中国国际领导地位的支持几乎持平"⑤。这表明尽管美国在合法性认同上仍占优势，但是与中国相比优势也在下降。

---

①　朱锋：《中美战略竞争与东亚安全秩序的未来》，《世界经济与政治》2013 年第 3 期。

②　李开盛：《容纳中国崛起》，《世界经济与政治》2017 年第 11 期。

③　朱锋：《中美战略竞争与东亚安全秩序的未来》，《世界经济与政治》2013 年第 3 期。

④　吴心伯：《论亚太大变局》，《世界经济与政治》2017 年第 6 期。

⑤　Bates Gill, "US Relations with Asia under Trump: Taking Stock", AUG 2018, https://www.internationalaffairs.org.au/australianoutlook/us-relations-with-asia-under-trump-taking-stock/.

但另一方面，中国在合法性认同上遇到的障碍是显而易见的。不像美国周边地区除古巴外全是资本主义国家，在东北亚地区与中国同为社会主义国家的只有朝鲜，制度竞争仍然存在，尤其是中国与日本和韩国之间。中国由于人口多底子薄，改革开放仅 40 多年可谓起步也晚，国内治理上还存在诸多问题，这些投射到东北亚地区，会加大某些国家对中国发展走向的疑虑，影响对中国的认可度。"中国要想被其他国家接受为'中心国家'也暂时还缺失合法性：由于对中国崛起的前景感到不确定以及担心由此可能导致的地区不稳定，很多亚洲国家尤其是美国的亚太盟国仍然倾向于接受美国的安全保障以平衡中国的影响。"①

中国在东北亚地区面临的复杂地缘环境也加大了中国在追求合法性认同方面的难度。朝鲜半岛局势的前景仍不明朗，朝鲜和韩国在发展与中国关系上均存在显而易见的"零和"博弈思维。中国与日本存在历史与领土问题，两国还存在东北亚地区领导权的竞争。

正是由于上述障碍因素存在，于是我们看到"中国本应在东北亚地区秩序重构中发挥主导性作用之一，但美日不接受，韩国表示担心，中国提出的以和解、合作为宗旨的命运共同体构建还没有得到东北亚地区内国家的支持"②。

第三节　建立双领导体制的有利条件

结合上文分析可见，在东北亚安全秩序上构建中美双领导体制的条件正在逐渐具备。这包括：其一，尽管中美在该地区实力结构上仍然存在明显差距，但是差距在迅速缩小，呈现出越来越均衡的态势。刘丰教授在采取合成的结构现实主义视角预测东亚秩序前景时指出，"东亚秩

---

① 王学玉、李阳：《东亚地区主义的停滞》，《国际观察》2013 年第 5 期。

② 张蕴岭：《东北亚地区关系：格局、秩序与前瞻》，《东北亚学刊》2017 年第 2 期。

序正从美国的完全霸权秩序向部分霸权秩序过渡的态势"①。周方银教授在分析中国作为东亚经济中心的未来发展态势时也指出，"从力量长期走势角度来看，如不发生非常特殊的情况，特别是如果不发生大规模战争，地区经济中心在正常情况下，迟早会演变成为地区的安全中心，差异只在于时间的早晚"②。这种背景下，中美两国任何一个的重要性对于该地区其他中小国家来说均具备不可替代性，限制了它们"非此即彼"的选择空间。

在意愿上，对于美国而言毫无疑问是抗拒的，因为"双领导体制实质上指崛起国在同主导国分享权威，这种分享的实质是对主导国权威的削弱"③。特朗普政府上台后对华对抗加剧，明确视中国为"竞争对手"并表现出零和博弈特点，给构建中美双领导体制带来更大困难。在这种逻辑与客观背景下，在东北亚安全上提出建立中美双领导体制似乎"过于浪漫"，甚至只是一个梦想。笔者赞同"追求国家利益、实现国家利益是任何国家外交的出发点和落脚点，是外交的目的"④。也就是说，中美两国在东北亚安全事务上是否走向双领导体制不仅取决于两国的战略判断，更取决于两国的国家利益。况且，对于中美关系，王逸舟教授曾指出，"现在中美两国是在不断探索新的定位，它并没有一个终点，不应用固定说法来定格中美之间的关系"⑤。

本章的上述分析也可看出，冷战结束以来，尤其是近几年对东北亚安全秩序上美国主导权的弱化，有的因素来自美国外的其他国家，比如日本与朝鲜的挑战和中美实力的变化，而有的因素则恰恰是美国政府本

①　刘丰：《东亚地区秩序转型：安全与经济关联的视角》，《世界经济与政治》2016年第5期。

②　周方银：《东亚二元格局与地区秩序的未来》，《中国社会科学院国际研究学部集刊》2014年，社会科学文献出版社2014年版，第115页。

③　顾炜：《双重领导型地区秩序的构建逻辑》，《世界经济与政治》2017年第1期。

④　楚树龙：《国际关系基本原理》，清华大学出版社2002年版，第34页。

⑤　王逸舟：《不要用固定说法来定格中美关系》，2009年11月18日，中国共产党新闻网（http://theory.people.com.cn/GB/10400347.html，2013-09-16）。

身造成的，比如孤立主义倾向、与大国合作的动力下降等。也正因为如此，特朗普政府时期美国有不少学者公开联合撰文呼吁抵制美国政府对"二战"后国际体系的破坏。"美国领导地位的下降不仅因为中国崛起、多极化趋势或者权力转移，而且也是美国自身的原因。"[1] 美国孤立主义倾向在某种程度上也可被视为面对该地区实力结构与合法性认同上出现的对美国的不利态势，美国政府的一种本能反应。也就是说，不管美国是否有主观意愿和中国构建双领导体制，那么在维护国家利益的推动下，客观现实会继续推动往这个方向发展。

实际上，美国战略界的类似观点此前也一直存在，比如布热津斯基（Zbigniew Brzezinski）认为，"美国与亚洲的战略对接应该经过仔细的调整，目的是要培育与中国的合作关系；为了增加中国成为全球主要伙伴的可能性，美国应该默许中国在亚洲大陆拥有突出的地缘政治地位"[2]。美国在 2006 年的《国家安全战略报告》中再三呼吁中国应作为一个利益攸关方承担责任，2010 年的报告中指出"中国应该在亚太地区扮演一个'利益攸关者'的角色"[3]。

其二，中美双领导体制也能容纳该地区其他国家的利益。尽管秩序构建过程中大国角色至关重要，但是这一进程中如果从合法性认同上得不到其他中小国家的支持，即使中美双领导体制得以建立，维护的成本也会非常高，体制稳定性堪忧。针对该地区其他国家对中美双领导体制的合法性认同上，如上所述，尽管美国的优势仍在，但面对的反对力量也越来越大，与此同时对中国的认同度在上升。从理论上讲，正如顾炜

---

① Bates Gill, "US Relations with Asia under Trump: Taking Stock", AUG 2018, https://www.internationalaffairs.org.au/australianoutlook/us-relations-with-asia-under-trump-taking-stock/.

② Michael D. Swaine, "Beyond U. S. Predominance in the Western Pacific: The Need for a Stable U. S. -China Balance of Power", April 2015, https://carnegieendowment.org/2015/04/20/beyond-american-predominance-in-western-pacific-need-for-stable-u. s. -china-balance-of-power-pub-59837.

③ The National Security Strategy of the United States of America, March 2006, pp. 2 – 7; National Security Strategy of the United States of America, May 2010, pp. 37 – 39.

指出的那样，"在'两强众弱'的地区结构中，两大国共同发挥领导作用，其他中小国家采取双追随政策，构建起一种双重领导型地区秩序，将最有利于地区的稳定与繁荣"①。这暗含着如果中美双领导体制得以合适安排，将符合其他国家利益，应该能得到其他国家越来越多的支持。

实际上，从该地区其他国家与中美两国的关系来看，中美双领导体制也能容纳它们的利益。"中国是韩国、日本、蒙古国、俄罗斯的最大贸易伙伴。韩国与日本在安全上高度依赖美国，蒙古国在安全上也大力发展与美国的关系。"② 在该地区安全问题上中美关系紧张客观上会迫使这些国家"选边站"。鉴于这些国家与美国巨大的安全利益，以及与中国存在巨大的经济利益和因地缘因素存在的现实安全利益，无论选择哪一方都只能造成自身利益的巨大损失。因此，避免中美对峙"殃及池鱼"，符合这些国家的利益。即使中美不合作也意味着该地区安全所需的公共产品空缺，影响所有这些国家的利益。因此，促进中美合作符合该地区其他国家的利益。

对此，其他国家可能比较担心中美合作会"出卖"它们的利益。实际上这种担心在现实中几乎不可能发生。中美两国客观的"霸权国"与"崛起国"身份、两国的文化与体制等方面差异，以及现实中两国与该地区其他国家的利益关联，表明中美两国很难建立起可以忽视其他国家利益的"紧密关系"。也就是说，即使中美建立起双领导体制，两国仍需要继续维护与促进在该地区各自的"朋友圈"。

此外，尽管朝鲜战争期间中美成为敌人、冷战期间中美直接对峙，但"二战"期间美国对世界反法西斯的贡献，以及中美曾经是反法西斯的紧密同盟，这段历史记忆减弱了不少中国人对美国"领导"东北

---

① 顾炜：《双重领导型地区秩序的构建逻辑》，《世界经济与政治》2017年第1期。
② 自2003年两国便开始举行"可汗·探索"联合军演。2011年8月，美国副总统67年来第一次访问蒙古国，蒙古国公开将美国称为除中俄外的"第三邻国"。

亚安全秩序的强烈反感，也使得中美双领导体制具备一定的情感基础。在"二战"反法西斯的战争中，"美国在海外作战的军事人员达 1200 多万，美国对主要反法西斯国家提供的作战物资援助不计其数"[①]。

综上可见，中美双领导体制是中美两国合作的现实形式。也即，（1）中美实力远超该地区其他国家，这在上一章已经论述。（2）中美在东北亚越来越呈现出实力均衡的态势。（3）当事国的意愿，也就是中美两国是否有此意愿。[②] 上一章分析可见，这符合中国的利益。上面分析也可以看出对于美国而言不仅符合其利益，也是大势所趋。（4）也符合该地区其他国家的利益。因此，变动中的东北亚安全秩序的推动应该以中美双领导体制为方向。目前，随着朝鲜和美国关系的改善，中美两国在该地区将都不存在敌对国家。这为中美在双领导体制构建过程中得到其他国家的认同和追随打下了基础。

第四节　双领导体制构建的障碍

在东北亚地区构建中美双领导体制的首要困难体现在中美两国秩序观的差异上。从美国的秩序观来看，其希望继续主导东北亚安全秩序，这典型体现在美国历届政府的《国家安全战略报告》上。2010 年的报告中指出"在一个不确定的世纪里，美国已经再次做好领导世界的准备"。2015 年的报告中指出"任何成功的确保美国人民安全与推进美国国家安全的战略必须开始于一个无法否定的事实：美国必须领导这个世界"，"问题不是美国是否要领导，而是如何去领导"。2017 年的报告中指出"经过我（美国总统特朗普）的不懈努力，美

---

① 牛军：《中美关系与亚太安全秩序的演变》，《当代美国评论》2018 年第 1 期。

② 两国关系的具体形态也会影响到双领导体制的构建前景与具体形式。比如，竞争强化背景下的双领导体制与竞争较弱背景下的双领导体制显然会有区别。因此这里可以"竞争到合作"为纬度，对双领导体制的具体情况做更精细划分。但限于篇幅，本章集中于从学理角度讨论东北亚安全秩序大变化下的特征与出路。

国已经再次领导世界"，"我们已经学到了教训，如果我们不领导这个世界，那么有害的行为体就会填补这个空间，危害我们的利益"。同时，该报告指出"中国和俄罗斯正在挑战美国的权力、影响力、利益，试图削弱美国的安全与繁荣"①。由此可见，美国所希望的未来地区安全秩序就是其同盟体系的放大版，美国希望延续目前在东北亚安全秩序上的主导地位。

与此同时，中国又明确指出在地区秩序构建上将更加积极主动和发挥更大作用。党的十八大明确提出中国将以更积极姿态参与国际事务②。在2013年10月召开的中国周边外交工作座谈会上，习近平强调，无论从地理方位、自然环境还是相互关系看，周边对我国都具有极为重要的战略意义，"要着力推进区域安全合作，主动参与区域和次区域安全合作，深化有关合作机制"③。这正如吴心伯教授指出的那样，"20世纪90年代，美国是推动地区秩序演变的主要力量。进入21世纪第二个十年，力量上升和战略上积极进取的中国成为塑造地区秩序的关键力量"④。这就带来一个悖论，中国想发挥更大的积极作用，但美国想继续主导因此在抑制中国作用，"中国积极参与东北亚安全秩序构建的核心目标是希望赢得安全、尊重和自身合法的领土与主权利益，而美国则以影响、限制和塑造中国的行为和选择为目标"⑤。

同时，"中国寻求多极世界、美国寻求单极世界"⑥。中国显然希望

---

① National Security Strategy of United State of America，May 2010，序言部分；National Security Strategy of United State of America，February 2015，序言部分；National Security Strategy of the United States of America，December 2017，序言部分，p. 3；National Security Strategy of the United States of America，December 2017，p. 2。

② 《"十八大"开幕 胡锦涛向大会作报告》，2012年11月8日，中新网（http：//www.chinanews.com/tp/hd2011/2012/11-08/146070.shtml）。

③ 《习近平在周边外交工作座谈会上发表重要讲话》，2013年10月25日，人民网（http：//politics.people.com.cn/n/2013/1025/c1024-23332318.html）。

④ 吴心伯：《论亚太大变局》，《世界经济与政治》2017年第6期。

⑤ 朱锋：《中美战略竞争与东亚安全秩序的未来》，《世界经济与政治》2013年第3期。

⑥ 门洪华：《东亚秩序建构的前景》，《教学与研究》2015年第2期。

多极格局在中国周边地区首先实现，这和美国希望的继续单独主导东北亚安全秩序相差巨大。这种差异将随着中国崛起进一步加大。因为随着中国继续崛起，美国很有可能会投入更大精力与资源围堵中国。特朗普政府上台后对华对抗加剧，明确将中国视为"竞争对手"并表现出零和博弈的战略诉求，给构建中美双领导体制带来更大困难。

　　与此同时，与中国追求大小国家平等和不干涉内政不同，美国试图推广自己的价值观，面对东北亚各国在政治体制等方面存在极大多样性，美国是否愿意与这些国家共同构建和平稳定的安全秩序也不确定。党的十八大报告指出"中国主张在国际关系中弘扬平等互信，坚持国家不分大小、强弱、贫富一律平等，推动国际关系民主化"。党的十九大报告指出"中国秉持倡导国际关系民主化，坚持国家不分大小、强弱、贫富一律平等"①。而在美国 2006 年的《国家安全战略报告》中用较大篇幅指出其要在全世界推广自由。在 2010 年的报告中用较大篇幅指出要在海外推广民主与价值观。在 2017 年的报告中指出"我们将利用外交、制裁等方式孤立这些和我们价值观相左的国家"，甚至妄言"中国和俄罗斯压制个人权力与强制要求统一性"，"中国正在利用大数据与人工智能控制党员"。而且在这些报告中几乎都会点到朝鲜②。

　　除此之外，中美双领导体制构建还面临其他障碍因素。其一，中美实力差距仍较大，对于信任实力的美国来说，让其承认中国的领导地位很难。"美国奉行的是现实主义权力至上论，认为实力决定权力，因而其安全观是建立在国家实力和权力的基础之上。"③ 2010 年的美国《国家安全战略报告》指出"我们将在未来几十年保持我们军事上的优势，以此保护我们的安全、塑造国际安全"。2015 年的报告反复强调"通过

---

　　① 《习近平在中国共产党第十九次全国代表大会上的报告》，2017 年 10 月 28 日，中国共产党新闻网（http：//cpc. people. com. cn/n1/2017/1028/c64094-29613660-14. html）。

　　② The National Security Strategy of the United States of America，March 2006，pp. 2 - 7；National Security Strategy of the United States of America，May 2010，pp. 37 - 39；National Security Strategy of the United States of America，December 2017，pp. 3，37，42，38，35.

　　③ 郭忆薇、聂运麟：《中美安全观比较分析》，《国际观察》2004 年第 1 期。

实力领导这个世界"。在 2017 年的报告中"通过力量维护和平"被特朗普政府视为美国的四大核心利益之一。① 由此可见,"在中美两国间的实力差距仍显著的情况下,以维护自身优势地位为根本目标的美国不大可能主动放低身段与中国分享地区领导权"②。

其二,地区整合上缺乏所应有的机制。从经验上看,地区整合有利于增强其他国家对于中美双领导体制的合法性认同。欧盟刚成立时形成的法德双领导体制主要通过《欧洲煤钢联营条约》、欧洲煤钢共同体、《罗马条约》、欧洲经济共同体和欧洲原子能共同体、《布鲁塞尔条约》等整合了欧洲其他国家。中亚地区部分事务上形成的中俄双领导体制也得益于上海合作组织。但多边机制安排在东北亚地区依然十分匮乏。③

尽管存在这些障碍,但是由上述分析可见,中美双领导体制构建不仅契合该地区正在变化的客观秩序环境,也符合中美两国利益和该地区其他国家利益。

第五节　推动构建双领导体制的路径

中国可从以下几方面入手进行推动。其一,要逐步整合东北亚地区,推进区域合作,在多边层面加强中美的协调与合作。一个整合的东北亚地区对中国有利、对构建中美双领导体制有利。从欧洲事务中的法德双领导体制和上合组织中的中俄双领导体制可见,构建双领导需要一定的机制保障。在东北亚地区,朝鲜半岛核问题六方会谈就是这方面比较积极的案例。中美在这个过程中有效实现了双领导,加深了彼此互信,对管理危机失控做出了很大贡献。迄今没有实现朝鲜半岛无核化反

---

① National Security Strategy of the United States of America, May 2010, 序言部分; National Security Strategy of the United States of America, February 2015, p. 3; National Security Strategy of the United States of America, December 2017, p. 4.

② 王学玉、李阳:《东亚地区主义的停滞》,《国际观察》2013 年第 5 期。

③ 王俊生:《东北亚多边安全机制:进展与出路》,《世界经济与政治》2012 年第 12 期。

过来也表明中美需要为双领导体制注入更具实质性内容。六方会谈表明，中国的客观实力优势与外交手段更为娴熟，参与该地区多边机制是与美国构建双领导体制的有效途径之一。

为此，要做到以下几点。1. 中国要为本地区多提供公共产品。"二战"后的德国面临欧洲其他国家的质疑能逐渐和法国构建起双领导体制，主要是凭借其较大的经济规模、贸易规模以及财政实力等方面所具有的禀赋在欧盟建设中提供了较多的公共产品。① 对中国而言优势主要在经贸方面，可利用"一带一路"倡议实现这个目标。② 目前韩国、俄罗斯、蒙古国已加入亚洲基础设施投资银行，日本和朝鲜对"一带一路"倡议表示出了兴趣。除了双边合作，中国可以考虑在"一带一路"倡议下推进成立"东北亚建设基金"，由东北亚各国共同注资，专注于东北亚地区的基础设施建设。中国还应主动寻求"一带一路"倡议和本地区其他国家所提出的合作倡议实现对接，比如韩国的"新北方政策"、俄罗斯的"欧亚经济联盟"、蒙古国的"发展之路倡议"等。2. 积极推动该地区的热点问题解决，这包括朝鲜半岛核问题、朝韩和解和朝鲜半岛统一、朝鲜与美日关系的正常化等。这不仅是国际道义的需要，"坚持阳光下的可持续政策才能赢得更多理解和积极作为的空间，并占有国际道义的制高点"③，而且只有该地区热点问题逐步得到解决，才能走向真正的整合与共同体。

其二，需要继续加强和美国的合作。如上所述，"双领导体制实质上指崛起国在同主导国分享权威，这种分享的实质是对主导国权威的削弱。因此，就更加需要处理好同主导国的关系"④。同时，在处理与该地区中小国家关系上，能否让它们接受中美双领导体制的至关重要因素

① Walter Mattie, *The Logic of Regional Integration*：*Europe and Beyond*，Cambridge：Cambridge University Press，2001，pp. 99 – 105.

② 王俊生：《"一带一路"缓解东北亚安全困境》，《国际安全研究》2018 年第 2 期。

③ 唐永胜：《浅谈构建更具包容性、可持续的东北亚安全框架》，《东北亚学刊》2018 年第 2 期。

④ 顾炜：《双重领导型地区秩序的构建逻辑》，《世界经济与政治》2017 年第 1 期。

也是中美能否高质量合作。如果中美两国不能很好地合作、提出不同的目标，那么中小国家不仅可以"借力打力"，而且也会根据不同的利益诉求追随不同的大国，不利于双领导体制的构建。

为了加强与美国的合作，应做到以下几点。1. 应特别加强在双边层面的塑造与构建。中美两国领导人应高瞻远瞩，具有战略眼光。残存的冷战结构是东北亚地区种种安全问题无法解决的根本原因，也是各方在相关安全问题上屡屡"共输"的主要原因。中美双领导体制是打破这种冷战结构的最有效途径。上述法德与中俄的案例表明，势均力衡的两国在无政府社会由争夺领导权走向双领导体制，需要领导人具有高度的战略眼光与坚定的毅力进行推动。为此，需要在战略上继续坚持，不管中美关系出现多少困难，从中方角度均要尽力推进双方合作。①

2. 需要把握美国的特点，特别是社会的多元性，在如何推进高质量合作上下功夫。应推动中美两国建立起广泛的机制安排。这除了政府层面外，智库之间、大学之间、社会层面、地方政府之间等都应朝这个方向努力。同时，在处理中美关系上也需要明确未来 10 年左右我们的定位到底是追求和美国平起平坐的世界大国，还是地区大国，笔者主张后者。一方面如果中国主张成为美国那样的全球性大国，几乎难以排除两国发生全面的恶性竞争关系，这种竞争关系会明显体现到东北亚安全秩序构建上；另一方面，从中国还处于分裂状态、周边热点问题还难以解决、在我国周边某些安全问题上美国还在发挥主导作用等来看，中国还不是一个真正的地区性大国。所以，首先成为一个真正的地区性大国，以便能逐渐在涉及我国核心利益的周边相关问题解决上发挥更大作用，这是我国周边外交的应有方向。而在中国周边的东北亚地区构建中美双领导体制显然有利于这一方向。

---

① 如何既推进中美合作，同时又防止"中美关系稳定向好可能成为美国对中国进行反复勒索和要价的筹码"，可参见高程《中美竞争视角下对"稳定发展中美关系"的再审视》，《战略决策研究》2018 年第 2 期。

3. 还应考虑在该地区与美国构建三边机制，通过推进政府间的"中美＋X"模式塑造中美双领导体制。关于美日双边机制扩展至中美日三边机制，三国已有很多讨论。① "可以考虑将中国纳入美日两国现有的外长与防长的'2＋2'会谈机制，从而使之成为中日美三国间的'2＋2＋2'机制。"② 美国前任国务卿希拉里在任时也多次表示，希望能召开中美日三边会谈。中国外交部对此表态慎重，指出"中美日三边官方对话只是美方想法"③。中国可能担心日美联合对付中国，以及该地区其他国家担心中国与美日走得过近。对于前者，应看到美国外交的务实性和美日同盟的两面性，不能因为美日是同盟就想当然地认为两国在所有问题上都会一致向中国施压，也大可不必担心可能引发其他国家的忧虑。在构建中美日三边机制的同时，也可适时构建中美俄三边机制、中美韩三边机制，甚至中美蒙三边机制等。这些机制也已引起了很多学者甚至政府层面的讨论。④ 这样一来，就可以把中美双领导体制更好地稳定下来。

其三，中美双领导体制构建要由简到难，可选择从朝鲜半岛核问题入手，逐渐过渡到其他领域。之所以选择朝鲜半岛核问题为试金石：（1）这是中美两国的共同关切，两国具有共同利益和共同目标；（2）朝鲜半岛核问题的重要性引起了地区其他国家的普遍重视；（3）对其他国家而言，中美两国在解决朝鲜半岛核问题上的重要性不可替代，它们普遍认识到中美合作的重要性；（4）朝鲜半岛核问题解决进程中有望推动建立某种多边机制，逐步整合该地区。

应该看到，即使核武发展是朝鲜的战略目标而非谈判筹码，中美通过双领导体制联手施压迫其放弃的可能性仍然存在。因为对朝鲜而言，

---

① 《中美日专家在港讨论如何建立"政治互信"　建议开展中美日三边安全对话》，《深圳特区报》2013 年 1 月 21 日。

② 赵全胜：《中美关系和亚太地区的"双领导体制"》，《美国研究》2012 年第 1 期。

③ 《中国外交部：中美日三边官方对话只是美方想法》，2010 年 11 月 2 日，中国新闻网（http：//www. chinanews. com/gn/2010/11-02/2628290. shtml）。

④ ［美］S. 诺普：《中美俄三边关系需要新的机制》，《俄罗斯研究》2008 年第 5 期。

摆脱国际社会孤立彻底获得国家安全，发展经济解决民生问题获得更大政权安全，至少是与拥核同等重要的目标，而这些必须与中美合作才能实现。也就是说，在考虑并解决朝鲜关切的基础上，比如缓解对朝制裁，以及美国与朝鲜建立外交关系或者正式签订互不侵犯条约等，中美联合迫使朝鲜"两利相权取其重"仍是解决问题之道。当然这个过程中必须照顾到朝鲜的合理关切。这样一来，朝鲜半岛无核化问题有望实现突破，美朝关系的改善也"会恢复业已失衡的安全秩序，东北亚地区安全结构会转向稳定"①。同等重要的是，中美可以借此增进互信，有利于在该地区其他安全问题上展开更多双赢合作。

其四，减少美国在该地区的双边同盟对中美双领导体制的掣肘。上述分析表明，中美在东北亚地区已初步形成的二元均衡格局，客观使得两国如果不能实现合作很可能会导致"这边搭台，那边拆台"，最终在解决相关安全问题上一事无成。美国反复表示，"美国同日韩两个盟友之间的关系是地区安全稳定的支柱"②。某种程度上，正是由于美国在东北亚地区过分强调与依赖排他性与针对性极强的同盟关系，没有根据客观形势发展推动中美双领导体制才是许多安全问题难以改善与解决的根本原因。为此，中国也应加强与日韩的关系，降低日韩以"不安全"为由"挟美制华"的意图。③并继续推动中日韩三边机制建设，逐渐促使美国"改变以同盟保稳定、以对朝敌对保同盟从而使美国和本地区都陷入安全困境的战略思路"④，增强美国对构建中美双领导体制的认识。

其五，要继续把注意力聚焦到国内经济建设上，推进国家综合实力

---

①　韩献栋：《结构、行为、朝核危机和东北亚安全》，《现代国际关系》2007 年第 1 期。

②　李庆四：《美国与东北亚地区安全：困境、动因及影响》，《东北亚论坛》2009 年第 1 期。

③　比如，导致 2011 年年底韩国海警被中国渔船船长刺死的有关渔业局势，长期未得到中国政府的重视或政策反应。在韩国媒体所谓中国"怠慢"与不负责任的夸大宣传下，两国的民意基础进一步恶化，韩国对华担忧加大，进一步加强了对美国的依赖。这让中国更为怀疑韩国与美国在共同遏制中国，中韩关系更为对立，中美对峙也进一步加强。

④　韩献栋：《结构、行为、朝核危机和东北亚安全》，《现代国际关系》2007 年第 1 期。

发展，进一步缩小与美国的实力差距。同时要加强国内治理，这对于该地区其他国家认可中国的领导地位也至关重要。

第六节　结语

从历史上看，秩序重构是一个长期过程，"重构东北亚安全秩序问题的实质是要调整二战后美国构建的秩序"①，这必然会引起美国和有关国家的不快，注定难以一蹴而就。尽管存在种种困难，但是由本章的分析可见，中美双领导体制构建不仅越来越符合东北亚安全秩序的演进趋势，也符合中美两国和地区各国的共同利益。从影响东北亚安全秩序稳定的因素入手，可以发现该地区安全秩序存在两个根本悖论，这导致该地区旧的安全秩序难以再有效发挥作用，新的安全秩序又没建立起来，造成秩序失衡。这可视为该地区各种问题层出不穷的重要原因之一，比如利益冲突加剧、信任赤字严重、治理规范缺位、权力博弈激烈等。针对如何引导变化中的东北亚安全秩序走向，本章从现实条件、第三方态度、中美两国的意愿等出发，指出了构建"中美双领导体制"的重要性与可操作性。

对于中美两国关系而言，约瑟夫·奈很早就发出警告："一个崛起的大国以现有国际体系中的主导性大国为敌本身是一种战略错误。而主导性大国如果非要把崛起大国逼成'敌人'更是时代性的错误"②。中美两国客观上可能都没有将对方视为敌人的愿望，这也不符合两国利益。但是考虑到崛起国与守成国的结构性矛盾，这在中美 2018 年以来的关系上可以看出端倪，再结合两国在东北亚地区的秩序观本身存在的较大差异，如果不能在东北亚安全秩序演进中处理好中美关系，不仅稳

---

① 张蕴岭：《东北亚地区关系：格局、秩序与前瞻》，《东北亚学刊》2017 年第 2 期。

② Joseph S. Nye, Jr., "Work with China, Don't Contain it", *The New York Times*, Jan. 25, 2013, https://www.nytimes.com/2013/01/26/opinion/work-with-china-dont-contain-it.html.

定的东北亚安全秩序难以建立，而且地区秩序的持续混乱有可能客观上促使中美关系更趋紧张，这对于全世界而言都将是不幸的消息。反之，如果在东北亚安全秩序构建过程中以构建中美双领导体制为契机推进中美两国战略妥协，这不仅有利于缩小两国秩序观差异，而且有利于实现崛起国与守成国和平共处。

后　记

　　笔者于 2009 年博士毕业后进入中国社会科学院工作至今，始终专注于中国外交、东北亚安全、朝鲜半岛问题研究。彼时的梦想是能够在这三个研究方向各出一本书。至今，在朝鲜半岛问题上已出版两本，分别是《朝鲜半岛核问题与中国角色：多元背景下的共同管理》（世界知识出版社 2012 年版）①和《朴槿惠政治经济学》（中国人民大学出版社 2016 年版）②。在中国外交研究方向上出版专著《变革时代的中国角色：理论与实践》（中国社会科学出版社 2017 年版）。此次再就东北亚安全研究方向出版专著，对于笔者而言不仅是学术积累，某种程度上也是"圆梦"之作。

　　笔者所在单位中国社会科学院亚太与全球战略研究院是研究东北亚问题的重镇之一，我们有十多位学者长期跟踪研究这一问题。如果没有如此高水准的研究平台提供浓厚学术氛围，特别是没有领导与同事的支持，别说出高质量研究成果，即使在这个研究方向上长期坚持下来可能也会非常困难。由于直接或者间接提供帮助的同事太多，很难完整列出他们的名单一一致谢。这里尤其要特别感谢亚太与全球战略研究院院长李向阳研究员、党委书记张国春研究员、副院长叶海林研究员的指导与支持。张蕴岭研究员、许利平研究员、朴光姬研究员、高程研究员、钟

---

　　①　本书的繁体字版于 2010 年 9 月于台湾渤海堂文化公司出版。

　　②　该书的第二作者为李天国博士。本书的韩语版于 2020 年在韩国出版。

飞腾研究员等也给予诸多帮助与指导，在此一并诚挚致谢。

这里还要特别感谢笔者学术上的引路人。从中国人民大学国际关系学院毕业已经十年之久，在母校受到的学术训练仍然让笔者受益匪浅，尤其是母校一直强调的作为学者要加强理论研究，同时又要有"入世"情怀，也即要关注现实。常常让笔者感动的是昔日的老师一直在关心我、指导我。如今我已为人师多年，在指导学生时，总会回想当初我的老师是如何谆谆教导我。遇到好的老师对于人的一生成长有多么重要，我很庆幸遇到了这么多好老师。可以说，没有他们的指导，就不可能有我学术上的进步。这里要特别感谢蔡武教授、林甦教授、庞中英教授、方长平教授等。笔者攻读博士期间也有幸在教育部资助下赴美国美利坚大学国际关系学院拜赵全胜教授门下学习一年，此后几乎每年都会与赵老师相聚数次，在此也特别感谢其一直以来的教诲与关心。

本书的顺利出版要特别感谢中国社会科学出版社。中国社会科学出版社是由中国社会科学院创办并主管的以出版人文社会科学学术著作为主的国家级出版社，也是第一批荣获中共中央宣传部和国家新闻出版署授予的全国优秀出版社称号的出版社之一，可以说是中国人文社会科学领域最顶尖的出版社之一。能有幸与这样的出版社合作，是对笔者研究成果的认可与鼓励。这里要尤其感谢责任编辑赵丽编审，没有她专业、严谨、负责、刻苦的敬业精神，本书不可能如此快速又高质量地出版。

同时，本书的某些观点已经在《世界经济与政治》《当代亚太》《东北亚论坛》《国际安全研究》等权威杂志刊发，这也引发了相关学术讨论并推动了笔者的进一步研究，在此也一并表示感谢。

此外，笔者的好友与学生也不时被我求助做一些查找资料的研究助理工作，他们毫无怨言，热情帮助。他们是上海外国语大学王星星博士、韩国成均馆大学葛小辉博士、韩国首尔大学梁美花博士，以及中国社会科学院大学学生李宗赫、田德荣、缪高意等，在此一并感谢。

随着中国近年来快速发展，正如张蕴岭研究员指出的那样，"应该

说，目前是近代以来中国掌控周边大局能力最强的时期"①。那么，对
于事关中国周边外交与中国崛起核心次区域的东北亚地区，中国究竟应
如何看待该地区环境的变化，如何缓解其高居不下的安全困境，如何运
筹帷幄未来和平与合作秩序，作为中国学者应该当仁不让对其加强研
究。笔者希望本书的出版能抛砖引玉，引发更多思考与讨论。当然，由
于笔者能力、眼界和知识有限，本书的不足甚至错误之处肯定存在，敬
请各位学界同人和读者批评指正！

---

①　张蕴岭：《在理想与现实之间——我对东亚合作的研究、参与和思考》，中国社会科学
出版社 2015 年版，第 251 页。